फिर लौटते हुए

मूल्य : एक सौ पच्चीस रुपये (125.00)

प्रथम संस्करण : 2003 © राकेश वत्स
PHIR LAUTATE HUE (Novel) by Rakesh Vats
ISBN : 81-7028-427-9

राजपाल एण्ड सन्ज़, कश्मीरी गेट, दिल्ली

फिर लौटते हुए

विचारोत्तेजक सामाजिक उपन्यास

राकेश वत्स

राजपाल

अपने ही रक्त में डूबता-उतराता आदमी

बसन्त का फोन क्या पहुँचा, घर में कोहराम-सा मच गया। लगा, जैसे बहुत बड़े बवण्डर के आ धमकने की पूर्व-सूचना पहुँच गई हो।

चन्द्रमोहन तो कुछ ज्यादा ही विचलित हो उठे। भिनभिनाकर पत्नी से बोले, "देख ली अपने लाड़ले बेटे की करतूत! मैंने इससे बड़ा जाहिल और बेवकूफ लड़का दुनिया के तख्ते पर दूसरा नहीं देखा। अब तुम ही इस मुसीबत को देखना, मुझमें इसको झेलने की ताकत बिलकुल भी नहीं है।"

"अब मैं आपसे क्या कहूँ? लगता है, माताजी ने पिताजी को साथ लिए बिना आने से मना कर दिया होगा, नहीं तो उस मूरख को इतना तो पता है ही कि आप क्या पसन्द करते हैं और क्या नहीं।"

"मेरे पसन्द करने या न करने का सवाल नहीं है, सवाल पूरे परिवार की जिन्दगी के सुकून और रूटीन में खलल पड़ने का है। उनके यहाँ कदम रखते ही सब डगमगा जाएगा। दीवारें तक हिलने लगेंगी तुम्हारे इस छोटे से घर की। तुम नहीं जानतीं कि उनकी आदतें कैसी हैं, इस परिवार में रहने के काबिल वे बिलकुल नहीं हैं।"

"लो, मैं नहीं जानती! पिछली बार देख नहीं लिया था! धोती के पल्लू से नोटों का बण्डल खोलकर बच्चों को एक-एक रुपया क्या थमाया कि उसे किसी-न-किसी बहाने बार-बार याद दिलाते रहे। तब तक चैन नहीं मिला, जब तक आपका माँ को दिया गया पाँच सौ रुपया उनके बण्डल में नहीं जा मिला और उन रुपयों में से एक धेला भी माताजी को आज तक नहीं मिला। अब उस घर में फोन भी नहीं है, नहीं तो मैं..."

"सारी जिन्दगी सिर्फ अपने लिए जीते रहे हैं। जो उनके किसी स्वार्थ की पूर्ति नहीं कर सकता, वह उनके लिए बेकार है। पिछली बार पैसे नहीं दे पाए थे

तो देखा था, कैसे उठकर चले गए थे? माँ की जिन्दगी का जो शोषण उन्होंने किया है उसको बयान करने के लिए मेरे पास लफ्ज नहीं हैं।''

''चलो, छोड़ो भी। आएँगे तो दो दिन रहकर चले जाएँगे। माँ की सेवा करने का अरमान दिल में है तो माँ की निजी इच्छाओं और मजबूरियों का भी तो आपको खयाल रखना ही होगा। माँ उनको अकेला छोड़कर नहीं आ सकती।''

''तुम ठीक कहती हो। माँ के सिवा उनकी किसी से नहीं बनती। खुद अच्छे होते तो बलबीर और उसकी पत्नी चरण धोकर पीते उनके। समझ में नहीं आता कि ऐसे लोग धरती पर क्यों...''

इसी समय बड़ी लड़की रेणु गुसलखाने से बाहर निकली तो पति-पत्नी का अन्तरंग संवाद बीच में ही लड़खड़ा गया। चन्द्रमोहन नहीं चाहते थे कि बच्चों को पिताजी के प्रति उनकी भावना का पता चले। यह वे बर्दाश्त नहीं कर सकते थे कि उनके बच्चे उनकी उपेक्षा करें या ऐसा महसूस करवाएँ कि वे उनसे लगाव नहीं रखते। ''रेणु बेटा, तुम जल्दी से तैयार हो जाओ। आज मेरे पास वक्त है तो मैं तुम्हारी आँखें दिखा लाता हूँ। अभी पीलापन मामूली है तो कल ज्यादा भी हो सकता है। तुम्हें अपनी आँखों का खयाल रखना चाहिए बेटा, आँखें शरीर का बहुत नाजुक अंग हैं।'' बेटी पर अपना ढेर सारा प्यार उँडेलकर वे वहाँ से चले और सीधे अपने कमरे में पहुँच गए।

रेणु को बाथरूम में ही यह भनक मिल गई थी कि दादाजी के आगमन को लेकर कुछ अप्रिय घट रहा है। लेकिन उस अप्रिय की पूरी शक्ल उसे पता नहीं थी। उसने बाल छटकारते हुए माँ से पूछा, ''क्यों, दादाजी के आने में ऐसी क्या परेशानी है?''

''परेशानी यह है कि वे बहुत ज्यादा बीमार चल रहे हैं, ऐसी हालत में लम्बा सफर करना उनके लिए ठीक नहीं है। भगवान न करे कहीं तबीयत बहुत ज्यादा बिगड़ गई तो इनका छोटा भाई तोहमत लगाएगा कि यह सब हमारी ही बदौलत हुआ है।''

''ठीक तो है, ऐसी हालत में बसन्त को दादाजी को साथ नहीं लाना चाहिए,'' बेटी ने भी अपनी सहमति जाहिर की।

''अब मैं तुम्हें क्या कहूँ, इतना बड़ा हो गया है पर घर-गृहस्थी की जरा भी समझ नहीं है। बल्कि खुद ही जोर दे-देकर कहा होगा कि नहीं दादाजी, आप नहीं चलेंगे तो मैं दादीजी को भी लेकर नहीं जाऊँगा, घर में मुझ पर सब नाराज होंगे कि दादाजी को क्यों नहीं लाए।''

''जरूर कहा होगा,'' रेणु बालों को सुखाने के लिए आँगन की ओर चल दी। भूरे रेशमी बाल उसकी बहुत बड़ी पूँजी हैं। वह किसी-न-किसी तरह इनके लिए टीवी पर विज्ञापित शैम्पू का इन्तजाम जरूर करती है और पत्र-पत्रिकाओं में रूप-निखार

के पन्ने बिना नागा ध्यान से पढ़ती है। घर के हालात उससे छुपे नहीं हैं। पिता सेठों की मैनेजमेंट में चल रहे एक कालिज में हिन्दी के प्राध्यापक हैं और माँ नगर पालिका के सीनियर सैकेण्डरी स्कूल में अध्यापिका। दोनों की तनखाह का काफी बड़ा हिस्सा तो घर बनाने के लिए जुटाए गए लोन की मासिक किस्त चुकाने में चला जाता है और फिर ऊपर से कार के लोन की किस्त अलग।

इधर चन्द्रमोहन का मन किसी काम में नहीं लग रहा था। मुश्किल से आई छुट्टी उन्हें बेकार में गल गई जान पड़ रही थी। उन्हें एक चिन्ता बहुत बुरी तरह से घेरकर खड़ी हो गई थी—साठ साल का बूढ़ा आदमी और उस पर भी दिल का मरीज, अगर फूँक इसी घर में निकल गई तो अरथी को कन्धा देने के लिए चांर आदमी भी नहीं जुटेंगे। कोई क्यों आएगा जब हम खुद किसी के यहाँ नहीं जाते। आने-जाने की अब फुरसत ही कहाँ है किसी के पास। पेट भरने के लिए रोटी, तन ढाँपने के लिए कपड़े और रात काटने के लिए छत का जुगाड़ बिठाने में ही इतना वक्त निकल जाता है कि बाकी के काम धरे-के-धरे रह जाते हैं।

सहसा उसके सामने एक अजीब-सा दृश्य आकर खड़ा हो गया—घर के बाहर पिताजी की अरथी पड़ी है। बड़ा बेटा होने के नाते वे सिर मुड़ाए, धोती-बनियान पहने, नँगे पाँव, हाथ में पानी का लोटा लिये अरथी के सिरहाने खड़े हैं। ''राम नाम सत्त है!'' बोलनेवालों के नाम पर उनके कालिज के तीन-चार आदमी जरूर हैं पर उनमें से कोई भी अरथी को हाथ लगाने के लिए तैयार नहीं है। छोटे भाई ने परेशान होकर फब्ती कसी है, ''चलो, कोई रेढ़ा मँगवाओ! उस पर लादकर श्मशान घाट ले चलते हैं।''

और इसके बाद 'विदाउट पे' छुट्टी लेकर पूरे तेरह दिन की घोर तपस्या और साथ ही एक-एक करके आनेवाले किस्म-किस्म के दूर-दराज के रिश्तेदारों का जमघट।

नहीं-नहीं, ऐसा नहीं हो सकता। उनके दोनों हाथ उनके सिर पर चले गए। यह सब बर्दाश्त करने की ताकत उनमें नहीं है। उन्हें फौरन बसन्त को तार दे देना चाहिए कि वह माताजी को भी वहीं छोड़ अकेला वापस चला आए।

विचारों के जोर में वे कुर्सी से खड़े हो गए और उस छोटे से कमरे में इधर-से-उधर चक्कर लगाने लगे। एक दूसरा विचार आया कि तार पाकर बसन्त के दिल पर क्या प्रभाव पड़ेगा? वह समझ नहीं पाएगा कि...

कमरे से बाहर निकलकर उन्होंने पत्नी को आवाज दी, ''कृष्णा, कहाँ हो तुम!''

कृष्णा आँगन में तनी रस्सी पर गीले कपड़े लटकाने में व्यस्त थी। लाजवन्ती चार दिन की छुट्टी लेकर नदारद थी, इसलिए कपड़े धोने और सफाई आदि का

काम उसी के सिर पर आ पड़ा था। ऐसे मौकों पर बेटी रेणु थोड़ा हाथ जरूर बँटाती थी लेकिन ज्यादा नहीं। वह भी रेणु को अपनी पढ़ाई पर ही ज्यादा ध्यान देने के लिए खुला रखती थी। चन्द्रमोहन उसके पास वहीं पहुँच गए, "मुझे लगता है, माँ की किस्मत में हमारा सुख नहीं लिखा है।"

कृष्णा अचानक सामने आ पड़नेवाले सन्दर्भहीन वाक्य से कुछ समझी नहीं। उसे पूरी आँखें खोल अपनी तरफ ताकती देख चन्द्रमोहन उसे समझाने की गरज से आगे बोले, "देखो न, हम सब चाहते हैं कि माँ अब हमारे पास ही रहें और अपनी जिन्दगी के आखिरी दिन तो सुख-चैन से गुजारें, लेकिन अपने इस उद्देश्य में हम रत्तीभर भी सफल नहीं हो पा रहे हैं। अब इन हालात को हम माँ की किस्मत कहें या अपनी ?"

कृष्णा ने अपना बीच में छोड़ा काम फिर से शुरू कर दिया। कई बार चन्द्र मामूली-मामूली बातों को लेकर यों ही भावुक हो उठते हैं, उसे पता है। इसी बात को वह अलग-अलग तरह के शब्दों में पचासों बार सुन चुकी है, उसे याद है। लेकिन आज उसने पति का साथ नहीं दिया, उलटे उनकी तरफ पीठ करके एक अप्रत्याशित बात कह डाली, "पत्नी, जिसने पति के साथ सारी जिन्दगी गुजारी है, जिसने पति को उसकी माँ से भी कहीं ज्यादा बेपर्दा और नंगे रूप में देखने के अँधेरे झेले हैं, वह पत्नी अपने पति को बुढ़ापे की इस असहाय अवस्था में अकेला छोड़कर हमारे दिए सुख को अकेली कैसे भोग सकती है भला?"

एक क्षण के लिए तो चन्द्रमोहन को कोई जवाब नहीं सूझा। उन्हें लगा जैसे कृष्णा माँ को उनकी निस्बत कहीं ज्यादा जानती है। फिर उनके मुख से बस इतने ही शब्द निकल सके, "एक गिरते हुए मकान के लिए नए बने मकान को खण्डहर में तब्दील करने का जोखिम उठाना कहाँ की अक्लमन्दी है?"

कृष्णा मन से तो इस तर्क से सहमत नहीं हुई लेकिन उसने ऊपर के मन से पति के कष्ट में भागीदार होना ही मुनासिब समझा। अब वह चन्द्रमोहन के सामने आ गई तो बोली, "आप एक काम कीजिए! आपको अपने कुछ जरूरी कामों से दो-तीन दिनों के लिए दिल्ली जाना था न! चले जाइए। माताजी और पिताजी के आने की समस्या को हम खुद सुलट लेंगे। जब तक आप वापस आएँगे तब तक पिताजी वापस जा चुके होंगे। क्यों, ठीक है न?"

"अरे वाह, क्या बात है हमारी रानी की!" चन्द्रमोहन ने गीले कपड़ों से रिसते पानी की परवाह किए बिना पत्नी को भुजाओं में समेट लिया।

"अरे-रे...क्या कर रहे हैं आप!" कृष्णा नई-नवेली दुल्हन बनकर शरमा गई। चन्द्रमोहन ने उसके माथे का एक हल्का-सा चुम्बन लेकर उसे मुक्त कर दिया और खुशी में हथेलियाँ मलता हुआ अपने कमरे की तरफ उछल पड़ा। लेकिन रास्ते में ही उसे छोटे बेटे अभिकान्त (बबलू) ने आ घेरा, "डैडी, कल दादाजी भी आ रहे

हैं हमारे लिए मिठाई लेकर...दोपहर दो बजे की गाड़ी से या सुबह की गाड़ी से।'' रेणु ने बबलू को दादा के आने की सूचना इन्हीं शब्दों में दी थी।

''हाँ बेटा, आ रहे हैं।'' चन्द्रमोहन ने अपने मुक्त होने के उल्लास में बबलू के सिर को गुदगुदा दिया।

बच्चे ने उत्साहित होकर पिता की खुशी में शामिल होना चाहा, ''डैडी, दादाजी बहुत अच्छे हैं। जब हम उनके यहाँ गए थे तब मुझे गोद में लेकर बहुत प्यार करते थे।''

''अच्छा!'' चन्द्रमोहन सोचने लगे कि दिल्ली साथ ले जाने के लिए उन्हें किस-किस चीज की जरूरत पड़ेगी।

''डैडी, मैं दादाजी के लिए बाजार से चाकलेट खरीदकर लाऊँगा।'' बबलू अपनी खुशी में पिता को पूरी तरह से सम्मिलित न होते देख उनके कमरे तक चला आया।

''हाँ-हाँ, जरूर खरीद लाना।'' चन्द्रमोहन दिल्ली में निपटाए जानेवाले कामों की फेहरिस्त बनाने बैठ गए।

''डैडी, दो चाकलेट मैं दादीजी के लिए भी लाऊँगा।''

''जरूर।'' चन्द्रमोहन ने पहला काम लिखा—एलाटमेंट के प्रारूप की नकल हासिल करना।

''डैडी, आप स्टेशन पर लेने जाएँगे दादा-दादी को?''

''क्यों?'' चन्द्रमोहन की तेज नजरें बबलू की फूल-सी आँखों में जा धंसीं।

बबलू सहम गया। उसकी सहमी हुई आवाज में ही कुछ सहमे हुए शब्द अवेग होकर फूटे, ''हम भी आपके साथ जाएँगे।'' और अचानक सिमट आया बबलू अपनी थरथराती चाल से चलता हुआ कमरे से बाहर हो गया। चन्द्रमोहन के लिए छोड़ गया एक सूनापन, जिसमें वह स्तब्ध होकर बच्चे की पीठ को देखता रह गया।

चन्द्रमोहन ने बच्चे की इस हरकत के प्रभाव से अपने आपको बमुश्किल बाहर निकाला और कागज-पेन को फिर से सँभालकर फेहरिस्त में अगला काम जोड़ा—कृष्णा के लिए एक अच्छी-सी साड़ी और अपने लिए पेंट का कपड़ा। साथ ही उसका ध्यान अपने बचपन के एक छोटे से टुकड़े के साथ जा उलझा :

वह पिता और छोटे भाई बलबीर के साथ गाँव में लगी पशुओं की मण्डी में घूम रहा है। भट्ठियों पर गर्म-गर्म जलेबियाँ तली जा रही हैं और दुकानों पर बहुत-सी लुभावनी शहरी चीजें बिक रही हैं। पिताजी ने एक सुशील गाय की पीठ पर हाथ फिराकर उसका दाम पूछा है और दाम सुनकर गाय को ललचाई नजरों से देखते हुए वहाँ से हट गए हैं। सारा मेला घूमने के बाद पिताजी ने एक परिचित हलवाई की दुकान से थोड़ी मिली-जुली मिठाई खरीदी है और उसे साफे के लड़ में बाँध

कन्धे पर लटका लिया है। दोनों भाई मुँह में आए पानी को चुपचाप गुटककर पिताजी की इस हरकत को ललचायी आँखों से देखते रह गए हैं। वह मिठाई उनको तब तक नसीब नहीं होती जब तक साँझ का खाना खाने के बाद पिताजी लगभग आधी मिठाई अपनी थाली में परोसकर बाकी की सबको बाँटने के लिए माताजी के हाथ में नहीं थमा देते हैं। और माताजी? सारी मिठाई तीन बच्चों में बाँटकर खुद बचा चूरा मुँह में डालकर उठ जाती हैं।

चन्द्रमोहन के मुँह से एक लम्बी साँस निकली और उन्होंने सँभलकर अपनी फेहरिस्त आगे बढ़ाई—बबलू के लिए चाकलेट का एक पूरा डिब्बा और बाकी परिवार के लिए चाँदनी चौक की मशहूर मिठाई।

सहसा उनके जेहन में एक और दर्दनाक घटना चमक उठी। दिसम्बर की खून जमा देनेवाली ठण्डी रात, वह बड़ी बहन के जिस्म की गर्मी में बहन के पेट के साथ चिपककर लेटा है। अचानक पिताजी की आवाज बिजली की तरह कड़कती है, ''कमला की माँ, सो गई क्या!'' माँ नींद की खुमारी में पिताजी की आवाज नहीं सुन पाती। आवाज और भी ज्यादा तेज होकर कड़कती है, ''मैं कहता हूँ मुझे थोड़ी आग चाहिए।'' बहन उसे परे हटाकर माँ को जाकर जगाती है। माँ जैसे हड़बड़ाई हुई पिताजी के हुक्के से चिलम उतारकर लाती है। उपलों की आग जलाती है। चिलम भरकर पिताजी तक पहुँचाती है। पिताजी एक-दो बार गुड़गुड़ाकर सवाल करते हैं, ''बर्तन रख दिया क्या?'' माँ पलंग के पास बर्तन टटोलकर देखती है। ठण्ड ज्यादा महसूस करने के कारण पिताजी रात को पेशाब उस बर्तन में करते हैं जिसे सुबह साफ करके माँ फिर से उसी जगह पर रख देती है। कुछ देर बाद वह छोटे भाई की पच-पच की आवाज सुनता है। माँ उसे बगल में लिटाकर अपनी छाती का खून पिला रही होती है।

चन्द्रमोहन ने अपना खुश्क हुआ गला एक-दो बार थूक निगलकर तर किया और अपनी लिस्ट में अगली चीज़ बढ़ाई—माँ के लिए एक कश्मीरी पशमीना और गर्म सूट का कपड़ा।

लिस्ट पूरी कर लेने के बाद वह आवश्यक फाइलों को सँवारने में जुट गए। इस काम ने उन्हें पहले के तनाव से मुक्त ही नहीं किया बल्कि दिल्ली में कुछ दोस्तों के साथ अच्छा समय गुजारने के उत्साह से भी भर दिया।

फाइलों के काम से निपटकर उन्होंने खाना खाया। पत्नी के साथ मिलकर ब्रीफकेस तैयार करवाया और आश्वस्त होकर सोने के कमरे में जा लेटे। पर शान्त क्षणों में उन्हें माता और पिता के खयाल ने फिर आ दबोचा। वे सोचने लगे कि माँ को लेकर आखिर वे इतना भावुक क्यों हैं? जवाब मिला—हर संवेदनशील आदमी अपनी माँ को लेकर अक्सर इसी तरह भावुक होता है।

फिर नया सवाल आया कि आखिर वे कौन-से संस्कार थे जिनके प्रभाव में

पिताजी इस कदर दम्भी, स्वार्थी और निर्दयी हो गए?

पिताजी के बचपन के बारे में उसे कुछ भी पता नहीं था क्योंकि होश सँभालने से पहले ही वह उन आधारों से पूरी तरह कट चुका था जिनसे उसको पिता के बचपन की परिस्थितियों का कुछ पता चल सकता था। उसके परिपक्व होने से पहले ही पिताजी ने गाँव छोड़कर शहर अपना लिया था। गाँव ही था जो पिताजी की संस्कारजन्य मजबूरियों से परिचित करा सकता था। एक विचार आया कि वह अपनी गाड़ी में बैठकर कभी-न-कभी गाँव जाए। पर तुरन्त ही उसने इस विचार को रिजेक्ट भी कर दिया। इस विचार की जगह मन-ही-मन इस विचार को पक्का किया कि वह किसी भी हालत में ऐसी परिस्थितियाँ अपने बच्चों के लिए नहीं बनने देगा कि बच्चे उसकी तरह सोचें।

इस निर्णय ने चन्द्रमोहन को बहुत तसल्ली दी। इसी तसल्ली में वह बहुत जल्द सो गए और जो बातें पत्नी के साथ करने का निश्चय किया था उन्हें सुबह ही कर सके।

उठने के बाद पहली भेंट होते ही पत्नी से चन्द्रमोहन का पहला सवाल यही था, "कहीं इस तरह परिस्थितियों से भागने की कोशिश करके मैं कायरतापूर्ण आचरण तो नहीं अपना रहा?"

"नहीं, इसमें कायरता किस बात की? आदमी जिस स्थिति को बर्दाश्त नहीं कर सकता, उससे दूर रहने की कोशिश करना कायरता कैसी?" पत्नी ने यह सब उसे इस आश्वासन के अर्थ में समझाया कि नहीं-नहीं, मैं आपको बिलकुल सही समझ रही हूँ।

उनका दूसरा सवाल था, "मेरे इस तरह अचानक चल देने से बच्चों के दिल पर क्या असर पड़ेगा?"

इसका जवाब कृष्णा के पास भी नहीं था क्योंकि काफी पढ़ी-लिखी होने की वजह से, आज के इस जमाने में विकसित मस्तिष्कवाले बच्चों की सूक्ष्मदर्शिता से वह बहुत अच्छी तरह से वाकिफ थीं। बच्चे अपने माँ-बाप को दादा-दादी के साथ जैसा व्यवहार करते देखते हैं वे अपने लिए भी भविष्य में लगभग वैसा ही निर्णय लेते हैं, इस मनोवैज्ञानिक तथ्य से भी वह कॉफी हद तक परिचित थीं। लेकिन इसके अपवाद भी उन्होंने बहुत से देखे थे और अब अपना स्वयं का पति भी उनके सामने उदाहरण के रूप में मौजूद था। बस, इसी कशमकश में वह चुप्पी साधकर रह गई थीं।

इसके बावजूद चन्द्रमोहन ने रेणु को भेजकर रिक्शा मँगवाया। पत्नी को दिल्ली के दो फोन नम्बर दिए ताकि किसी अप्रत्याशित स्थिति की सूचना उनको दी जा सके। पूरा परिवार उन्हें विदा करने के लिए बाहर तक आया। अभी वे रिक्शा में

बैठने की तैयारी ही कर रहे थे कि सामने गली में उन्हें टैक्सी आती दिखाई दे गई जिसकी अगली सीट पर बसन्त बैठा साफ नजर आ रहा था।

दो पल बाद ही पिछली सीट पर बैठे माँ-बाप उनकी आँखों के सामने थे। पीले चेहरे, सिकुड़े हुए शरीर और आँखों में तैर रही मदद पाने की अथाह इच्छा। पिता को टैक्सी से बाहर आने के लिए भी माँ और बसन्त के कन्धों का सहारा लेना पड़ा।

चन्द्रमोहन ने आगे बढ़कर केवल माँ के चरण छुए, पिता का उसकी पीठ के लिए हाथ उठा का उठा रह गया। कृष्णा ने गले में साड़ी का पल्लू डालकर दोनों के चरण स्पर्श किए। रेणु ने दोनों का आशीर्वाद लिया। बबलू आँगन की लता के पीछे खड़ा होकर यह सब हैरानी से देख रहा था। अचानक निर्मल झील में फेंके गए पत्थर की तरह चन्द्रमोहन मुश्किल से कालोनी तक लाई गई रिक्शा में जा बैठा। उसके हाथ का क्रूर इशारा पाते ही रिक्शा चला और मोड़ काटते ही आँखों से ओझल हो गया।

दादा-दादी को क्रमशः बसन्त और रेणु के कमरों में जगह दे दी गई। रेणु ने तो पहले से ही स्वीकार कर लिया था कि अगर दादीजी आती हैं तो वह उनके साथ रह लेंगी। दादाजी को बसन्त लेकर आया है, लिहाजा उनका भार उसे ही अपने कमरे में जगह देकर उठाना चाहिए। दो-तीन दिन ही की तो बात है, पिताजी के आते ही दादाजी को वापस चाचाजी के परिवार में भेज दिया जाएगा और दादीजी पतिव्रता होने के कारण उनके बिना अकेली नहीं रहेंगी।

बसन्त के युवा कमरे में कुछ चीजें ऐसी थीं जिनकी संगत से दिवाकर शर्मा का बूढ़ा मन युवा रोशनी से जगमगा उठा। दीवार पर टँगा एक बड़ा चित्र जिसमें किसी मन्दिर के सामने नाचती हुई एक नर्तकी आकर्षक मुद्रा में स्थिर थी। दूसरी पेंटिंग में किसी बर्फीले पहाड़ी क्षेत्र में बहुत ही मोहक रूप में सूर्योदय का दृश्य था, धूप में चोटियाँ स्वर्णिम हो उठी थीं। छोटे रंगीन टीवी पर पीतल के चमचमाते दो पक्षी मानो पंख खोलकर बस उड़ने ही वाले थे। खिड़की पर टँगे महीन पर्दे पर कुछ आदिवासी युवतियाँ आदिम नृत्य में मगन थीं, बाहर से पड़नेवाले प्रकाश में यह दृश्य अद्‌भुत रूप में दमक रहा था। एक तरफ दीवार पर सिर्फ अंकोंवाला कैलेण्डर टँगा था, जिसकी कुछ तारीखें लाल स्याही के क्रास से कटी थीं। शीशेवाली अलमारी में किताबों के साथ कुछ कप और प्रतीक चिह्न चमक रहे थे, निश्चित ही ये कमरे के मालिक की दैहिक उपलब्धियों की तरफ इशारा कर रहे थे। यही नहीं, कमरे की सफाई भी नए आदमी का ध्यान अपनी तरफ आकर्षित कर रही थी।

शर्माजी ने महसूस किया कि उनका बड़ा पोता बड़े बेटे से पूरी तरह से मुख्तलिफ है। उन्होंने थकी-थकी-सी आवाज में कह भी डाला, ''बेटा, तुम बहुत ही

स्वच्छ मानसिकता के लड़के हो। इस प्रदूषित आबोहवा में इस तरह अपने आपको स्वच्छ और स्वस्थ बनाए रखना कोई आसान काम नहीं है। कहीं तुम आर.एस.एस. के स्वयंसेवक तो नहीं हो?''

''आर.एस.एस. क्या?''

''राष्ट्रीय स्वयंसेवक संघ।''

''नहीं दादाजी, मेरा आर.एस.एस. के साथ कोई सम्बन्ध नहीं है। यह तो बुजुर्गों की तरफ से आया कोई पारम्परिक जीन है जिसने मुझे साफ-सुथरा बने रहने के प्रति आकर्षित किया है। आप जरूर आर.एस.एस. के मेम्बर हैं?''

''बचपन में था। उस वक्त यह संस्था शुद्ध सामाजिक थी और युवकों के चरित्र निर्माण का काम करती थी। आज तो यह राजनीतिक संस्था है। खैर, बाद में मैं सोशलिस्ट पार्टी का सदस्य रहा। बहुत काम किया उसके लिए। अपना साहित्य उसी के प्रभाव में लिखा। अब तो सब कुछ छूट गया। बीमारी ने सब कुछ छीन लिया मेरी जिन्दगी से। खैर, तुम्हारे मुख से शुद्ध हिन्दी सुनकर बहुत खुशी मिली है मुझे। नए जमाने के लड़के तो अंग्रेजी के बिना साँस तक नहीं लेते।''

''मैंने हि्न्दी ऑनर्ज के रूप में प्रभाकर किया है दादाजी!''

''बहुत अच्छे, बहुत अच्छे!''

''आप साहित्य में क्या लिखते हैं दादाजी?''

''सिर्फ कविता!''

''पिताजी ने तो इसका कभी जिक्र नहीं किया।''

''नहीं किया होगा। चन्द्रमोहन को यह काम अच्छा नहीं लगता। निठल्ले लोगों का काम समझता है। एक बार उसने मेरी कुछ कविताएँ जला भी डाली थीं। मुझसे घृणा करता है। बदला लेना चाहता है मुझसे।'' शर्माजी ने अपने चेहरे को विकृत होने से बचाना चाहा, पर बचा नहीं।

''बदला!'' बसन्त के आश्चर्य का ठिकाना नहीं रहा।

''हाँ, शायद। जब वह बारह-तेरह साल का था तब मैंने, नहीं-नहीं, हम सबने उसे दो दिन के लिए घर से निकाल दिया था। बचपन में वह बहुत ही बगलोल किस्म का लड़का था। हर तरफ से उसकी शिकायतें आती रहती थीं। स्कूल के अध्यापकों की तरफ से भी। हमने सोचा इसे थोड़ा दुनिया दिखा देनी चाहिए। गले में हार वगैरा डालकर उसे दो दिन के लिए घर से विदा कर दिया। जैसे किसी हीरो को घरवाले विदा करते हैं—उपलब्धियाँ हासिल करने के लिए। लेकिन वह पन्द्रह घण्टे के बाद ही घर वापस आ गया। किसी स्कूली दोस्त ने सहारा नहीं दिया उसे। उसका हाल देखकर सबको हँसी आ गई। वह भी हँस पड़ा। मेरे विचार में उन पन्द्रह घण्टों का ही परिणाम है जो वह आज एक सफल आदमी दिखाई देता है।''

''केवल दिखाई नहीं देते दादाजी, वे पूरी तरह से सफल हैं। जिस हालत में

उन्होंने घर छोड़ा था, कोई दूसरा होता तो किसी खोखे में बैठकर पकौड़े तल रहा होता।''...

शर्माजी ने बसन्त को बीच में टोका, ''यह तुम्हें किसने कहा?''

''पिताजी खुद सुनाया करते हैं।''

''क्या सुनाया करते हैं?''

''यही कि सिर्फ तेरह साल की उम्र में उनकी शादी हो गई थी। वह बिलकुल अनमेल विवाह था। इसकी वजह से ही उनको घर छोड़ना पड़ा।''...

''हाँ, यह गलती हमसे जरूर हो गई थी। तुम्हारी दादी चाहती थी कि उसकी जेठानी के लड़कों की तरह उसके लड़के की भी जल्द-से-जल्द शादी हो जाए। इसके अलावा चन्द्रमोहन को हम इस लायक भी नहीं समझते थे कि उसको कोई अपनी लड़की देगा। अपने में सुधार या शिक्षा आदि के प्रति रुझान तो उसने घर से निकलने के बाद ही पैदा किया। इससे पहले तो वह कुछ भी नहीं था। अचानक रिश्ता आया तो घरवाले उसे अपना सबसे बड़ा सौभाग्य समझ बैठे। इस सबकी जिम्मेदारी तुम्हारी दादी की है। मैं तो पार्टी के कामों में इतना मशरूफ...''

अब बसन्त ने दादा को बीच में टोका, ''पिताजी यह भी बताते हैं। बताते हैं कि पार्टी के कामों में व्यस्त रहने के कारण आप घर की तरफ ज्यादा ध्यान नहीं दे पाते थे, जिस कारण उनको और उनके भाई-बहनों को अँधेरे को अच्छा समझने की आदतें पड़ीं।''

''उनका छोटा भाई बलबीर तो शुरू से ही ठीक-ठाक था। आज वह बैंक में अच्छे पद पर है। उसे तो अँधेरे से निकलने के लिए घर छोड़ने की जरूरत नहीं पड़ी। वह भी तो मेरे ही घर में रहता था, और अब भी हमारे, यानी तुम्हारी दादी और मेरे साथ ही रहता है।''...

ठीक इसी वक्त रेणु हाथ में गिलास लिये आ गई, ''दादाजी, जरा इसे पीकर देखिए। बिलकुल ताजा है!''

बातचीत का प्रवाह रुक गया। बसन्त ने उसे कड़वी आँखों से देखा। वह दादाजी और परिवार के बारे में ज्यादा जानना चाहता था। जानना चाहता था कि उसके रक्तबीज की पूर्वसन्ध्या कैसी थी।

दादाजी ने गिलास रेणु के हाथ से ले लिया। एक घूँट भरी और मूँछें साफ करके बोले, ''गाजर का जूस है!''

''जी हाँ, आपकी सेहत के लिए बहुत ही अच्छा है।'' वह बसन्त के साथ सोफे पर बैठ गई।

''आँखों के लिए बहुत अच्छा है।'' बोलकर दादाजी छोटे-छोटे घूँट भरकर उसे पीने लगे।

''सब अंगों के लिए अच्छा है दादाजी, मैंने फोन करके डॉक्टर से पूछ लिया

है। कल आपको पाइनेपल और औरेंज का जूस मिक्स करके दिया जाएगा। कल के लिए डॉक्टर से आपको दिखाने की अपॉयन्टमेंट भी ले ली है।''

''इतनी तकलीफ मेरे लिए?'' गहरे यथार्थ के बीच सारी जिन्दगी गुजारकर आए शर्माजी का गला भर आया।

''तकलीफ किस बात की? जूसर है ना, एक मिनट में जूस तैयार।''

इसी समय कृष्णा और उसके साथ बबलू भी शरमाता-शरमाता अन्दर चला आया। उनके पीछे हाथ में गिलास लिये लक्ष्मी देवी (दादी) भी पहुँच गईं। शर्माजी को लगा जैसे वह किसी जन्नत में पहुँच गए हैं। तपते यथार्थ के बीच इस तरह की ठण्डक से भरा नखलिस्तान भी कहीं है, इसकी तो उन्होंने कल्पना तक नहीं की थी।

अपनी पोती का अस्त-व्यस्त कमरा देख लक्ष्मी देवी को अच्छा नहीं लगा। दूसरे, सुबह से कोई काम नहीं किया था, काम में लगा रहनेवाला शरीर कुछ-न-कुछ करने को उकसा रहा था। उन्होंने चुपके से झाड़ू उठाकर कमरे को केवल साफ ही नहीं किया बल्कि सब चीजों को झाड़-पोंछकर अपने ही ढंग से करीने से सजा भी दिया।

रेणु बाथ लेकर लौटी तो कमरे की हालत देखकर वह अचम्भित रह गई। इसलिए नहीं कि कमरा साफ-सुथरा हो गया था बल्कि इसलिए कि उसके काम की जो चीजें उसकी याद और सहज पहुँच के दायरे में थीं वे सब-की-सब उसकी पहुँच से बाहर चली गई थीं। उसने हेयर ड्रायर को ढूँढ़ने की कोशिश करते हुए कहा, ''दादी माँ, आपको यह सब करने की क्या जरूरत थी? कल काम करनेवाली लाजवन्ती को आना ही था, वह करती।''

''वो तो कल आएगी बेटा, पर हमने तो आज भी इस कमरे में रहना है। इस तरह की बिखरा-बिखरी मुझे अच्छी नहीं लगती।''

''मैं कर लेती ना!''

''एक ही बात है। मैंने भी आज सारा दिन कुछ नहीं किया था, अब थोड़ा झाड़-बुहार कर लिया है तो मन को चैन मिला है।''

रेणु की जुबान पर थोड़ी कड़वाहट उतर आई, ''चाचाजी के घर में आप ही सारा काम करती हैं क्या?''

''सारा तो नहीं, पर अपने हिस्से का तो करना ही पड़ता है।''

''अपने हिस्से से आपका क्या मतलब?''

''जो मन करने को कहे, आसानी से हो जाए और जिसको करने में सुख मिले, वही अपने हिस्से का।''

''कोई काम करनेवाली नहीं आती क्या उस घर में?''

''काम करनेवाली को बुलाने का रिवाज नहीं है हमारे यहाँ।''

रेणु चुप हो गई। सोचा, दो-तीन दिन की ही तो बात है।

पोती को एकदम इस तरह चुप हो गई देख लक्ष्मी का माथा ठनका, "क्यों, कोई गलत काम हो गया है बेटी, मेरे से?"

"नहीं-नहीं, हमारे जैसे यूथ परसन के होते हुए आप जैसे ओल्ड एज परसन काम करें तो अच्छा नहीं लगता ना, मैं तो यही सोचकर कह रही थी।"

"हम भी कैसे निठल्ले रह सकते हैं बेटी। हमें अपना वक्त काटने के लिए कुछ-न-कुछ तो करना ही पड़ेगा।"

"आप ठीक कह रही हैं दादी माँ, आप किचन में ममी का हाथ बटाया करें।"

"हाँ..., ये ठीक कहा तूने। मैं वहीं चलती हूँ, बहू के पास।" बोलकर लक्ष्मी किचन की तरफ चल दी।

दादी माँ वहाँ से हटीं तो रेणु ने अपने घोंसले के तिनकों को अपने ही ढंग से बिठाने में या कह लीजिए कि आधुनिक ढंग से सजाने में पूरा एक घण्टा लगाया।

हर छोटी-बड़ी चीज ढूँढ़-ढूँढ़कर उसकी सही जगह पर पहुँचाई। जो चीजें पुराने खयाल के लोगों से छुपाकर रखी जानी चाहिए थीं उन्हें अलमारी के अन्दर बन्द किया। दादी के सोने के लिए डबल बैड का एक बैड थोड़ा खिसकाकर अलग किया, इतना कि दादी अगर करवट ले तो उसे महसूस न हो। बाकी जो कुछ बिगड़ा था, उसमें सुधार पैदा करने का काम दादी के विदा हो जाने के बाद पर छोड़ा। नेलकटर ढूँढ़ने पर भी नहीं मिला, जिसकी उसे फौरन जरूरत थी। पूछताछ करने के लिए वह ममी की तरफ चली। जरूरत पड़ने पर उसके कमरे में सिर्फ ममी को ही जाने का अधिकार था। बसन्त को तो बिलकुल भी नहीं।

बबलू था तो पाँच साल का पर समझदारी युवा लड़कों की तरह दिखाता था। कई बार तो उनसे भी कहीं ज्यादा। सारे घरवाले और आस-पड़ोस के ही नहीं स्कूल की अध्यापिकाएँ भी उसकी समझदारी से दंग रह जाती थीं। सभी का यह भी कहना था कि नई जनरेशन ऐसी ही है।

रात को मम्मी-पापा के साथवाले विशेष रूप से बनवाए गए अपने छोटे बैड पर लेटा-लेटा बबलू अचानक उठ बैठा, "मम्मी, जब डैडी के मम्मी-पापा बाहर से यहाँ आए हुए हैं तो डैडी बाहर क्यों चले गए रिक्शा में बैठकर?" रिक्शा शब्द पर बबलू ने ज्यादा ही जोर दिया, क्योंकि उसे पता है कि जब डैडी को कई दिन के लिए कहीं दूर जाना होता है तभी रिक्शा आती है, नहीं तो वे अपनी कार में ही सफर करते हैं।

कृष्णा स्कूल के लिए खरीदी चीजों का हिसाब लगाने में मगन थी। उसने सरसरा जवाब दिया, "उनको बाहर बहुत जरूरी काम था बेटा।"

बबलू ने दूसरा सवाल किया, "मम्मी-डैडी को मिलने से भी बड़ा कोई दूसरा

काम हो सकता है?''

कृष्णा तुनक उठी, ''चुप करके सो जा, सुबह जल्दी उठकर स्कूल जाना है।''

''कल मैं स्कूल नहीं जाऊँगा।''

कृष्णा की आँखें चौड़ी हो गईं, ''क्यों?''

''बसन्त और रेणु कालिज चले जाएँगे, आप स्कूल चली जाएँगी, पापा बाहर हैं, इनके पास भी तो किसी को रहना चाहिए।''

कृष्णा चुप हो गई। नन्हे बच्चे ने सही कहा था। मन-ही-मन उसने कल स्वयं छुट्टी लेने का फैसला कर लिया और यह भी निश्चय कर डाला कि कल हर हालत में पिताजी का चैकअप हो जाना चाहिए, पता तो चले कि हर तरह से एक्टिव रहनेवाला आदमी आखिर इतना निढाल क्यों हो गया है।

ठीक इसी समय रेणु माँ के पास चली आई। इधर-उधर देखकर बोली, ''दादी माँ कहाँ हैं?''

''बाथरूम में, सफर में मैले हो गए पिताजी के कपड़े धो रही हैं।''

''लेकिन कल लाजवन्ती ने आना तो है?''

''मैंने बहुत कहा पर नहीं मानीं।''

''अच्छा तो कल का प्रोग्राम क्या है?''

कृष्णा कोख की जायी बेटी के सामने भी चालाक बन गई, ''किस बारे में?''

''दादाजी के बारे में।''

''मेरे खयाल में, तुम्हारे डैडी को आ लेने दो, फिर सोचेंगे क्या करना है।''

''तब तक इनकी तबीयत कुछ ज्यादा ही बिगड़ गई तो?''

''तो फिर तुम बताओ!''

रेणु ने कुछ पल सोचा, फिर निर्द्वन्द्व भाव से जवाब दिया, ''मेरे खयाल में कल हमें दादाजी को डॉ. मित्तल को दिखा लेना चाहिए। पता तो चले कि मर्ज क्या है।''

''लेकिन उनसे तो अपॉयंटमेंट लेनी पड़ेगी, उसके बिना तो...''

''अपॉयंटमेंट मैंने ले ली है।''

माँ ने बेटी को खींचकर अपने बाजुओं में भर लिया। बबलू भी खड़ा होकर बहन की पीठ से लिपट गया। कोई देखता तो कल्पना भी न कर पाता कि यह सिद्धान्तवादी प्रोफेसर चन्द्रमोहन का परिवार है जो उनकी घृणा के विरोध में साहस के साथ खड़ा है।

कुछ टेस्ट करवाकर उनकी रिपोर्ट देखने के बाद डॉक्टर मित्तल ने बताया कि कोई मेजर प्राब्लम नहीं है। लो ब्लड प्रेशर और यूरिक एसिड बढ़ जाने की वजह से कमजोरी और जोड़ों में दर्द की समस्या है जो सन्तुलित भोजन और दस-बारह दिन

तक जिलोरिक की गोलियाँ लेने से हल हो जाएगी, लेकिन इनको टमाटर वगैरह खट्टी चीजों का परहेज करना चाहिए।

हार्ट के बारे में उन्होंने ठीक-ठाक हो जाने के बाद टी.एन.टी. करवाने की सलाह दी, क्योंकि इस टैस्ट में मशीन की बैल्ट पर तेज गति से चलना पड़ता है, जिसके लिए मरीज अभी फिट नहीं है।

डॉक्टर की रिपोर्ट से सब खुश थे। लक्ष्मी खासकर। वह बात-बात पर आसमान की तरफ जुड़े हुए हाथ उठाकर भगवान को धन्यवाद देती थी। ज्यादा भावुक हो उठती थी तो बबलू को पास खींचकर उसका गाल चूम लेती थी। जो बबलू किसी को भी गालों को हाथ नहीं लगाने देता था इस नाजुक परिस्थिति में वह भी हँसकर बर्दाश्त कर लेता था। शर्माजी भी खुश थे कि उन्हें कोई चीर-फाड़वाला टैस्ट नहीं करवाना पड़ा। कई बार डॉक्टर शरीर के किसी हिस्से का काफी नीचे के अन्दर का मांस निकालकर भी टैस्ट करवाते हैं, यह उन्होंने सुन रखा था। इस टैस्ट के बारे में सुनकर ही उनके रोंगटे खड़े हो जाते थे। जिस आदमी ने बड़ी-से-बड़ी तकलीफ में भी इंजैक्शन लगवाने से परहेज किया हो, वह अन्दर से मांस का टुकड़ा निकलवाने की बात सुनकर रोमांचित नहीं होगा तो और क्या होगा। ब्लड निकालने के लिए बाँह की नस में सूई लगवाने के लिए भी वे बड़ी मुश्किल से तैयार हुए थे। कहते रहे थे, ''मुझे खून का कोई रोग नहीं है, फकत कमजोरी है, खान-पान ठीक हो गया तो अपने आप ठीक हो जाएगी।''...

वे अभी तिलमिला ही रहे थे कि कम्पाउण्डर ने डिसपोजेबल बारीक सूई लगाकर खून ले भी लिया, उन्हें पता तक नहीं चला। वे हैरान हुए कि खून निकालने के लिए बिना तकलीफ के भी तरीके ईजाद हो गए हैं। नहीं तो उन्होंने बचपन में चेचक का टीका लगवाया था तो दर्द के मारे उनकी जान निकल गई थी।

अब चुपचाप चन्द्रमोहन के लौटने की प्रतीक्षा की जाने लगी। फोन आया तो उस पर उन्हें बता दिया गया कि सब कुछ ठीकठाक है। डॉक्टर की रिपोर्ट में भी कोई मेजर प्रॉब्लम नहीं है इसलिए वे जल्द लौट सकते हैं। ताकि पिताजी के वापस जाने के बारे में भी कुछ सोचा जा सके।

तीसरे दिन कालिज से लौटते समय शर्माजी को सड़क पर घूमते देख बसन्त दंग रह गया। दवाइयाँ और घरवालों का सद्व्यवहार उन्हें इतना जल्द चंगा कर देगा, ऐसा विश्वास उसे नहीं था। स्कूटर ठीक उनके पास रोककर उसने शर्माजी से कहा, ''चलो दादाजी, आज आपको सुखना झील और रॉक गार्डन दिखाकर लाते हैं!''

अन्धे को क्या चाहिए, दो आँखें। आदत से घुमन्तू और भीड़-भाड़ में रस लेनेवाले शर्माजी फटाफट तैयार हो गए। लेकिन सवाल भी किया, ''इस स्कूटर

पर जाएँगे?"

"नहीं दादाजी, मारुति कार पर जाएँगे।" बसन्त ने जवाब दिया।

चन्द्र की कार में बैठकर सैर करने की कल्पना से ही शर्माजी अभिभूत हो उठे। पर उनके स्वाभिमान ने थोड़ा उनको हेठी में भी डाला—जो बेटा बीमारी की हालत में भी उनको छोड़कर काम का बहाना करके बाहर निकल गया, उसकी कार में बैठना तो खोते की सवारी करने जैसा होगा।

दादाजी को गुमसुम देखकर बसन्त ने उनके कन्धे पर हाथ रख दिया, "क्या सोच रहे हैं आप?"

"सोच रहा हूँ कि चन्द्र की कार को ले जाना..."

"फिक्र न करें, यह गाड़ी मेरे नाम है, पिताजी के नाम नहीं।"

"तुम इतना कमा लेते हो?"

"गाड़ी लोन के पैसों से ली गई है दादाजी और लोन युवा लोगों को कम इंट्रेस्ट पर दी जानेवाली सहायता के तहत लिया गया है।"

"अच्छा-अच्छा। तुम्हारी दादी को भी साथ ले चलें तो कैसा रहे?"

"बहुत अच्छा रहेगा। आप घर चलकर कपड़े बदलें, मैं दादीजी को तैयार होने के लिए कहता हूँ।"

लोहे का बड़ा गेट खोलकर बसन्त ने स्कूटर आँगन में रखा, और फिर चाभी घुमाता हुआ सीधा रेणु के कमरे में जा पहुँचा।

दादी अभी-अभी कालिज से आई रेणु से पूछ रही थी, "तुम किस क्लास में पढ़ती हो बेटी?"

"दादी माँ मैं फॉरेन लैंग्वेज में एम.ए. कर रही हूँ।"

"वो क्या होती है?"

दादी माँ को रेणु इसका जवाब देती बसन्त पहले ही बोल पड़ा, "यह क्यों नहीं कह दिया कि अंग्रेजी में एम.ए. कर रही हूँ?"

"यह सब तू कहेगा मुझे पता था।"

बसन्त ने इसका कोई जवाब नहीं दिया, उसने बिना वक्त खोए अपना प्रस्ताव दादी माँ के सामने रख देना ही मुनासिब समझा।

रेणु ने इसमें अड़चन डाली, "दादाजी की सेहत का तो खयाल करो!"

"उनकी सेहत भली-चंगी है। बाहर मजे में घूम रहे हैं। और फिर डॉक्टर ने भी तो हरी झण्डी दिखा दी है। इसके अलावा दादीजी भी हमारे साथ हैं।"

"और मैं?"

"तुम घर की देखभाल करोगी। भले घरों की लड़कियों को यही शोभा देता है।"

"आने दो ममी को!"

“वे भी मेरा ही पक्ष लेंगी। खुली आबोहवा और ग्रीनरी हर किस्म के मरीज के लिए फायदेमन्द होती है, यह बात आठवीं क्लास के विद्यार्थी भी जानते हैं।”

दादा-दादी के साथ बबलू बसन्त की देखरेख में सुखना झील देखने के लिए चले। चालीस सेक्टर से चलकर, श्मशान घाट के सामनेवाली सड़क से होते हुए यूनिवर्सिटी के पास से गुजरे तो बबलू चहक उठा, “दादी माँ, रेणु दीदी इसी जगा पे पढ़ती हैं।” पिछली सीट पर बबलू के साथ बैठी लक्ष्मी ने, जैसा कि उसकी आदत थी, हाथ जोड़कर भगवान को धन्यवाद दिया।

शर्माजी अतीत में डूबे 1975 में लगी ऐमरजेंसी में अपने जेल जाने और छूटने के बाद इसी तरह खूबसूरत कार की अगली सीट पर बैठने की घटना को याद कर रहे थे।

शर्माजी को भड़काऊ कविता पढ़ने और अन्य दो साथियों को बाहर से आकर शहर में भड़काऊ भाषण देने के जुर्म में नाभा की मशहूर जेल में डाल दिया गया था। ऐमरजेंसी खत्म होने के बाद ही इन तीनों की मुक्ति सम्भव हो सकी थी। मुक्तिवाले दिन इन तीनों को एक तेजस्विनी महिला एक खूबसूरत कार में बिठाकर पटियाला की बारहदरी में बनी एक कोठी में ले गई थी। उस कार के काफी लम्वे सफर में शर्माजी को मानो जानबूझकर अगली सीट पर बिठाया गया था और नाभा के बकसूएवाले पुल को पार करते ही महिला ने शर्माजी को वह कविता सुनाने के लिए कहा था जिसकी वजह से वे जेल काटकर आ रहे थे। शर्माजी ने कविता सुनाई थी तो बीच-बीच में महिला ने लम्बी साँसें छोड़कर उन्हें अद्‌भुत दाद दी थी। कितनी तेजस्विनी थी वह महिला। यकीनन भगत सिंहजी के जमाने में—दुर्गा भाभी भी काफी कुछ इसी तरह की रही होंगी।

शर्माजी अतीत की कुछ और सीढ़ियाँ उतरने ही जा रहे थे कि बसन्त के सवाल ने उनका ध्यान भंग कर दिया, “दादाजी! किन खयालों में खोए हैं आप?”

शर्माजी को अपने वर्तमान में लौटने में कुछ पल लगे। फिर जैसे थकी हुई आवाज में बोले, “मेरे साथ जो साथी जेल काटकर आए थे वे सब-के-सब अब मिली-जुली पार्टियों से बनी केन्द्रीय सरकार में मन्त्री हैं, और मैं आज...”

“आज आप पंजाब के ही नहीं पूरे हिन्दुस्तान के प्रसिद्ध कवि हैं।”

शर्माजी चुप रहे।

“अच्छा ये बताइए कि कभी आप नैनीताल गए हैं?”

“नहीं, क्यों?” उन्होंने समझा कि कोई कविता से ही सम्बन्धित बात है।

“सुखना झील बिलकुल नैनीताल की झील की तरह लगती है। फर्क सिर्फ इतना है कि उसके पास पहाड़ हैं जब कि इससे दिखाई देनेवाली कसौली के पहाड़ काफी दूर दिखाई देते हैं।”

"अच्छा-अच्छा...।'

"उस झील की तरह इसमें भी नौकाएँ छोड़ी गई हैं, इन नौकाओं में आज हम आपको झील की सैर करवाएँगे।"

"मैं भी पैरों से चलाई जानेवाली बोट में सैर करूँगा।" पीछे से बबलू चहका।

"लेकिन मुझे तो तैरना नहीं आता!" दादाजी ने अपनी एक बहुत बड़ी कमजोरी को उजागर किया।

"क्यों, तैरना क्यों नहीं सीखा आपने?" बसन्त ने आश्चर्य प्रकट किया।

"ऐसा था, जिस गाँव में मैं पैदा हुआ था वहाँ तैरना सीखने के लिए कोई बसीला नहीं था। बाद में जब शहर में आकर बसा, उम्र इतनी हो गई थी कि तैरना सीखने के लिए न तो फुरसत मिली और न ही साहस जुटा पाया, यूँ पैर चलाकर ढप-ढप करना मैं जरूर जानता हूँ।" कहकर वे अपनी बात पर खुद ही हँस पड़े।

बसन्त भी खिलखिलाकर हँस पड़ा। पर इसी समय सड़क से नीचे उतरते ही गाड़ी पार्क करने की समस्या आ खड़ी हुई। बहुत खोज करने पर कहीं दूर जाकर जगह खाली मिली। गाड़ी को वहीं पार्क कर और पीली पर्ची लेकर सब लोग सड़क पार करने की बाट जोहने लगे। आज गवर्नर साहब के यहाँ कोई बड़ा जलसा होने की वजह से पुलिस की देखरेख में झील के पास की सड़क पर गाड़ियों की नदी बह रही थी। इस नदी को पार करने के लिए इस किनारे लोगों की भीड़ लगी थी। शर्माजी ने इस भीड़ को देखकर पूछा, "ये लोग यहाँ क्या करने आते हैं?"

बसन्त ने जवाब दिया, "खुली हवा लेने, वक्त काटने।"

"मुझे लगता है, जैसे लोग चिड़ियाघरों के पिंजरों में खूँखार जानवरों को परवश या बन्द हालत में देखने आते हैं, उसी तरह इस पथरीले बाँध में बँधे गहरे पानी की परवशता देखने आते हैं।"

"आपने तो कविता कर दी।"

"कविता क्या है? कड़वी सचाई को फूल जैसे कोमल या दिलकश शब्दों में पेश करना...।"

इसी समय गाड़ियों की नदी थोड़ी देर के लिए रुकी तो लोगों की बाढ़ दूसरे किनारे की तरफ उमड़ पड़ी। बबलू सीधा झूलों की तरफ लपका। लक्ष्मी भी मानो बच्चे की रक्षा के लिए उसी के पीछे चल दी। शर्माजी ने झील के किनारे रखी काठ की सीढ़ियों पर बैठने का आग्रह किया तो बसन्त भी उनके साथ बैठ गया। थोड़ी देर बाद बसन्त ने कहा, "दादाजी, जिस कविता ने आपको जेल तक पहुँचा दिया था, यहाँ झील के किनारे उस कविता को/ सुनाकर इतिहास बनाइए।"

शर्माजी थोड़ी देर चुप रहे, फिर बोले, "इस कविता को बार-बार सुनाना पड़ा है, इसलिए अच्छी तरह से कण्ठस्थ हो गई है, लो सुना देता हूँ, आज तुम भी सुनो—

शर्माजी ने जैसे मंच पर प्रस्तुत की जाती है, उसी लहजे में थोड़ा ऊँचे स्वर

में बोलना शुरू किया :

"पता नहीं मेरे हिस्से की धूप
कहाँ है
कहाँ खत्म होंगी
पैरों की नीचे की सिल्लियाँ"

पास बैठे लोगों का ध्यान शर्माजी की तरफ बँट गया। शर्माजी आगे बोले :

"लोकतन्त्र का शव
ढो रही है कायरता
मेरा कन्धा भी यहीं कहीं है
थका हुआ बेहाल जख्मी कन्धा"

बसन्त उठकर फुटपाथ पर शर्माजी के सामने खड़ा हो गया। उसे खड़ा देख कुछ आते-जाते लोग भी शर्माजी की बुलन्द आवाज सुनने रुक गए। उत्साहित हो शर्माजी और भी तन्मयता से बोलने लगे :

"पूरे पचास वर्ष तक कोड़े
सह गई हैं ये गर्दनें
जिन्हें जुतना चाहिए था
नई फसल के नए खेत में

सेनानियों की देह अब
झुककर कमान हो गई है
जिस पर तीर चढ़ाएगी
नई सदी की गैरतमन्द पीढ़ी
लाएगी जीतकर स्वयंवर से
मेरे हिस्से की धूप

तब मैं अपनी चेतना से
निहत्थेपन का लिहाफ उतारूँगा
आलिंगनबद्ध कर सकूँगा आजादी
जो मुट्ठीभर दलालों की

कोठेनुमा कोठियों में
कैद है।"

अन्तिम पंक्तियों पर कुछ समझदार लोग वाह-वाह कर उठे। एक पागल-से लग रहे युवक ने हाथ जोड़कर कहा, "जनाबेआली, क्या आप इस नज्म को दोबारा सुनाने की जहमत उठाएँगे?"

"जरूर।" बोलकर शर्माजी ने कविता दोबारा सुना दी। इस बार कविता के हर विराम पर दाद मिली। कविता खत्म होते ही शर्माजी रूमाल से आँखें साफ करते हुए उठकर चल दिए और वहाँ जाकर रुके जहाँ गाड़ी पार्क की गई थी। साफ था कि शेष सवारियों के आते ही वे घर जाना चाहते थे और घर जाकर एक पत्र लिखना चाहते थे, उस मित्र के नाम जिसने आज के इस विरोधी माहौल में भी हिम्मत नहीं हारी थी, पहाड़ी प्रदेश के एक छोटे से गाँव में जनजागरण के अभियान को लगातार चला रहे थे।

आज खाना खाते वक्त ज्यादातर बातचीत लक्ष्मी पर ही केन्द्रित रही। लक्ष्मी को भी अपने अतीत पर फिर से एक बार नजर डालने का अवसर मिला, जिसे वह एक बुरे सपने की तरह भुला चुकी थी।

कच्चे-पक्के मकानों से बनी सँकरी गली के मुहाने पर बड़ा-सा आँगन, आँगन में नीम के पेड़वाला एक छोटा-सा मकान। मकान में सिर्फ एक माँ जो साधु हो गए पति और फौज में भर्ती हो गए बड़े बेटे की याद में आँसू बहाने का बहाना ढूँढ़ती रहती थी। माँ अकेली या लड़की को साथ लेकर हफ्ते में तीन दिन शहर जाती थी और जो कुछ जजमानों से मिलता था उससे अपना और लड़की का गुजारा करती थी।

लड़की ने जवानी में कदम रखा तो उस पर तरह-तरह की बंदिशें लगने लगीं। लड़की पराया धन होती है, जजमानों की सहायता से लड़की का सौ कोस दूर के धोती-बोदीधारी एक लड़के से विवाह हो गया। माध्यम बना कुछ साल पहले ही गाँव से शहर आकर बसा लड़के का बड़ा भाई, जिसके साथ दहेज को लेकर बाद में बिगड़ गई।

ससुराल में पति के साथ एक ममतामयी सास जो घर का सारा पानी बाहर के कुएँ से भरकर लाती थी और नाली न होने की वजह से मकान की बगल में बनी कच्ची टंकी में इकट्ठा हुआ गन्दा पानी रूड़ियों के पास गिराकर आती थी। कभी-कभी पानी सँकरी गली में गिर जाता था तो चाचे-तायों की दनदनाहट भी अपने ही सिर पर झेलती थी। उसके मरते ही यह सब लक्ष्मी के सिर पर आ गया, जिसे उसने खुशी-खुशी निभाया और टूटे पहियोंवाली गृहस्थी की गाड़ी को जानदार और

मर्यादित गाय की तरह खींचा।

मकान के नाम पर यहाँ भी दो कमरे थे लेकिन पक्के। साथ ही गाय बाँधने के लिए बिना दरवाजों की एक कच्ची खोली भी थी। लक्ष्मी खुश थी कि उसके सिर पर एक मर्द तो है, माँ को तो बिना मर्द ही अपनी जिन्दगी ढोनी पड़ी थी।

खुशी के इस वातावरण में लक्ष्मी ने तीन बच्चे जने। पहले दो लड़कियाँ और उसके बाद एक लड़का चन्द्रमोहन या चन्दू। लड़के के बिगड़ेलपन पर भी उसकी याद ने थोड़ी रोशनी डाली। पाँच भाँत की खिचड़ी जब घर की लक्ष्मी सबको परोसकर अपने लिए बची खाने बैठती थी ठीक तभी वह और भूख होने की शिकायत करता था। लक्ष्मी अपनी खिचड़ी उसके कटोरे में डाल खुद बर्तन को धोकर उसके पानी से ही तृप्त होकर परिवार के सोने का इन्तजाम करने में जुट जाती थी। लोग व्रत भी तो रखते हैं अपने परिवार की सुख-सुविधा के लिए, चलो आज सन्ध्या का व्रत ही सही।

लक्ष्मी को वह घटना कभी नहीं भूलती जिसकी वजह से उसके परिवार को गाँव छोड़कर शहर आना पड़ा। जमींदारों के दबंग लड़के चन्दू का पढ़ने का सामान छीनकर भाग गए। लक्ष्मी उलाहना लेकर गई तो बेइज्जत होकर लौटी। पति शिकायत लेकर पहुँचा तो दो दाँत तुड़वाकर लौट आया। उसे यह भी याद रहता है कि गड्डे पर लदता सामान देखकर सिर्फ एक अन्धा आदमी मुकन्दी था जो अफसोस करने पहुँचा था। बाकी का सारा-का-सारा गाँव जमींदारों के डर से अपने-अपने काम में लगा रहा था।

शहर में हालाँकि बहुत पिछड़े हुए इलाके में मकान किराए पर लिया था जहाँ बिजातियों के गधे पड़ौस में बँधे रहते थे। पर फिर भी लक्ष्मी खुश थी कि यहाँ मकान के पास से नाली निकलती थी और बिलकुल पड़ोस में टूटीवाला सरकारी नलका था जहाँ पानी की कोई कमी नहीं थी।

शहर में और भी बहुत कुछ था। हीरा बाग था जिसमें हर इतवार को सरकारी बैण्ड बजता था। बड़ा-सा किला था, बड़े-बड़े दरवाजे थे, दरवाजों के बाहर तालाब थे, जहाँ जाकर घर के पूरे कपड़े आसानी से धोए जा सकते थे। बड़े-बड़े बगीचे थे, बगीचों में फूल थे, राजा के शिकार खेलने के लिए बहुत बड़ा जंगल था, जंगल में तरह-तरह के पशु थे और जंगल के साथ-साथ पशुओं के लिए स्वच्छ पानी की बहुत बड़ी नहर बहती थी। सबसे बड़ी बात यहाँ पुलिस थी, जो पड़ोसियों के साथ होनेवाले झगड़ों को रोकती थी।

लक्ष्मी को शहर में आकर एक दुःख भी मिला। पति को शहर की हवा लग गई। पहले वह संघ में जाने लगा। उसके बाद सोशलिस्ट पार्टी के दफ्तर में। सारा-सारा दिन जलसों और जलूसों में लगाने लगा। इसमें भी लक्ष्मी ने हार नहीं मानी। माँ का पति साधु बन गया था तो माँ ने क्या हार मानी थी? उसका पति

लीडर बन गया है तो वह भी माँ की तरह हार नहीं मानेगी। लक्ष्मी ने अपनी माँ की जजमानी-पुरोहिती सँभाल ली। माँ की तरह वह घर-घर जाती और जो कुछ मिलता उससे बच्चों की जरूरतें पूरी करती।

इस वातावरण में भी लक्ष्मी ने चार बच्चों को जना। तीन लड़कियाँ और एक लड़का बलबीर। दो लड़कियाँ मर गईं तो उसको मात्र पाँच बच्चों का पालन-पोषण करना पड़ा।

लक्ष्मी को सबसे बड़ी खुशी यह है कि उसने चाहे जैसे भी की, अपने पाँचों बच्चों की शादी कर दी। वैसे तो सब लोग अपना-अपना भाग्य जीते हैं लेकिन वह अपने कर्तव्यों से सुर्खरू हो गई। अब रह गई है एक पति-परमेश्वर की सेवा, अपना परलोक सुधारने के लिए वह कर ही रही है। इससे ज्यादा अच्छी जिन्दगी और हो ही क्या सकती है? जेठानी तो अपने दो लड़कों की शादी भी नहीं कर सकी, उससे तो वह कहीं अच्छी निकली।...

एक तकलीफ जरूर है कि माँ अन्धी होकर मरी। अन्धी होकर भी उसे लाठी टेकते हुए शहर आना पड़ता था, बच्चों से मिलने या पापी पेट के लिए।

अब तो इस बुढ़ापे में बस एक ही स्वभाव बन गया है, मुसीबत बहुत बड़ी आई, घूँसे मार रही है, तो उसके पैरों में झुक गए, टल गई तो जुड़े हाथ आसमान की तरफ उठ गए, हे परमेश्वर तेरी मर्जी।...

सब कुछ जान लेने के बाद बसन्त ने दादाजी के सामने सवाल उठाया कि "जो लोग दलित समाज और मनुवाद का सवाल उठाते हैं उनकी नजर उन ब्राह्मण परिवारों पर क्यों नहीं पड़ती जो बुरी-से-बुरी जिन्दगी जीनेवालों से भी कहीं ज्यादा बुरी जिन्दगी जी रहे हैं?"

शर्माजी ने पहले थोड़ा सोचा, फिर जवाब दिया, "इस देश में ज्यादा बड़ा सवाल रोटी का नहीं सम्मान का है। ब्राह्मण चाहे कितना भी गरीब क्यों न हो, सम्मान तो उसको मिलता ही रहता है। बल्कि उसका सुदामा की तरह गरीब होना उसको ज्यादा सम्मानित करता है।"

कृष्णा, जो पहले से ही बातचीत में भाग ले रही थीं, इस मामले में भी उन्होंने अपने विचार रखे, "पिताजी, चाहे ब्राह्मण हो चाहे शूद्र, बेचारी औरत का तो सब जगह एक ही तरह का रुतबा है, जरखरीद गुलाम का।"

बसन्त ने आपत्ति की, "ममी, आप मेरे सवाल को किसी दूसरी दिशा में ले जा रही हैं। मैंने पूछा है कि दलित के नाम पर जो लोग गरीब शूद्रों का सवाल उठाते हैं वे लोग शूद्रों से भी कहीं ज्यादा गलीच जिन्दगी जीनेवाले ब्राह्मणों का क्यों नहीं उठाते?"

कृष्णा ने फिर सवाल से सीधे बचते हुए जवाब दिया, "यह सवाल तो ब्राह्मणों को उठाना चाहिए। उन्हें भी अपने लिए आरक्षण की माँग करनी चाहिए।"

मम्मी के सुझाव पर अब रेणु ने अपना मुँह खोला, "इन माई ओपीनियन, कास्ट के नाम पर आरक्षण का सवाल बिलकुल बेमानी है, इसे पावर्टी आई मीन आर्थिक दशा को ध्यान में रखकर उठाया जाना चाहिए।"

कृष्णा ने रेणु का समर्थन किया, "बिलकुल सही, कास्ट के नाम पर दिए जा रहे आरक्षण ने ही इस देश का भट्टा बिठाया है।"

अपने सवाल का सीधा जवाब न मिल पाने की वजह से बसन्त खिन्न हो गया। अब उसने शर्माजी का पंल्ला पकड़ना ही मुनासिब समझा। वह शर्माजी की तरफ मुँह करके बोला, "क्यों दादाजी?"

शर्माजी ने बहस को बेमतलब-सी समझते हुए कहा, "जब तक इस देश में वोट की राजनीति जिन्दा है तब तक जनता में उठनेवाली इस तरह की बहसें कोई मतलब नहीं रखतीं। आप लाख कहते रहें आरक्षण गरीबी के आधार पर होना चाहिए, वह तो जाति के आधार पर ही होगा। इसलिए कोई और बात करो, इसमें क्या रखा है?..."

शर्माजी की बात सुनकर सब लोग चुप हो गए। बसन्त का तार्किक मन अभी भी सन्तुष्ट नहीं हुआ था। शून्य को तोड़ते हुए उसने एक नया सवाल रखा, "दादाजी, अगर आप इजाजत दें तो एक पर्सनल-सा सवाल आपसे करूँ!"

"अरे भाई इजाजत कैसी, कुछ भी पूछो।"

"क्या आप अपने साहित्यिक जीवन से सन्तुष्ट हैं?"

शर्माजी ने छूटते ही जवाब दिया, "बिलकुल नहीं। आदमी को अपनी देह से भी कोई सार्थक काम करना चाहिए, तभी उसके दिमाग की उपज, उसके साहित्य का कोई मतलब बनता है नहीं तो नहीं।"

बसन्त थोड़ा साफगोई पर उतर आया, "आपने अपनी देह से क्या किया है?"

इसका जवाब काफी देर से चुप बैठकर सुननेवाली लक्ष्मी ने दिया, "इन्होंने अपनी देह से सत्त बच्चे जने हैं। दो लड़कियाँ मर जाने के पिच्छों बच गए पंज बच्चयाँ के शादी-ब्याह किए हैं। आदमी होर की कर सकता है इस जिन्नगी विच?"

लक्ष्मी के कथन पर सब-के-सब ठहाका मारकर हँस पड़े। शर्माजी भी बच्चों की तरह खिलखिलाकर ऐसे हँसे कि उनकी आँखों में सुखद आँसू आ गए।

सोने से पहले रेणु ने लक्ष्मी के सामने एक आशंका रखी, "दादी माँ, आप जब देख रही थीं कि आपकी माँ अलोन ही नहीं ब्लाइण्ड भी हैं तो आपने उन्हें शैल्टर आई मीन सहारा क्यों नहीं दिया?"

लक्ष्मी ने अपनी पुतलियाँ एक बार छत की तरफ उठाईं, फिर जवाब दिया, "हमारे जमाने में बेटी, कुड़ी के माँ-बाप, कुड़ी के घर का पानी तिक नहीं पीते थे, जे मैं उनको अपने घर रखती ताँ लोग की कहते?"

''लोगों ने क्या कहना था? एक डॉटर अपनी बेसहारा मदर को सहारा दे रही है, बस। बल्कि लोगों को तो इसको एप्रिशियेशन देना चाहिए था।''

''तू नी समझती बेटी, धरम वी तां कोई चीज है। धरम विगाड़के तां कोई कम्म नहीं किया जा सकता। माँ अपने आप ही इसके वास्ते त्यार ना होती। थोड़े से दुःख से डरकर कोई अपना परलोक थोड़ेई बगाड़ लेता है?''

''थोड़ा दुःख! एक ब्लाइण्ड ओल्ड वुमैन तीन किलोमीटर चलकर शहर जाती है, सिर्फ अपने पेट के लिए रोटी लाने के वास्ते और घर में अकेली रहकर अपने ही नहीं घर के सारे काम निपटाती है। यही नहीं, आदमी जो एक सोशल एनिमल है, अकेला जिन्दगी गुजारने के लिए मजबूर है, आप इसे माईनर आई मीन थोड़ा दुःख कहती हैं?''

''लोगाँ ने तां अपने धरम के लिए गले तिक कटबा लिए, सूली उत्ते चढ़ गए पीर-पगम्बर, तत्ते तबयाँ ते बैठ गए, दबाराँ विच चनबा ल्या अपने आप नूँ, धरम के बासते बेटी की-की नहीं करते बहादर लोक। मेरी माँ को परमात्मा ने अन्दर की जोत दी हुई थी।''

''अन्दर की जोत? यू मीन इंटरनल फ्लेम?''...

''हाँ..., अन्दर की जोत। वह सूँघके बता देती थी कि यह फलाना आदमी है। उस जोत की बदौलत ही वह मेरे घर आती अते जाती थी। कदे वी ओस को कोई सट्ट नहीं बज्जी थी। गली-गली घूम जाती थी बो नाभा शहर की। तू कैसी बातें करती है? पिच्छे चल्ल रहे आदमी को बो नाम लेके बुला लेती थी, की-की बताऊँ मैं तुझे, उसे इक्क साल पैलाँ कही गल्ल वी याद रहती थी।''

''वह ब्लाइण्ड, मेरा मतलब है अन्धी कैसे हो गई थी?''

''अपने पति अते अपने बेटे का बजोग खा गया उसे। रो-रो के अक्खियाँ खराब कर लीं। मैं समझाती रही की जान वालयाँ के वास्ते रोते नहीं, पर मन्नी नहीं। बस अन्धी होकर बैठ गई। अन्धी मोताज।''...

''कितनी उम्र तक जिन्दा रहीं हमारी पड़दादीजी?''

''मेरे जान, इक्क सै ते उप्परी हो गई थी उसकी उमर।''

''वह किसी ओल्ड एज होम, आई मीन वृद्धाश्रम या धार्मिक आश्रम में क्यों नहीं चली गईं?''

''आशरम में कैसे जाती? सबकुछ था उसके पास। पति था, बेटा था, बेटी थी अते बेटी के बच्चे थे दोते-दोतियाँ। आशरम में तां बो लोग जाते हैं जिनका कोई वी ना हो। सुक्खीसान्दी जजमानी-पुरोती, घर-बार की नहीं था उसके पास? बस्स, पुतलियाँ ई नहीं थीं उसके पास। पुतलियाँ इस उमर बिच्च किसके पास होती हैं, जरा तू मेरे को दस्स?''

''उनका एक्सपेंस आई मीन गुजारा कैसे चलता था?''

"पिण्ड के लोग बाहमनी का घर समझकर मदद करते थे। शहर के जजमान उनके नां पर मेरे को जो देते थे मैं साम के रख लेती थी, जब आती थी तब उसके हवाले कर देती थी। इसी ते उसका गुजारा चलता था।"

"आप अपनी तरफ से भी डाटर होने के नाते कुछ मिला देती होंगी।"

"ना-ना बेटी, अपनी माँ का धरम भ्रष्ट करने का कोई कम्म मैं नी करती थी। जान परमात्मा को देनी है, एहोजेहा पाप मैं क्यों करूँ?" लक्ष्मी ने अपने दोनों हाथ कानों को लगाए और आँखें बन्द कर लीं।

रेणु समझ गई कि दादी माँ के साथ तर्क से बात नहीं की जा सकती। सिर्फ जानकारी ली जा सकती है कि लोग अपने ही बनाए वैचारिक दोजख में कैसे जिन्दगी जीते हैं और इस जिन्दगी की तकलीफों को सहन करने की ताकत उन्हें कहाँ से मिलती है। कुछ देर चुप रहने के बाद उसने अगला सवाल किया, "दादी माँ, अपनी माँ की तकलीफों को देखकर आपको दुःख नहीं होता था?"

लक्ष्मी ने फौरन जवाब दिया, "होता क्यों नी था, पर मैं कर की सकती थी? अपने-अपने करमों का फल हर मनुक्ख को खुदी भुगतना पड़ता है, उस बिच्च कोई कुज नीकर सकता। माँ के अपने करम थे, भोगे अते भोगके चली गई।"

"ठीक है, तो फिर सोते हैं।"

"चलो सो जाते हैं।"

बत्ती बन्द होते ही लक्ष्मी लम्बी तानकर लेट गई और आँखें बन्द करते ही उसके हल्के-हल्के खर्राटे सुनाई देने लगे। पर रेणु को नींद नहीं आ रही थी। समाज के सड़ाँध से भरे अन्धविश्वासों को लेकर वह बेचैन हो उठी थी। आखिर इस स्थिति से उबरने के लिए उसे 'रेस्टिल' की एक गोली लेनी पड़ी। आँखें बन्द करके उसे आदमी द्वारा आदमी को जिन्दा जलाए जाने के खौफनाक दृश्य साफ दिखाई दे रहे थे और आग में दिखाई दे रहे—अलग-अलग धर्मों के फहराते हुए झण्डे। इस आग में उसे अपनी पड़दादी का बूढ़ा चेहरा भी दिखाई दे रहा था, यह बिलकुल वैसा ही चेहरा था जो पति की लाश के साथ जिन्दा जलती किसी सती का रहता होगा।

आज शर्माजी जल्दी उठ गए। शरीर को पूरी तरह से स्वस्थ देखा तो बिना किसी को डिस्टर्ब किए सोने के लिबास में ही सैक्टर की मार्किट में चाय पीने चल दिए।

गेट के ताले की चाभी बिजली के मीटर के पास पड़ी रहती थी। ताला खोलकर उन्होंने स्कूटर की गद्दी पर रख दिया। ध्यान गया तो दूर कहीं से आ रही गुरुद्वारे की मधुर वाणी कानों में रस घोल रही थी। खरामा-खरामा चलते हुए वे कविता और संगीत के आपसी सम्बन्धों पर विचार करने लगे। उन्हें लगा कि संगीत कविता के अर्थों को और भी अधिक पारदर्शी बनाने में मदद करता है। कविता को रिदम या लय से पढ़ना भी एक तरह से संगीत से सहायता लेना है।

मध्य काल की कविता को चिरस्थायी बनाने में संगीत का बहुत बड़ा हाथ है। उन्होंने निर्णय लिया कि अपने पुराने गीतों को संगीतबद्ध कराने की कोशिश करने के लिए वे बसन्त से बात करेंगे।

इस निर्णय को साथ लेकर अभी शर्माजी ने अपनी सड़क का मोड़ ही काटा था कि बचने का मौका दिए बिना ही एक गेंद उनके पेट के साथ आ टकराई। देखा तो मन्दिर के सामने छोड़ी गई घासिया जगह पर कुछ कच्ची उम्र के बच्चे क्रिकेट खेलते दिखाई दिए।

शर्माजी ने गेंद हाथ में उठा ली। मुस्कुराते हुए आगे बढ़े। ठीक जगह पर पहुँचकर पहले नन्हे बैट्समैन को तैयार होने का मौका दिया, फिर 'लगान' के किसान खिलाड़ी की तरह बाजू को चक्कर देकर बॉल तेजी से फेंकी तो संयोग से वह सीधी विकटों पर जा पड़ी। शोर मच गया–आउट...आउट...आउट...

बाल-खिलाड़ियों में तकरार होने लगी कि क्योंकि खिलाड़ी बाहर का है, इसलिए आउट नहीं। विरोध में तर्क हाजिर था, क्योंकि बाहर के खिलाड़ी के पेट में चोट लगी है, इसलिए उसे बॉल फेंकने का हक है।

एक ने शर्माजी से पूछा, "क्यों चोट लगी है न, अंकल?"

शर्माजी ने बच्चों की तरह पेट पर हाथ फिराकर टटोला।

पूछनेवाले ने उनका उत्तर पाए बिना ही फैसला सुना दिया, "हाँ, लगी है।"

सबसे बड़ा तर्क यह आया कि अगर बॉलर नाजायज था तो बैट्समैन ने उसकी बॉल को एक्सेप्ट ही क्यों किया?

लिहाजा अन्तिम तर्क जीत गया और बैट्समैन को जाना पड़ा।

नया बैट्समैन आया तो शर्माजी एक किनारे खड़े होकर मैच देखने लगे। एक खिलाड़ी ने आकर पूछा, "अंकल, आप हमारी तरफ से खेलेंगे?"

शर्माजी ने कहा, "जरूर।" और उनके हाथों दोबारा बॉल फिंकवाना तय हुआ। विरोधियों ने फिर आपत्ति उठाई, "बड़ा आदमी बच्चों में नहीं खेल सकता। पक्षधरों ने फिर पक्ष लिया, "बूढ़ा आदमी बच्चा ही होता है।" बात फिर बढ़ गई तो बाल हठ के कारण खेल बन्द होने की नौबत आ गई। अन्त में फैसला हुआ कि अंकल खेलना चाहें तो खेल सकते हैं पर 'लगान' फिल्म की तरह बाजू घुमाकर बॉल नहीं फेंकेंगे और यह भी कल के फाइनल मैच में दूसरा ग्रुप भी अपने साथ एक बूढ़ा खिलाड़ी खिला सकेगा, किसी को अबजेक्शन नहीं होगा।

अब शर्माजी ने सीधे तौर पर बॉल फेंकी। संयोग से दूसरा बैट्समैन भी कैच-आउट हो गया। जीतनेवाले बल्लियों उछलने लगे।

अब शर्माजी ने बहुत जरूरी काम का हवाला देकर इजाजत माँगी। फील्डिंग कर रही टीम का काम बन गया था। विरोधियों के कैप्टन समेत दो खिलाड़ी आउट हो गए थे, सो इजाजत मिल गई। नन्हे बच्चों ने जल्दी-जल्दी हाथ मिलाकर उन्हें

विदा किया तो खेल फिर शुरू हो गया।

शर्माजी चाय पीकर लौटे तो उनके ग्रुप के कुछ बच्चे मन्दिर के चबूतरे पर बैठे कल के खेल के लिए रणनीति बना रहे थे। शर्माजी भी उनके साथ पैर नीचे लटकाकर बैठ गए।

एक ने पूछा, "अंकल, आप किस टीम के चैम्पियन रहे हैं?"

शर्माजी ने हँसकर कहा, "चैम्पियन-वैम्पियन कुछ नहीं, मैं तो आपकी ही तरह गलियों में खेलतों को देखकर ही बस..."

दूसरे का भोला-सलोना चेहरा अविश्वास में टेढ़ा हो गया, "नहीं!"

"कसम से।" शर्माजी ने बच्चों की तरह चुटकी में गले का मांस पकड़ा।

तीसरे की आवाज में शर्माजी को थोड़ी चिन्ता दिखी, "अंकल, आप कभी बीमार तो नहीं पड़ते!"

उन्होंने जवाब दिया, "नहीं, क्यों?"

"यही कि कल अगर आप न आए तो?"...

"नहीं-नहीं, मैं जरूर आऊँगा।"

लड़के ने मुट्ठी ऊपर उठाकर कहा, "अइया!"

सब खुश हो गए।

इसी समय मन्दिर की एक खिड़की खुली। जाली के अन्दर से शायद पुजारी की पत्नी ने झिड़की देने के लहजे में कहा, "आप लोगों को आज स्कूल नहीं जाना है क्या?"

बच्चे धड़ाक-धड़ाक कूदकर अपने-अपने साइकल की ओर लपके। चलते हुए सबने दोस्तों की तरह हाथ हिलाया, "बाय!" शर्माजी ने भी हाथ हिलाया। शर्माजी उनको तब तक देखते रहे जब तक वे मोड़ काटकर आँखों से ओझल नहीं हो गए।

चन्द्रमोहन चौथे दिन शाम को लौटे। सबसे पहले उन्होंने शाम की चाय पीते वक्त कृष्णा से घर की हालत का जायजा लिया, फिर जैसी कि इस परिवार की परम्परा थी, उन्होंने अपनी तरफ से परिवार की मीटिंग बुलाने का फैसला किया।

पाँच-सात मिनट में ही घर के सब लोग ड्राइंगरूम में इकट्ठे हो गए। दिवाकर शर्मा और लक्ष्मी देवी नहीं आए थे, बसन्त के हाथ उनको भी बुला लिया गया।

पहले चन्द्रमोहन ने पिता पर एक सरसरी नजर डाली, फिर माता पर। इसके बाद उन्होंने धीरे-धीरे बोलना शुरू किया, "आज की यह मीटिंग मैंने बुलाई है। जैसी कि इस घर की परम्परा है, परिवार में कोई समस्या खड़ी होती है तो परिवार के लोग आपस में बैठकर उस समस्या पर विचार करते हैं। आज मैं चाहता हूँ कि पिताजी के इस परिवार में आ जाने पर जो स्थिति पैदा हो गई है उस पर विचार

किया जाए।"

समस्या की जानकारी पाकर सब लोग चुप रहे। शर्माजी ने कुछ कहना चाहा पर लक्ष्मी ने उनका हाथ दबाकर उन्हें चुप करा दिया।

सबको चुप देख चन्द्रमोहन आगे बोले, "डॉक्टर मित्तल ने अपनी रिपोर्ट में बता ही दिया है कि पिताजी की सेहत ठीकठाक है। इसलिए मैं चाहता हूँ कि जिस वातावरण में उन्होंने सारी जिन्दगी गुजारी है बाकी का जीवन भी वे उसी में गुजारें, यही उनकी सेहत के लिए ठीक रहेगा और मेरी सेहत के लिए भी।"

सब लोग फिर चुप रहे तो बसन्त ने एक सवाल उठाया, "डैडी, अभी दादाजी की टी.एम.टी. होनी बाकी है, इस टैस्ट के बाद ही पता चलेगा कि इनके हार्ट की हालत कैसी है।"

"टी.एम.टी. पटियाला में भी बड़े आराम से हो सकती है। वहाँ राजेन्द्रा हॉस्पिटल बहुत बड़ा हॉस्पिटल है। बहुत बड़े-बड़े दिल के डॉक्टर हैं उस शहर में। हर आदमी को अपना इलाज अपने घर के आसपास ही कराना चाहिए। जहाँ तक पैसों का सवाल है, हम सारा खर्च करने के लिए तैयार हैं और आगे से भी जितना हो सकेगा, मासिक खर्च भेजते रहेंगे।"

सब फिर चुप रहे तो अब लक्ष्मी ने मुँह खोला, "नन्दू, वहाँ की हालत इनकी सेहत के वास्ते चंगी नहीं है। बलबीर का सुभा तू जानता ही है, छे-छे महीने इन दोनों की आपस बिच्च बात नी होती। वहाँ ये हर बखत तनाव विच्च रहते हैं।"

"माँजी, यहाँ इनकी मेरे साथ नहीं बनती। बलबीर का क्या है, वह तो जानवर है, उसको कुछ फर्क नहीं पड़ेगा। यहाँ इनके साथ मैं भी तनाव में रहूँगा, जो इस पूरे परिवार के लिए अच्छा नहीं होगा।"

समस्या की गम्भीरता को देखते हुए फिर सब चुप हो गए। सबको लगा कि चन्द्रमोहन और शर्माजी का एक साथ रहना जैसे असम्भव है। फिर भी इस बार रेणु ने मुँह खोला, 'डैडी, मेरा सजेशन है कि दादाजी का टी.एम.टी. का टैस्ट यहाँ मैडवल में करवा दिया जाए, उसके बाद सोचा जाए कि फरदर क्या करना है।"

कृष्णा ने भी सिर हिलाकर रेणु का समर्थन किया।

चन्द्रमोहन को रेणु का प्रस्ताव पसन्द नहीं आया। उन्होंने रेणु से सवाल किया, "फर्ज करो कि टी.एम.टी. के बाद पता चले कि पिताजी की कोई-न-कोई आर्टरी डिफैक्टिव या बन्द है तो...?"

"तो हमें उसका इलाज करवाना चाहिए।"

"इलाज तो पटियाला में भी हो सकता है। बल्कि यहाँ से बेहतर हो सकता है। मेरी समझ में नहीं आता कि आप लोग हर हालत में इन्हें मेरे सिर पर ही रखने के लिए क्यों बजिद हैं।"

"हम बजिद नहीं हैं डैडी, आपके पिताजी की सेहत को देखते हुए अपने फर्ज

के प्रति विचार-विमर्श कर रहे हैं।''

''किसके प्रति फर्ज की बात कर रहे हैं आप? इनका फर्ज तब कहाँ था जब मैं शिक्षा ग्रहण करने के नाम पर पाधे-पण्डितों के घर हुक्का भरता हुआ पीठ पर नलियों की मार सहता था। इनका फर्ज तब कहाँ था जब इनका सबसे बड़ा बेटा दर-दर की ठोकरें खा रहा था और ये साहब अपनी चहेती बहू को अपने घर में बिठाए बैठे थे? इनका फर्ज तब कहाँ था जब एक-एक दोस्त से थोड़े-थोड़े पैसे उधार लेकर मैंने इनकी बहू के भाई की झोली भरकर इस शादी से कानूनी मुक्ति पाई थी पर इन्होंने उस वक्त थोड़े-से पैसे देने से भी इनकार कर दिया था और बोला था, इस बहू को हम ब्याहके लाए हैं इसलिए तुम चाहे लाख तलाक ले लो पर यह हमारे घर में रही है और रहेगी। फर्ज बाप का पहले होता है बसन्त, और बेटे का बाद में। इनको पूछिए कि इन्होंने कौन-सा फर्ज निभाया था जो हम इनके प्रति निभाएँ? इनका बस चलता तो मैं आज किसी खोखे में बैठकर पकौड़े बेच रहा होता।'' बोलते-बोलते उनकी आँखों में नमी उतर आई और उस नमी को छुपाने के लिए वे उठकर बाथरूम की तरफ चल दिए।

उनके जाने के बाद कमरे को साँप सूँघ गया। बबलू भी अपने खिलौनों के साथ खेलता-खेलता चुप होकर कृष्णा की गोद में बैठ गया। बसन्त सिर खुजलाने लगा। रेणु दीवार पर टँगी पेंटिंग को जाँचने लगी मानो पहली बार देख रही हो। कृष्णा दोनों हाथों से सिर ढाँपकर बैठ गई और लक्ष्मी ने पति का हाथ अपने हाथों में ऐसे ले रखा था मानो डूबते के लिए तिनके का सहारा बनना चाहती हो। शर्माजी को जैसे काठ मार गया था खरी-खरी सुनकर।

थोड़ी देर बाद ही चन्द्रमोहन लौट आए, इस अन्दाज में जैसे पेशाब करके लौटे हों।

उनके आते ही शर्माजी ने लक्ष्मी के हाथों से अपना हाथ छुड़ा लिया और वे दोनों हाथ जोड़कर मानो कटघरे में खड़े हो गए—

''मैं तुम्हारा मुजरिम हूँ बेटा, तुम्हारे युवा जीवन का मुजरिम। माँ-बाप जान-बूझकर तो बच्चों को कष्ट नहीं पहुँचाते, हालात ही कुछ ऐसे होते हैं जिनमें माँ-बाप भी फँसकर रह जाते हैं। फिर भी हम दोनों से अनजाने में कोई भूल-चूक हो गई हो तो उसके लिए हम तुमसे मुआफी माँगते हैं।'' शर्माजी के जुड़े हुए कमजोर हाथ थर-थर काँपने लगे।

पति को हाथ बाँधे देख लक्ष्मी के चेहरे पर हीनता की झाइयाँ पुत गईं। अपने फड़फड़ाते होंठों में से वह बरबस तड़फड़ाई, ''इसत्राँ हत्थ क्यों जोड़ते हैं आप! आखिर बेटा है यह आप जी का। भुल्ल-चुक्क हो ही जाती है। कोई इसत्राँ तो नहीं कलपदा जिसत्राँ आप कलप रहे हैं।''

''नहीं लक्ष्मी, हम दोनों इस लड़के के गुनहगार हैं। जब इसने तलाक ले लिया

था तो बहू को हमें अपने घर रखने का कोई अधिकार नहीं था। हम समाज में ऊँचा उठने के लालच में इस निर्दोष के दिल पर छुरियाँ चलाते रहे। इसे अपने खेत का खस्सी हुआ बैल समझते रहे। बेटा हमें मुआफ कर दो, मुआफ कर दो अपने पैदा करनेवाले माँ-बाप को।'' शर्माजी जैसे अपने शरीर को जबरन घसीटकर चन्द्रमोहन के पैरों में झुक गए।

चन्द्रमोहन ने एक बार अपने अतीत को याद किया, फिर मानो अतीत पर पैर रखते हुए झुके हुए पिता को उठाकर गले से लगा लिया।

लक्ष्मी उठकर पति की पीठ को सहलाने लगी। दबंग पति का मोम की तरह पिघलता रूप उसने पहली बार देखा था।

घर के सब लोग अवाक् खड़े थे। इस तरह की द्रवित कर देनेवाली घटना तो किसी के ख्यालोख्वाब में भी नहीं थी। बबलू के बाल मन के लिए यह बहुत ही विचित्र अनुभव था, जिसमें आदमी की टूटन और त्रासदियों के गहरे रंग थे।

सुबह लोग यह सोचकर खुश थे कि शर्माजी कल की तरह आज भी सैर करने गए हैं। जब देह अपने आपको स्वस्थ अनुभव कराती है तभी आदमी सैर करने निकलता है, इस घरेलू सिद्धान्त की रोशनी में शर्माजी के स्वास्थ्य को लेकर भी सब लोग सन्तोष अनुभव कर रहे थे। चन्द्रमोहन ने तो बैड-टी लेते हुए कृष्णा से यहाँ तक कह डाला, ''अगर पिताजी कुछ दिन पहले यहाँ आ जाते तो उन्हें ये छोटी-मोटी तकलीफें भी न झेलनी पड़तीं।''

अपने पिता के प्रति चन्द्रमोहन की इस तरह की कोमलता देखकर कृष्णा को भी सन्तोष हुआ लेकिन उसने अपने दिल की कोमलता को भी अभिव्यक्ति दे दी, ''पिताजी को आपके सामने इस तरह से हाथ जोड़कर बैठे देख शर्म आ रही थी अपने आप पर!''

''शर्म मुझे भी आ रही थी। पिताजी अपनी भूलों को इस तरह से स्वीकार कर सकते हैं, और वह भी इस तरह से गिड़गिड़ाकर, यह तो मैंने सपने में भी नहीं सोचा था। मैंने उन्हें कभी भी इस तरह से झुकते हुए नहीं देखा।''

''इससे आपके स्वाभिमान को बहुत सन्तोष मिला होगा।''

''कृष्णा, तुम मेरे तीन बच्चों की माँ बन चुकी हो लेकिन अभी तक मुझे समझ नहीं सकी। भला बेटे का अपने बाप के सामने कैसा स्वाभिमान? हाँ, उनके प्रति थोड़ा-सा रोष जरूर था लेकिन अब वो भी नहीं रहा। उन्होंने ठीक ही कहा था, कुछ हालात ही ऐसे होते हैं जिन पर आदमी का बस नहीं चलता। दरअसल हमारे घर के हालात ही कुछ ऐसे रहे हैं जिनमें रहकर आदमी अच्छे और बुरे ही नहीं ठीक और गलत की भी तमीज नहीं रख सकता।''

''अच्छा चलो, नहा-धोकर कालिज जाने की तैयारी करो। आज आपको

प्रिंसिपल साहब के सामने चार दिनों की छुट्टी का भी कोई-न-कोई बहाना बनाना है।'' बोलकर कृष्णा खड़ी हो गई और अपने बैड पर जागकर भी सोए बबलू को दुलार के साथ जगाने लगी।

जब ब्रेकफास्ट करने के समय तक भी शर्माजी नहीं आए तो सबको चिन्ता हुई।

चन्द्रमोहन ने सिके हुए टोस्ट पर बटर लगाते हुए कहा, ''चिन्ता मत करो, आ जाएँगे। बैठ गए होंगे अपने किसी शायर साथी के पास, फिर इन लोगों को समय का कोई ध्यान नहीं रहता, समय इनकी शायरी में कैद होकर रह जाता है।''

लेकिन लक्ष्मी कुछ ज्यादा ही चिन्तित लगी, ''मैं उनको चंगी तराँ से जानती हूँ, उनका इतना लेट होने का मतलब कुज और ही होता है।''

''क्या मतलब होता है?'' चन्द्रमोहन माँ की तरफ मुखातिब हुए।

इसी समय कालिज जाने के लिए तैयार हुआ बसन्त एक कागज लेकर हड़बड़ाया-सा वहाँ आया और बोला, ''दादीजी ठीक कह रही हैं।''

''क्या ठीक कह रही हैं?'' चन्द्रमोहन के चेहरे पर भी चिन्ता के भाव जाग उठे।

''दादाजी की यह चिट्ठी दादीजी के नाम है।'' उसने कागज दादीजी के सामने रख दिया।

''तूई पढ़के सुना बेटा, मैं तो अँगूठा छाप हाँ। पढ़ी-लिखी होती ताँ जे दिन थोड़ेई देखने नसीब होते।'' लक्ष्मी के हाथ आदतन पोते की तरफ जुड़ गए।

बसन्त ने चिट्ठी उठाई और उसे खोलकर खिन्नता के स्वर में बोला, ''दादी माँ, लिखा है, प्रिय लक्ष्मी, यहाँ तुम पूरी तरह से सुरक्षित हो। सब लोग तुमसे बहुत प्यार करते हैं। बलबीर के पास जाने की जरूरत नहीं है। मैं देहकर्म करने जा रहा हूँ। मुझे ढूँढ़ने की कोशिश बिलकुल नहीं करनी। काम खत्म होते ही मैं खुद लौट आऊँगा। तुम्हारा, दिवाकर शर्मा।''

सुनते ही लक्ष्मी खड़ी हो गई और चन्द्रमोहन की तरफ अपने दोनों हाथ पसारकर तड़फड़ाने लगी, ''तूने की कर दित्ता नन्दू– हाए बे मेरया रब्बा! मैं ताँ किते दी वी ना रही। ओ ढूँडो, ढूँडो ओना नू ढूँडो।'' बोलकर लक्ष्मी तेजी से चलकर गेट तक पहुँच गई और वहाँ खड़ी होकर मानो पूरी दुनिया को सुनाने के लिए विलाप करने लगी।

''ना मम्मीजी ना! सब ठीक हो जाएगा। चलो, आप अन्दर चलो!'' कृष्णा बड़ी मुश्किल से उन्हें अन्दर लेकर आई।

''डैडी, मैं कार लेकर बस-स्टैण्ड जाता हूँ।'' बसन्त काफी उतावला दिखा।

''बस-स्टैण्ड जाकर क्या करोगे! उन्होंने चण्डीगढ़ छोड़ना होगा तो कब का छोड़ चुके होंगे। मेरे विचार में हमें पुलिस स्टेशन जाकर रपट दर्ज करवा देनी चाहिए।

कह देना चाहिए कि वे कुछ रुपए और गहने चोरी करके भाग गए हैं, पुलिस उन्हें अपने आप ही ढूँढ निकालेगी।''

लक्ष्मी विलाप में से ही बोली, ''हाँ बेटा, एही कसर रह गई है, ओ बी पूरी कर लो। हुन बाप को चोर दस्सन के सवा होर की दुश्मनी बची है तेरे पास!''

कृष्णा ने लक्ष्मी को समझाया, ''नहीं माँ जी नहीं, ये तो मजाक करते हैं। कभी पिता के खिलाफ भी कोई बेटा ऐसी रपट लिखवा सकता है?''...

लक्ष्मी ने फिर विलाप करना शुरू कर दिया, ''हाए वे मेरया जीवन साथिया, मैनू एत्थे क्यों छड्ड गया?...वे मैंनू वी नाल क्यों नी लैग्या?...हाए वे मैं हुन की कराँ?...कित्थे ढूँडाँ तैनू मैं औरत जात।''

बबलू भी दादी माँ को रोती देख रोने लगा। कृष्णा की समझ में नहीं आया कि वह सास को सँभाले या बेटे बबलू को। आखिर बबलू को आगे बढ़कर चन्द्रमोहन ने सँभाला, ''ना बेटा ना, रोने की ऐसी कौन-सी बात है? दादाजी नहीं आए ना! अभी आ जाएँगे। उन बच्चों के साथ चले गए होंगे किसी के घर। कल उन बच्चों के बारे में बताया था ना, वही क्रिकेट खेलनेवाले बच्चे, बताया था ना?'' बबलू ने सिर हिलाकर हामी भरी। ''हम इन बच्चों के घर में अभी जाएँगे।''...

बच्चों के घर जाने की बात सुनकर बबलू चुप हो गया। उसे क्रिकेट खेलनेवाले बच्चे बहुत अच्छे लगते थे, ऐसे बच्चों के घर जाने की बात उसे बहुत मनमोहक लगी।

लक्ष्मी को भी उन बच्चों के बारे में याद आया तो उसके विलाप स्वर में भी थोड़ी नरमी आ गई। वह आँखें साफ करके बोली, ''उन बच्चों के घर में जरूर चलो!''

इसी समय रेणु ने प्रस्ताव रखा, ''डैडी, मैं और बसन्त जाते हैं दादाजी को सर्च करने। साथ में दादीजी को भी ले जाते हैं।''

चन्द्रमोहन के चुप रह जाने का मतलब था कि उन्हें प्रस्ताव पसन्द आ गया है।

बसन्त ने फौरन गाड़ी बाहर निकाली। दादी अम्मा को सहारा देकर उसमें बिठाया, फिर गाड़ी धीरे-धीरे सरककर मोड़ काटते ही आँखों से ओझल हो गई।

बाद में चन्द्रमोहन कृष्णा के झुके हुए सिर पर आँखें गड़ाए देखते रहे, इस ताड़ में कि वह मुँह ऊपर उठाए तो वे उसे तल्ख स्वर में कहें कि मैंने तो पहले ही कहा था कि पिताजी इस परिवार में रहने के काबिल नहीं हैं। देख लिया तमाशा?...अब भुगतो! सोचो माथे पर हाथ रखकर, अब काम पर जाना है या कि घर में बैठकर मातम मनाना है!

गुजर गए बचपन में मुट्ठी-भर अस्मिता की खोज

शर्माजी चण्डीगढ़ बस अड्डे से पहले पटियाला पहुँचे। पटियाला से बस बदलकर समाना। वहाँ से ट्रैक्टर में बैठकर वे अपनी जन्मभूमि के गाँव चले 'खानपुर'।

ट्रैक्टर चला रहे दोनों किसान हट्टे-कट्टे थे। शर्माजी उन्हें और उनके खानदान को बिलकुल भी नहीं जानते थे। दोपहर को भरसीन लेकर आए थे और उसे बेचकर अब वापस जा रहे थे। शर्माजी ने सवाल किया, "आप दोनों सगे भाई लगते हैं शक्ल से।"

एक जो स्टेयरिंग पर बैठा था, उसने जवाब दिया, "हाँ अंकल, हम दोनों सगे भाई हैं!"

"आपके पिता का क्या नाम है?"

दूसरे लड़के ने जो नाम बताया उससे शर्माजी की साँस भारी हो गई। संयोग से ये वही लड़के थे जिन्होंने चन्द्रमोहन की किताबें छीनी थीं और जिनकी बदौलत लक्ष्मी को बेइज्जत होना पड़ा था और उनके अपने दो दाँत लगभग बेकार-से हो गए थे।

शर्माजी ने ट्रैक्टर रोकने के लिए कहा।

"क्यों अंकल, क्या बात हुई? कोई समान भुल्ल आए क्या?"

"नहीं, मुझे जंगल-पानी जाना है।"

"अच्छा-अच्छा।" दोनों सरदार हँसने लगे और उन्होंने ट्रैक्टर रोककर शर्माजी को नीचे उतार दिया।

अब शर्माजी पैदल चल रहे थे, लग रहा था जैसे मक्खन पर चल रहे हैं। उनके दाएँ-बाएँ दूर-दूर तक फसलें लहलहा रही थीं। सरसों पर फूल आ गए थे, इसलिए कोई-कोई खेत पीले लहराते रेशम के कपड़े की तरह लग रहा था। पीले रंग से उन्हें विशेष रूप से लगाव था।...

सहसा शर्माजी को अपना बचपन याद आ गया। बचपन के साथ गाँव की गली-गली में दौड़ते उनके नन्हे पाँव। मटरों और गाजरों के खेत। बालमित्रों के साथ मटरगश्ती। गोल चक्कर में उड़ती धूल को देखकर उसमें पानी से भरी जूती फेंककर सिक्के बरस पड़ने की प्रतीक्षा। बाहर रोही के पास दो जण्ड के बड़े-बड़े पेड़। उनके नीचे से संगल-फल लेकर आने की शर्तें। प्योंदी बेरों के बगीचे से बेर और अमरूदों के बगीचे से अमरूद चुराकर कमर-कमर तक उठी फसलों में सबका बैठकर खाना। सबका टिल्ले के बाबा के पास पढ़ने जाना और काले अरीठे में गरम सलाई से छेद करके उसमें लकड़ी ठोककर जमीन पर बारहखड़ी लिखने की कलम बनाना और आधी छुट्टी में तेज भूख लगने पर मिस्सी रोटी और प्याज को अमृत समझकर स्वाद ले-लेकर खाना। बारिश के बाद कुएँ के पास चमक उठे सिक्के ढूँढ़ने निकलना। चरखा कातते समय सामूहिक गीत गाती जवान लड़कियों की छुप-छुपकर हरकतें देखना।...

और एक थी शान्ति, गोरी-चिट्टी चाँद की तरह हँसमुख शान्ति। सबको पीछे छोड़ किसी-न-किसी बहाने शान्ति के घर के सामने से निकलना। उस घर के पास एक अजीब-सी ठण्डक महसूस करना। फिर शान्ति की शादी होना। उसके पति को देखने की जिज्ञासा। देखते ही जैसे कलेजे पर छुरियाँ-सी चल जाना। चाँद पर लगे ग्रहण का अर्थ पहली बार समझ में आना और फिर इस दर्द को अपना ब्याह होते ही लक्ष्मी की गोद में अपना मुँह छुपाकर भूलने की कोशिश करना।...

कुएँ के पास का बहुत पुराना बट का पेड़। उस पर पींग डालकर ऊँचे से ऊँचा उठकर लड़कियों में पेड़ का पत्ता तोड़ लाने की होड़ मचना। इसी होड़ में अपनी गोद में बिठाकर झुलाती बहन का रस्सी टूट जाने पर जमीन पर आ गिरना। दुःख उसे अपनी चोट का न होना, भाई सही-सलामत बच गया, बार-बार सहेलियों के सामने इस अपार सुख और सन्तोष को प्रकट करना। बहनों का अपने बालक भाइयों को काँटे और कानों की सहायता से पत्तों की भम्बीरियाँ बनाकर देना। सब बच्चों का एक पंक्ति में खड़े होकर तेज-ठण्डी बयार में भम्बीरियाँ घुमाने का आनन्द लेना।...

सुबह-सवेरे दोनों बहनों का भाई को साथ लेकर मकई की छल्लियों से गुल्लर निकालने के लिए खेत जाना और वहाँ छल्लियों के ढेर पर बैठकर दाने निकालते-निकालते हाथों पर छाले डलवा लेना। बहनों का "हाए बीर की करल्या!" कहकर छालेवाली जगह को चूमना। फिर इन्हीं बहनों के साथ मोटी भड़भूँजन की भट्ठी पर मकई के दाने भुनाने जाना। जो खिल्लें तिड़ककर बाहर आ गिरतीं उन्हें ललचाई आँखों से देखना पर बहनों का इशारा पाकर उनकी तरफ से मुँह फिरा लेना। ईख के खेत में कटाई शुरू होने पर गन्ने साफ करके बदले में आग अपनी गाय के लिए लेने जाना। जीतू के घरवालों की गन्ने की पिराई होती तो रस पीने और गरम-गरम गुड़ खाने का बुलावा आना। जाते-जाते गोल बेरियों के जंगल के बीच पैलाँ पाते मोर

देखना। किसी-किसी को मोर का पूरा पंख मिल जाए तो उसे सौभाग्य का प्रतीक मानकर खुश होना।...

सुबह जंगल-पानी जाते वक्त हुड़दंग मचाते साँडों का युद्ध देखना और साथ ही कुछ साहसी किस्म के युवकों का लाठियाँ हाथों में लेकर हो-हो करके साँडों को अलग करने की कोशिश करना। कामयाब हो जाने पर उनके चेहरे का नूर देखते ही बनना। कभी मेला देखने दूर कहीं पक्की सड़क के पास जाना तो दूर से लुक्क की अजीब गन्ध महसूस करके सड़कोंवाले शहरों के बारे में कल्पना के घोड़ों पर बैठना। मेले में गदराए शरीरोंवाली लड़कियों से जानबूझकर घिसर खाकर निकलना और उनके शरीरों की अनबूझी गन्ध महसूस करना। कुहराई सर्दी में बाहर कहीं सूफी फकीर की आवाज सुनाई देना और माँ का उठकर दरवाजा खोलकर फकीर को कुछ देना। इससे ठण्डी हवा के अन्दर आने पर पिताजी का माँ को फटकारना। फिर ठण्डी-ठण्डी माँ का उसके बालक शरीर के साथ लिपटकर अपनी ठण्ड उतारना और उसे माँ की देह में से भी मेले की लड़कियों जैसी अजीब गन्ध आना।...

इस सबके अलावा घर से मोटे-मोटे धेले चुराकर मुकन्दी की दुकान से मूँगफलियाँ लेकर खाना। मद्‌दी की माँ के जरिए यह राज खुलते ही मटकी में से धेलों का सफाया हो जाने पर सारे घरवालों का सारा दिन उसकी करतूतों का जिक्र करके खिड़-खिड़ करके हँसना और बीच-बीच में उसके सिर या कन्धे पर प्यार भरा धक्का देना।

अन्त में एक हादसा, मिरगी पड़ने के मरीज सन्तू का नहाते-नहाते कुएँ के पानी में डूबकर मर जाना। गन्दम की पकी फसल में आग लगना और सारे गाँव का घड़े, बाल्टियाँ जो भी हाथ में आया पानी से भरकर आग बुझाने के लिए भाग पड़ना। उसके बाद उसका अपने परिवार सहित गाँव छोड़कर शहर चले जाना। गड्डे पर सामान लदते वक्त केवल एक आदमी अन्धे बनारसी का उनके कन्धे पर हाथ रखकर अफसोस जाहिर करना। गाँव की सीमा पार करते ही उनकी अपनी आँखों में आँसू आ जाना।...

शर्माजी ने सचमुच में महसूस किया कि इस खयाल के आते ही अब भी उनकी आँखों में आँसू आ गए हैं। पीछे से टल्लियों के खड़कने की आवाज आई तो उन्होंने एक तरफ खड़े होकर खच्चरों और गदहों को निकल जाने का रास्ता दिया। आँखें पोंछकर सामने देखा एक जाना-पहचाना खजूर का लम्बा पेड़ आकाश के नीलेपन में चमक रहा था। खच्चरवाले से उन्होंने पूछा, "क्या यही खानपुर है भाई?"

"हाँ जी खानपुर है।"

शर्माजी की चाल तेज हो गई। खजूर के पेड़ के पास पहुँचे तो उन्हें लगा सिर्फ इस पेड़ के सिवा बाकी तो कुछ भी नहीं बचा है। गाँव कहीं नहीं है, गाँव

की जगह एक छोटा सा शहर है। उन्हें समझ नहीं आ रहा था कि इस शहर में वे किस रास्ते से प्रवेश करें। एक आते जवान से उन्होंने पूछा, ''क्यों जी, इस गाँव में जो दरवाजा था वह कहाँ है?''

''बो तो बौत अन्दर है जी।'' जवान ने जवाब दिया।

''फिर भी किस तरफ?''

''तुसीं एदाँ करो, ए सामने चलदे जाओ, फेर सज्जे पासे मुड़के अन्दर जाके तुहानू दरबाजा मिलजू!''

''चंगा जी, धन्यवाद।'' बोलकर शर्माजी पक्की सड़क पर चल पड़े। कलई-पुते पक्के मकान, किसी-किसी मकान के सामने कार या जीप। ट्रैक्टर तो लगभग हर घर के सामने। आगे गर्दन तानकर खड़ी पानी की टंकी। जानवरों के पानी पीने के लिए बनाई गई पक्की टंकी और उसमें गिरता हुआ टूटी का पानी। रूड़ियों की जगह पर खोदे गए गड्ढे और उनमें खाद बनने के लिए गिराया हुआ घर-घर का कूड़ा। किसी-किसी कोठी के आँगन में साफ चमकता एयर-कूलर। रस्सियों पर धूप में सूखते आधुनिकतम कपड़े। बच्चों के महँगे किस्म के खिलौने और उनके छोटे-छोटे साईकल।...

शर्माजी उस कुएँ के पास पहुँचे जहाँ बड़ा बरगद का पेड़ था। ना वहाँ कुआँ था, ना बरगद, उनकी जगह चमचमाती एक दो-मंजिली कोठी खड़ी थी। हाँ, सड़क के किनारे सात-सात ईंटें जोड़कर बनाए गए कलीपुते सतियों के पूजास्थल वैसे ही खड़े थे, उनको किसी ने हाथ तक नहीं लगाया था। कुत्ते जरूर वहाँ नहीं थे जो मीठे गुलगुलों की ताक में वहाँ विराजमान रहते थे।

पूरा एक घण्टा इधर-उधर भटकने के बाद जब शर्माजी जीत सिंह के घर के सामने पहुँचे वहाँ भी उन्हें आधुनिक ढंग की एक कोठी मिली। बाहर क्यारियों में लगे हुए फूल, गमलों में कैक्टस और द्वार के ऊपर दीवार के साथ चढ़ी हुई बारीक पत्तोंवाली हरी बेल। एक तरफ छायादार झूला भी लटक रहा था और झूले के पास बच्चों के खिलौने बिखरे थे। मन में एक खयाल आया कि हो सकता है जीत सिंह भी उनकी तरह गाँव छोड़कर शहर चला गया हो, फिर भी उन्होंने पूछ लेना बेहतर समझा।

डरते-डरते कॉलबेल पर उँगली रखी तो कोई जवाब नहीं आया। कुछ पल बाद दोबारा रखी तब भी कोई प्रतिक्रिया दिखाई नहीं दी। पीठ मोड़कर चलने ही वाले थे कि दरवाजा खुला और एक आधुनिक फिल्म की हीरोइन जैसी सुन्दर औरत सामने खड़ी थी।

शर्माजी ने विनम्रता से पूछा, ''श्री जीत सिंहजी का मकान था यहाँ?''

''आप कौन हैं?''

''मेरा नाम दिवाकर है, वे मुझे पण्डित के नाम से जानते हैं।''

"हाँ-हाँ, मैं जानती हूँ जी, तुसीं अन्दर आओ।" औरत ने दरवाज़ा पूरा खोल दिया।

पूरा ड्राइंगरूम लक-लक कर रहा था। औरत उन्हें शानदार सोफे पर बिठाकर मोतियों और छोटे घुँघरुओं से बनी चिलमन झनकाकर अन्दर चली गई, छोड़ गई पीछे सद्व्यवहार की गन्ध और यह जिज्ञासा भी कि हाँ-हाँ मैं जानती हूँ जी का क्या मतलब है?...

चिलमन फिर छनकी तो बड़े-बड़े फूलोंवाली बुश्शर्ट और आगे लगी जेबोंवाली पतलून पहने लम्बे-लम्बे घुँघराले बालोंवाला हट्टा-कट्टा सरदार उनके सामने आ खड़ा हुआ, "ओ पण्डता तू? तू कित्थे?"

"बस अपने गाँव आया था, सोचा कि आपको भी..." शर्माजी खड़े हो गए।

"ओ आप-आप की, मैं जीतू हाँ, तेरे बचपन का यार, आ जा," बोलकर जीतू ने शर्माजी को खींचकर गले लगा लिया। "तेरियाँ गल्लाँ होती ही रैती हैं। तू तां मेरे बचपन दा इतिहास है बौले आप-आप की?"...

एक बार फिर शर्माजी की आँखें नम हो गईं। चिलमन के पीछे खड़ी औरत यह दृश्य देख रही थी। देख रही थी अपने पति का एक अजीब रूप जिसमें वह केवल अपने बच्चों को देखती थी।

शर्माजी को छोड़कर जीतसिंह ने उसे टोका, "ओथे खड़ी क्या देखती है, आजा अन्दर आजा तैनू अपना बचपन दखावाँ।"

औरत मुस्कुराती हुई उनके पास चली आई और हाथ जोड़कर खड़ी हो गई।

"ए तेरी भाबी है, शैर दी रहनवाली है, बाकी स्टोरी बाद में दस्साँ गा। जा बेगम मेरे यार के बास्ते चा-पानी दा इन्तजाम करो। बियर-विस्की?..."

"नहीं-नहीं, ये सब मैं नहीं लेता।"

"तू शुरू तोंई बामन दा बामन ही रेहा। चंगाजी, लस्सी का इन्तजाम करो, मलाई मारके।" इसके साथ ही जीत सिंह ठहाका मारके हँस पड़ा। उसके ठहाके के साथ ही शर्मा जी के अन्दर भी उनका बचपन जाग उठा था और वे जीत सिंह के शरीर में अपने से उम्र में कहीं छोटे पर फिर भी कद-काठ में उनसे लम्बे पतले-शर्मीले जीतू की तलाश करने लगे।

लस्सी पीने बैठे तो जीत की पत्नी के अलावा अधखिले गुलाबों जैसे दो बच्चे भी थे उनके साथ एक लड़का एक लड़की, मानो परीलोक से उतरकर आए हों। कच्चे दूध जैसे गोरे-चिट्टे और आँखों में मासूमियत।

जीत सिंह ने पहला घूँट भरकर मूँछों को हथेलियों से साफ करते हुए पहला सवाल किया, "अच्छा हुन तू अपनी सना?"

"क्या सुनाऊँ?"

"यही कि लंगर-लाना, घर-गृहस्थी, कामकाज?"...

"कुछ भी नहीं है मेरे पास।"

"की मतलब? सोनी-सनक्खी भाबी, तिन्न बच्चे ताँ मेरे सामनेई लैलित्ते सी सिर्फ पन्द्राँ सालाँ दी उमर तक?"

"पन्द्रह साल नहीं बीस साल।"

"ओहो, मतलब तो जे है कि सब कुछ तो है तुम्हारे पास।"

"कहने को तो सब कुछ है पर फिर भी कुछ नहीं है प्यारे दोस्त। जिस घर में आदमी की इज्जत न हो, मान न हो, वह घर थोड़े ही होता है, उसे तो..."

सुनते ही जीतू की पत्नी के हाथ का गिलास छलक गया। उसका एक हाथ बच्चों के सिर पर चला गया। बच्चे माँ की आँखों में देखने लगे। उन्हें समझ नहीं आया कि आखिर ऐसा क्या हो गया है जो माँ लस्सी छोड़ उनकी तरफ उन्मुख हो गई है।

जीत सिंह भी म्लान हो उठा, "अच्छा-अच्छा, लस्सी पी, अच्छे-बुरे दिन ताँ आते-जाते रैते हैं। हमने वी कम तकलीफें नहीं भोगीं, पर अज्ज? अज्ज पूरी मेहर है वाहिगुरू जी की हमारे पर।"

"क्यों, तुझे क्या हुआ था?"

"ओ होना की सी, थोड़ी जमीन बेचन दा फैसला कित्ता सी, अड़ंगा अड़ा दित्ता चाचयाँ-तायाँ ने।"

"पर बो तो शहर में रहते हैं?"...

"ताहीं ताँ। खूब चक्कर लगाने पड़े कोर्ट-कचहरी के। दाने-दाने को मोताज कर दित्ता था सालयों ने। फेर समझौता हो गया। ओना दा मुँह-मत्था झुलसके जमीन बेची, गायकी में उतरे, कैसट बने, वाहिगुरुजी की मेहर की नजर हुई ताँ सबकुछ ठीक हो गया। क्यों जसबीर कौर?"

जसबीर कौर ने मुस्कुराकर हामी भर दी।

"बई आफरीन है इस औरत की। बड़ी-से-बड़ी मुसीबत में भी सी नी वट्टी। इक्क खोले जहे घर विच्च पहला बच्चा पैदा करना पेया, पर ऐस दा चेरा खिलदा दा खिलदा। रब्ब सभी लोगों को ऐहोजेही नेक पत्नी देवे। मैनू फख्र है एस औरत ते।"

सुनकर जसबीर कौर अपने आपको सँभाल नहीं सकी। वह सिर टेबल पर रखकर सुबकने लगी। माँ को सुबकती देख दोनों बच्चे उठकर उससे जा लिपटे।

जीत सिंह आगे बोला, "अज्ज सबकुछ है मेरे पास, इज्जत, शोरत, बँगला, गाड़ी, पैसा, ऐश का पूरा सामान, सबकुछ। बस्स एक पंजाबी फिल्म बना लूँ तो हसरत पूरी हो जाए। फिल्में तो आदमी बुढ़ापे में भी बना सकता है अते बुढ़ापा किस पर नहीं आता?"...

फिल्म का नाम सुनते ही जसबीर अपनी आँखें पोंछ तनकर बैठ गई, "ये फिल्मों-विल्मों के चक्कर में ना पड़ें इनको समझाओ भ्रा जी!"

पत्नी को तना हुआ देख जीत सिंह के भी तेवर बदल गए, "फिल्म का नाम सुना नहीं कि बस अकड़ जाती है गँवार औरत की तराँ। पण्डत तू ही बता, फिल्म का बनाना कोई बुरी बात है?"

इसका जवाब जसबीर ने दिया, "अपनी बची-खुची जमीन बेचके बनाना बुरी बात है। मैंने सैकड़ों घर तबाह होते देखे हैं फिल्मों के चक्कर में। मेरा अते इन बच्चयाँ का वी हक्क है जद्दी जमीन ते, अते मैं किसी वी हालत विच जमीन नी जी बेचन देनी चाहे तुसीं कुज वी कर लो!"

"देख लिया पण्डता? मैं तरीफ करदा नी थक्कदा, ते ऐ औरत...तेरे नालों ताँ..." जीत सिंह ने आगे कुछ कहने की बजाय लस्सीवाले जग को हाथों में उठा लिया और उसे मुँह के साथ लगाकर सारी लस्सी गट-गट करके पी गया और फिर मदारी की तरह जग को हाथों में घुमाने लगा।

बच्चे उठकर झूले के पास चले गए, जैसे कि माँ-बाप के झगड़े में समझदार बच्चे अक्सर करते हैं। जसबीर ने नौकरानी को आवाज दी, "लच्छो!" जोकि वह जूठे बर्तन और बचा हुआ खाने का सामान ले जाए।

अब शर्माजी ने कुछ-न-कुछ कहना अपना फर्ज समझा और वे हाथ ऊपर उठाकर जसबीर को उठने से रोकते हुए बोले, "देखो भाई, वैसे तो आप दोनों बहुत समझदार हैं, घर और बच्चों के प्रति समर्पित हैं, इसलिए मेरा कुछ कहना बनता नहीं है, फिर भी मैं इतना जरूर कहूँगा कि जद्दी जायदाद बुजुर्गों की निशानी होती है। जिनके पास ऐसी जायदाद होती है उन पर कुदरत की रहमत बरसती है। इसके अलावा भी जमीन जमींदार की माँ होती है, उसको बेचकर पैसा कमाने के लालच में कोई धन्धा करना मैं समझता हूँ कि कोई अच्छी बात नहीं है...

"और फिर फिल्म के धन्धे पर तो बिल्कुल भी विश्वास नहीं किया जा सकता। बड़े-से-बड़े बजट की फिल्मों को बुरी तरह से फेल होते देखा गया है। तकदीर ने साथ दिया और पैसा कमा भी लिया तो माफिया के लोग हाथ धोकर आपके पीछे पड़े रहेंगे। हाँ, अपनी गायकी से पैसा कमाकर यह तजुर्बा करके देखने में कोई ज्यादा हर्ज नहीं...।"

छूटते ही जीत सिंह के मुँह से निकला, "पण्डत, तू इतना समझदार कैसे हो गया? ठीक है हम अपनी किस्मत गायकी नाल पैसा जोड़के ही अजमाएँगे।"

जसबीर कौर के चेहरे का भी तनाव जाता रहा।

पेट पर हाथ फिराते हुए जीत सिंह बोला, "यार, गुस्से में आकर लस्सी कुज ज्यादा ही पी ली।" और ठहाका मारकर हँस पड़ा।

जसबीर ने मजाक किया, "दो घूँट विस्की ल्याकर दवाँ, हजम हो जाउगी?"

साथ ही उसके होंठ मधुरता में फैल गए।

शर्माजी को अपनी वे कविताएँ याद आ गईं जिनमें मानव जीवन के सकारात्मक पहलू कुछ ज्यादा ही उजागर हुए थे।

शर्माजी ने जब जीत सिंह को बताया कि एक कविता की वजह से वह जेल चला गया था तो उसने कविता सुनने की इच्छा जाहिर की। कविता सुनकर उसने सिर्फ इतना ही कहा, ''आखीर की लाईनों में आपने जो दल्ले-बल्ले की बात की है बो ही सरकार दे वास्ते अवजेक्शनेबल हो सकता है बाकी तो सब ठीक-ठाक है। इस तों अलाबा सबकुछ सच है, सच बोलनेवाले को कुछ-न-कुछ तो तकलीफ सहनी ही पड़ती है। खैर, आप हमारे वास्ते पंजाबी के गीत लिखें।''

शर्माजी ने महसूस किया कि जीत सिंह ने पहली बार उनके लिए आप शब्द का इस्तेमाल किया है। उन्होंने खुशी दबाकर रखते हुए पूछा, ''कैसे गीत?''

''विस्की अते बीयर जैसे नशे के गीत।''

''पर मैं तो नशा करता ही नहीं!''

''कौन है जो नशा नहीं करदा?...आप देश की गलीज हालत को उजागर करने दा नशा करते हैं।''

''जिन गीतों के पीछे नंगी जाँघें नाचती हैं उन गीतों में क्या उजागर होता है?''

''जनता का मन उजागर होता है। सैकड़ाँ सालाँ ते जो सड़ाँध लोगाँ दे मन विच घर करके बैठी है ओ उजागर होती है। आदमी उस सड़ाँध तों छुटकारा पान लई तड़प रिहा है, ओना दा नच्चना-गाना, हो-हुल्लड़ मचाना ओस सड़ाँध तों छुटकारा पान दी इच्छा दी ही तड़पन है।''...

''ये सब अपने आपको तसल्ली देने के झूठे बहाने हैं।''

''पण्डत तुम्हें याद है? जब हम छोटे थे तो हमारे पिण्ड में नचार आते थे। उन नचारों के साथ एक अन्धा आदमी होता था। उसकी बोलियों पर सब लोग वाह-वाह कर उठते थे। वह तो पैदाइशी अन्धा था। उसने तो कुछ नहीं देखा था, ना औरत, ना उसकी खूबसूरती। फिर वी वो अपनी बोलियों में आदमी अते औरत दे खिंचाव की बातें करके सबके दिलों को डावाँडोल कर देता था। वह लोगों के दिलों को कैसे समझ लेता था?''

''कैसे समझ लेता था?''

''उसदे कोल लोगाँ के दिलों को सूँघने की ताकत थी। हर कलाकार के पास जे ताकत होनी चाहिए। आप भी अजमाके देखो, तुहाडे पास एहोजही ताकत है जा नहीं।''

''मुझे पहले कुछ गीत देखने पड़ेंगे।''

"बल्ले शेराँ दे। अज्जी दिखावाँ गे।"

"आपके सिवा पंजाबी के दूसरे कौन-से गीतकार हैं जो बहुत पसन्द किए जाते हैं। मेरा मतलब है बुलन्द गीतकार और उनके गीत कौन-कौन से हैं?"

"गीतकार तो सैकड़ों हैं, खेताँ विच्च बोलियाँ गौन वाल गाँ दा हर मुण्डा अज्ज गीतकार है। फेर वी पंज-सत्त गीतकाराँ ने लोगाँ दे दिल विच्च उग्गी जगा बनाई है।"...

"ये कौन गीतकार हैं?"

"पैले नम्बर पर तो गुरदास मान है, जिस दे दिल दा मामला है, छल्लया वे छल्लया अते अपणाँ पंजाब होवे ने बौत शोरत हासिल कीती है। उसदे बाद दिलेर महन्दी दा नम्बर आता है, उसदे गड्डे ते ना चढ़दी गडीरे ते ना चढ़दी अते मैं डरदी रब्ब रब्ब करदी बगैरा खास गीत हन। हंसराज हंस दे गीत ऐ जो सिल्ली सिल्ली आँदी है हवा उत्थे कोई रोदा होवे गा, अते दिल चोरी साडा हो गिया ओए की करिए की करिए, इस दे नाल हरभजन मान का नां काफी मकबूल है। ओ गल्लां गोरियाँ दे विच्च टोए, असीं मरगे नी होए होए अते मिरजा साहिबा ओस दे दिलकश गीत हन। सुरजीत बिंदरखिया ने वी कई गीताँ नाल लोकाँ नू अपनी बल्ल खिच्चया है, तूनी बोलदी रकाने तू नी बोलदी तेरे च तेरा यार बोलदा जहे गीतां ने लौकां नू काफी नचाया है। इसदे नाल बब्बू मान दा दिल ताँ पागल है दो घड़ियाँ रोके चुप्प कर जऊ अते सौन दी झड़ी नी लग्गी सौन दी झड़ी आदि गीतां ने वी लोकाँ दे दिलाँ विच्च खासी खलबली मचाई है। मलकीत सिंह ज्यादातर विदेशों में ही गाता है पर यहाँ पर उसके गीत तूतक तूतक तूतियाँ ने इस देश में वी खासा स्थान बनाया सी।"...

शर्माजी ने जीत को बीच में टोका, "आपके गीत कौन से हैं जो इन गीतकारों की तरह ही मशहूर हुए हैं?"

जीत सिंह हँसने लगा। हँसते-हँसते ही उसने जवाब दिया, "मैं वी बाकी दे अनगिनत गीतकाराँ दे विच्च ही हाँ। मेरा इक्क वी गीत एहोजेहा नहीं है जिसनू मैं सदाबहार आखाँ।"

"क्यों?"

"अपनी-अपनी ताकत है। दूजे मैंनूं कोई गम्भीर गीतकार नहीं मिलया, जिसदे गीत नू गाके मैं अमर हो जाँदा।"

"एक बात और, इन गीतकारों में तुमने एक भी महिला गीतकार का नाम नहीं लिया, कारण?"

"महिला गीतकारों में एक गीतकार आई ताँ थी पर प्यार तो होना ही था हिन्दी का गीत गाकर फिल्मों में चली गई और फिर बाद में देवीजी की भेंटा वी गाने लगी, जसपिन्दर नरूला। होर ताँ कोई..."

“वो खूबसूरत औरत कौन है जिसने ‘चल मेरे मक्खना के हँसके इक पल ऐदर तकना’ गीत गाया है?”

“ओ..., शाजिया, ए ऐथे दी नी है। पर गान्दी कमाल दा है।”

“मैंने महसूस किया कि उसके प्रोगराम में नंगापन बिलकुल नहीं है, फिर भी उसने लोगों के दिलों में गहरी जगह बनाई है।”

“कमाल है पण्डतजी, आप भी पंजाबी पॉप संगीत में इतनी दिलचस्पी रखते हैं। अब मुझे पूरा यकीन है कि आप मेरे को ऐसे गीत जरूर दे सकदे हो जिनाँ नू गाके मैं लोकाँ दे दिलाँ विच्च बस सकदा हाँ।”

“जो गीत सिर्फ देखने के लिए लिखे जाते हैं वे गीत कालजयी कभी नहीं हो सकते। वे माँसल गीत होते हैं। जैसे सूरत सीरत की तरह चिरस्थायी नहीं हो सकती वैसे ही नंगे जिस्मों के सहारे अपनी पकड़ बनानेवाले गीत भी चिरस्थायी नहीं हो सकते। कहाँ गया ‘चोली के पीछे क्या है?’ इन सब गीतों में जो आपने गिनाए हैं मुझे सबसे अच्छा गीत एक ही लगा है, ‘ऐ जो सिल्ली सिल्ली चल दी हवा, उत्थे कोई रोंदा होवेगा।’ इस गीत में गहराई है। इसे आँखें बन्द करके भी जिया जा सकता है और इसको लोगों तक पहुँचाने के लिए नंगे जिस्मों के थिरकने की भी जरूरत नहीं है।”...

“आप ठीक कह रहे हैं।”

“मुझे लगता है पॉप संगीत ने हिन्दुस्तान के सुने जानेवाले संगीत को भी दृश्य बना दिया है। ऐसे संगीत की पहुँच सिर्फ आँखों तक होती है, दिल या मन तक पहुँचने की क्षमता इसमें नहीं है। प्यारे दोस्त, पूरा युग देह का युग बन गया है, मन या आत्मा कहीं ढूँढ़ने को भी नहीं मिलती। पता नहीं इस धर्म को निभाने के लिए कौन आगे आएगा जो देह के शोर में आत्मा की आवाज को बचाके रख सके।”

“आप आगे आएँ!”

इस वाक्य के बाद दोनों के बीच एक चुप्पी आकर पसर गई। दोनों को एक-दूसरे की साँसों की आवाज सुनाई देने लगी। बाहर चिड़िया चिहुँक रही थी, साथ ही पर्दे को छटकारती अल्हड़ हवा की छेड़खानी थी।

जीत सिंह की सीली आवाज ने इस चुप्पी को तोड़ा, “चलो पहले आपको अपना यह जन्नत में तब्दील हुआ पिण्ड दखाते हैं। गुरमख, ओ गुरमख!”

“हाँ भा जी?” कहीं चिड़ियों के पास से आवाज आई।

“ओ गड्डी बाहर कड्ड!”

“ओ ताँ बाहरी खड़ी है भाजी!”

“चंगा, आओ जी!”

बाहर आकर देखा तो नई-नवेली सैंट्रो खड़ी थी। इस कार में तीसरी बार शर्माजी को अगली सीट पर बैठने का अवसर मिला। कार चलती चली गई और

जीत सिंह पुरानी जगहों के नई में तब्दील होने का वर्णन करता चला गया। कहीं भी रूड़ियाँ और गुहारे दिखाई नहीं दे रहे थे। जीत ने बताया अब रूड़ियाँ गड्ढों में शानदार खाद में तब्दील होती हैं। गोबर से बनी गैस चूल्हे जलने और सूरज की धूप से पानी गरम करने की तरकीब का ज्यादातर लोगों द्वारा इस्तेमाल करना भी उसने बताया। गाँव की पंचायत के अधिकारों और उसके द्वारा किए अच्छे कामों का भी बखान उसने किया। खपरैल की जगह हायर सैकेण्डरी स्कूल की भी उसने बिल्डिंग दिखाई और पशुओं के हस्पताल के साथ इंसानों के लिए बनी डिस्पेंसरी के भी उसने दर्शन कराए। इसके साथ में खेतों में जगह-जगह मछली पालने के टैंक भी दिखाए।

अचानक शर्माजी अपनी याददाश्त पर जोर देकर बोल पड़े, "और वह अथाई?"

"अथाई उसीत्राँ कायम है। ओस विच गरीब लोगों की बरातें आके ठैरती हैं।"

शर्माजी को याद आया कभी यहाँ नचार आकर ठहरते थे और रात को बन-सँवरकर दरवाजे के पासवाले चौड़े अहाते में जलसा किया करते थे। शृंगार करके औरतें बने मर्द तरह-तरह के नखरे करके जमींदारों की जेब से पैसे निकलवाते थे। काफी ना-नुक्कर और तरद्दुद के बाद सफल हो जाते थे तो छलाँग मारकर भागते थे। उस समय जिस आदमी के हाथ में मशाल होती थी वह साथ भागकर नचार के चेहरे पर रोशनी रखने की कोशिश करता था। एक होड़-सी मची रहती थी नचार और मशालची में। दर्शक इस होड़ का बड़ा लुत्फ उठाते थे। इसी होड़ में अन्धे बाबा की बोलियाँ बहुत सत्कार पाती थीं। एक-एक बोली पर लोग बाबा को नोट देकर उसका सत्कार करते थे। दिन में बच्चे उन रात के नचारों को देखने के लिए अथाई के पास मँडराते रहते थे। अचानक कोई बच्चा नचारों के हाथ आ जाता था तो वे उसे अन्दर ले जाकर उसका भी शृंगार कर देते थे। शर्माजी भी एक दिन ऐसे ही फँस गए थे और शृंगार करवाकर जब घर पहुँचे थे तो माँ और बहनों की ही नहीं पड़ोसनों की खिल्ली का भी शिकार हुए थे। रात को पिताजी को जब यह बात बताई गई थी तो उनके दो करारे चाँटे खाने पड़े थे। अचानक शर्माजी को हँसी आ गई।

"क्यों, हँस क्यों रहे हो?" जीत सिंह ने समझा उससे ही ऐसी कोई बात हो गई।

"कुछ नहीं बस यूँ ही।"

"यूँ ही कैसे?"

"बो नचारों की बात याद आ गई थी।"

"अब ना ताँ नचार रहे या कविस्सर, रैगया सिर्फ टीवी। टीवी तों ई किसी

को फुर्सत नी मिलदी।''

''पर बो शान्ति?''

''शान्ति कौन?''

''भूल गया?''

''अच्छा-अच्छा, शान्ति। पर बो तो यार।''

''बो तो क्या?'' शर्माजी की मानो साँस रुकने को हो गई।

''बो तो बस्स...''

''बस्स क्या भाई, जल्दी बोलो!''

''बिधवा हो गई।''

शर्माजी की साँस में साँस आई। ''विधवा कैसे हो गई?''

''तू वी यार बस्स, किसत्राँ होती हैं औरतें बिधवा?''

''मेरा मतलब है उसका पति कैसे मरा?''

जीत सिंह पहले भी शर्माजी की भावुकता का मजाक उड़ाया करता था अब भी थोड़ा तल्ख हो उठा, ''मुझको क्या पता है, मैं कोई डॉक्टर हाँ किसी हस्पताल दा!''

शर्माजी चुप हो गए। समझ गए कि सरदार अपने बचपन में उतर गया है। बचपन में छोटा होते हुए भी वह उन्हें डाँटता रहता था। बोलता रहता था कि 'रहया ना बामन का बामन।' गनीमत यह थी कि इस वक्त उसने ऐसा कुछ नहीं कहा। बस स्टेयरिंग पर किसी गीत की ताल में थपकियाँ देने लगा।

इसी बीच उनकी कार एक तंग गली के मुहाने पर आकर रुक गई। शर्माजी बच्चों की तरह फुदक उठे, ''यह तो मेरे घर का रास्ता है।''

''जी हाँ, शान्ति दे नाल तुसीं अपने घर दे वी दर्शन कर लो।''

''जाने दो यार, बहुत हो गया।'' शर्माजी ने शान्ति शब्द पर रोष जताया।

''अच्छा चलो जाने दिया।'' दोनों कार से उतरकर गली में चलने लगे। आगे-आगे शर्माजी और पीछे-पीछे जीत सिंह। मोड़ काटकर जब गली के अन्त तक पहुँचे तो वहाँ एक गुरुद्वारा खड़ा दिखाई दिया।

''जीत भाई यहाँ तो मेरा घर था?'' शर्माजी फटी-फटी आँखों से गुरुद्वारे को देखने लगे।

पर जीत सिंह ने उन्हें बड़े धैर्य के साथ जवाब दिया, ''जी हाँ, हुन एत्थे गुरुद्वारा है।''

''इस घर में मैं पैदा हुआ था। यहाँ मेरी माँ सुहागन होकर आई थी। यहाँ गाय बँधी रहती थी हमारी।''

''जी हाँ, इधर आपके चाचा और उधर आपके ताए दा घर सी। उनके घरों की वी एहोजही कहानी है।''

"पर ये सब कैसे हो गया?"

"वैसे ई हो गया, जिद्दाँ आप जी मैंनूँ बिना दस्से शहर चले गए थे।"

"पर तुम्हारा क्या पता था कि तुम कब लौटोगे?"

"अच्छा जी, अमृतसर साहबजी के दर्शन करने जाना मानो सुरग जाना है जित्थों आदमी वापस नी जी आ सकदा।"

"जनाब होते तो क्या कर लेते?"

"मैं साहब को जानेई ना देता। इस पिण्ड दी नी ना टप्पन दिन्दा।"

"अब तो जो होना था सो हो गया, पर यह गुरुद्वारा।"

"बस्स, गुरुद्वारा साहब हैं सो हैं, इसमें कोई क्या कर सकता है?"

"बस, अब मेरी समझ में आई कि यह सब तेरा किया-धरा है।"

"ना मेरा जे किया है ना धरा है, सब तेरे चाचे-तायों का किया-धरा है।"

"बो कैसे?"

"आतंकवाद के दिनाँ विच्च सबकुछ जायज सी। आपके और आपके तायों-चाचों के घरों को देखनेवाला कोई नहीं था। लोक इंटा तिक उठाके लैगये सी इन घरों की। क्योंकि पण्डतों के सारे घर आपस विच्च लड़दे रहन्दे सी, इस वास्ते पंचायत ने फैसला कीता कि एत्थे भाईचारे दा प्रतीक गुरुद्वारा साहब बना दित्ता जाबे। बस्स गुरुद्वारा बन गया।"

शर्माजी वहीं अपने सिर को पकड़कर बैठ गए।

जीत सिंह ने उन्हें समझाया, "जब अज्ज तिक आप लोगों ने अपने घरों की सुध तक नी लित्ती तो फेर अब क्यों दुःखी हो रहे हो? चलो आपको पण्डितों की बगीची दे दर्शन करबाता हूँ।"

"क्या देखनी है बगीची, बहाँ भी कोई दूसरा गुरुद्वारा बन गया होगा।"

"ओथे पंचायत घर बनया है। आपके चाचे-ताए पण्डतों का बगीचा पैसे लेकर पंचायत को बेच गए हैं।"

"पर मेरा हिस्सा?"

"हिस्सा जबरों का होता है। जो लोग बीयर तिक नी पीते उनको कौन की गिनता है?"

"मेरा घर तो ताए-चाचे नहीं बेच सकते?"

"आपका घर यहाँ था, यह आप कैसे साबत करेंगे?"

"मैं सरपंच से मिलना चाहूँगा।"

"ये इच्छा वी पूरी करेंगे आपकी। चलो अब उट्ठो, घर बच्चे वी फिकर कर रहे होनगे कि जे नया अंकल किधर गया।"

"तुम्हें हर बात में मजाक ही सूझता रहता है।" शर्माजी घुटनों पर हाथ रखकर खड़े हो गए और हारे हुए जुआरी की तरह चलकर गाड़ी में आ बैठे। इसी

समय एक अजब-से चेहरेवाले आदमी ने शर्माजी को पहचान लिया। वह अपना मुख बिलकुल उनके पास लाकर धीरे से बोला, ''दिवाकरजी आप?''

शर्माजी उसे पहचान नहीं सके।

''मैं सोनी, आपसे पधियाई सीखनेवाला सौनी!''

''अच्छा-अच्छा।'' शर्माजी को लगा, पधियाई सीखनेवाला सौनी जवानी में ही बूढ़ा हो गया है, ''क्या हाल है भाई?''

''बहुत चंगा जी, बहुत चंगा। आप ठीक हैं?''

''हाँ, मैं ठीक हूँ।''

''बो तो होना ही था जी, होना ही था। चंगा जी, इक्क पूजा करवानी है, समा निकल जाएगा।''

पीठ पीछे से दिखाई दिया, गाँव के इस पाधे के पैरों में डली चप्पलें भी उसी की तरह बूढ़ी हो गई थीं। उनका एड़ियोंवाला हिस्सा तो लगभग खत्म ही हो चुका था।

गाड़ी चली तो शर्माजी ने जीत सिंह से पूछा, ''सौनी का इतना बुरा हाल क्यों है?''

उसने सँभलकर मोड़ काटने के बाद जवाब दिया, ''अब पाधे-पण्डतों को कौन पूछता है?''

शर्माजी ने मन-ही-मन सोचा, उन्होंने कितना अच्छा किया जो ठीक वक्त पर इस गाँव को छोड़ दिया।

अब गाड़ी कच्ची सड़क से होती हुई चूढ़माजरी के सामने से गुजर रही थी। वही माजरी के कुएँ पर भूरे विशाल गुब्बारों की तरह बल्लियों पर लटकतीं बड़े जानवरों की खालें, जिनकी नाकाबिले बर्दाश्त बदबू दूर-दूर तक फैल रही थी। वही सूअरों और मुर्गियों के बच्चों के पीछे भागते नंगधड़ंग इंसान के बच्चे, जिनके चेहरों पर बैठी मक्खियाँ और नाकों की सफेद नलियाँ दूर से ही दिखाई दे जाती हैं। वही सड़ाँध छोड़ते कूड़े के ढेर और उनके बीच से बहती काली गादवाली चौड़ी-सी कच्ची नाली। नाली से गन्दगी अपनी देह में समेटता कीड़ों से कुलबुलाता दाद के घाव जैसा छप्पड़। वही कच्चे घरों की दीवारों पर सूखने के लिए चिपकाई गई गोबर की पाथियाँ और छोटी-छोटी बात पर चूड़ियों से रहित खुरदरे हाथों की गालीगलौज के साथ धकापेल और तकरार। लगभग वैसा ही दृश्य जैसा बड़े नगरों की बहुमंजिली अट्टालिकाओं के पैरों में शहर की पूरी गन्दगी अपने पेट में समेटे दिशाहीन झोंपड़पट्टियाँ। हाँ, एक नवीनता भी नजर आई, कुएँ के पास एक ऊँचा चबूतरा बनाकर उस पर खड़ी की गई एक काली प्रतिमा।

शर्माजी ने जीत से सवाल किया, ''इस चूढ़माजरी में तो कोई निशान नहीं दीखता आपके इस पिण्ड की जन्नत का?''

"जी नहीं, चूढ़माजरी नहीं, अब इसदा नां अम्बेदकर नगर है।"

"पर नगर जैसी तो एक भी बात यहाँ नहीं है।"

"की अक्खाँ दे अन्ने दा नां नैनसुख नहीं हो सकदा?"

"हो सकता है।" बोलकर शर्माजी चुप हो गए और घर आने का रास्ता देखने लगे।

अंधेरा घिरते-घिरते जीत सिंह के यहाँ महफिल जम गई। शर्माजी को भी ऊपर बड़े हाल कमरे में पहुँचाया गया। जहाँ पॉप गायकी से ताल्लुक रखनेवाला हर साज और सामान मौजूद था और उसकी भली-भाँति जानकारी रखकर बजानेवाले भी। जीत सिंह ने शर्माजी का परिचय एक शायर के रूप में करवाया और इन्होंने पाया कि शायरों को लेकर इस महफिल में काफी सम्मान का भाव है।

फिर शुरू हुआ अभ्यास। जीत सिंह इतना अच्छा बजाता और गाता है इसका सुखद ज्ञान शर्माजी को पहली बार हुआ। यूँ बचपन में वह टप्पे गाता था। बहुत मधुर गाता था। पर उसका विकास इस तरह से हो जाएगा इसका तो किसी को अनुमान तक नहीं था।

पहले एक साँग इसी कमरे में तैयार होगा। जब सबकी सन्तुष्टि हो जाएगी तब इस साँग का तालमेल नाचनेवालों और वालियों के साथ बिठाया जाएगा। अन्त में होगा इसका फिल्मीकरण। फिल्मीकरण के बाद इसको बेचने की बारी आएगी। बेचने के बाद ही नया पॉप गीत टीवी पर आएगा और उसे दर्शकों के सामने मंचों पर लाया जाएगा। यही जीत सिंह का तरीका है। इस तरीके से जीत सिंह आज लाखों का मालिक है और उसे अपनी जमीन का एक हिस्सा बेचकर इस लाईन में आने का कोई अफसोस नहीं है। अफसोस है तो सिर्फ इस बात का कि बाकी की जमीन बेचने के लिए जसबीर तैयार नहीं हो रही है, नहीं तो बरिन्दर के मरने के बाद पंजाबी फिल्मों के क्षेत्र में करोड़ों कमाने का बहुत अच्छा अवसर है। खैर, वह पंजाबी फिल्म बनाएगा जरूर, चाहे इसके लिए किसी माफिया से ही पैसा क्यों न उठाना पड़े।...

अभ्यास खत्म होने के बाद जीत सिंह की पत्नी और दो बच्चों के साथ जब शर्माजी खाना खाने बैठे तो शर्माजी ने झिझकते हुए कहा, "जीत भाई, आपकी पत्नी का चेहरा-मोहरा पूरी तरह से शाजिया से मिलता है, कहीं ये उनकी बड़ी बहन..."

"ओ नहीं जी, उसदे नाल इसका कोई रिश्ता नहीं है। वैसे भी शकल-सूरत अते रंग-रूप मिलने से क्या होता है? गाने के नाम पर तो..." जीत सिंह ने अपनी पत्नी को शरारती नजरों से देखा।

"हाँ तो?...बताओ तो?..." जसबीर ने अपनी बड़ी-बड़ी आँखों में कड़वाहट

भर ली।

"अगर सब औरतें नाचने-गाने लगें तो घर-बार और बच्चों को कौन सँभालेगा?" शर्माजी ने सवाल उठाया।

"जे तो आपने खरी बात की।" जीत ने व्यंग्य की मुस्कान मुस्कुराते हुए सिर नीचा कर लिया।

"ये इस बात को नहीं मानते भ्रा जी, चाहते हैं हर औरत नंगी होकर कैमरे के सामने खड़ी हो जाए।"

जीत ने उँगली उठाई, "हर औरत बिलकुल नहीं, हर खूबसूरत औरत। तुम खूबसूरत थी अते हो इसी बास्ते मैंने चाहा था कि..."

"मैं नंगी होकर मजमें के आगे नाचूँ, यही ना?"

"मैंने मजमे के अग्गे कभी नहीं कहा, सिर्फ कैमरे के अग्गे। तसवीर अगर लोकाँ दे सामने जाती है तो किसी का की बिगड़ता है?"...

"सब कुज बिगड़ता है।" जसबीर के माथे की त्योरियाँ चढ़ गईं। "औरत की आत्मा उत्ते घाव हो जाए ताँ बाकी की बचया?"

"तू ताँ दूसरी नच्च वालियों से भी नफरत करती है। कोई घर में आ जाती है तो उसको पानी तक पलाने के वास्ते त्यार नहीं होती।"

"देखो भ्रा जी, जे बाहर जाके कुज वी करन, पर घर में गन्दगी को गिरते कोई इज्जतदार औरत बरदाश्त नी कर सकती।"

"गन्दगी?" जीत सिंह के मोहक चेहरे पर विकार खेलने लगा।

"गन्दगी नी तो होर क्या? घाट-घाट दा पानी पीन वालियाँ औरताँ गन्दगी नहीं तो और क्या होती हैं?"

"जानदे बाबा, तेरे नाल मत्था लौना ताँ..."

अब शर्माजी बोले, "जीत सिंह तुम्हें ऐसा नहीं बोलना चाहिए।"

"अते शायर साहब ए, ए बी.ए., बी.एड. पास, ए चंगा बोलदी है?"

"देखो भाई, आज के पंजाबी पॉप संगीत के बारे में जसबीर जी के विचार भी वैसे ही हैं जैसे अधिकांश घरेलू औरतों के हैं। जसबीर को इस संगीत और इसको प्रदर्शित करके फख्र करनेवाली औरतों के प्रति बफादार या श्रद्धावान नहीं बनाया जा सकता और न ही इसके लिए दबाव डाला जाना चाहिए। वैसे मैं इस घर का वैलविशर होने के नाते यह जानना चाहता हूँ कि आप दोनों का विवाह प्रेम विवाह है?"

सुनते ही जसबीर ने शर्म के मारे सिर झुका लिया।

जीत सिंह ने जसबीर की तरफ से मुँह फिराते हुए कहा, "लब मैरिज नहीं, हमारी शादी अरेंज्ड मैरिज है। बापू के होते हुए ही हो गई सी अते इसदी माँ मेरी माँ दी पक्की सहेली सी।"

"तो फिर यारा, ये क्यों चाहते हो कि जसबीर भी शाजिया की तरह नाचे और गाये। इसने जो खूबसूरत गीत तुम्हें दिए हैं इनकी बराबरी कर सकता है दुनिया का कोई पॉप संगीत?" शर्माजी ने पास बैठकर चुपचाप बहस सुनते हंस-शावकों जैसे दोनों बच्चों के सिरों को प्यार से सहला दिया और बच्चे मुस्कुराकर मचल उठे।

"इन जैसा गीत तो कोई नहीं है।" बोलकर जीत सिंह ने लड़की को उठा लिया और उसका केसर मिले मक्खन जैसा गाल हल्के से चूम लिया।

लड़के को जसबीर ने इस दृश्य को हसरत भरी आँखों से देखते देखा तो उसने लड़के को बाजुओं में उठा लिया और दोनों गाल चूमकर गोद में बिठा लिया।

शर्माजी को लगा कि इससे बढ़कर पॉप तो क्या क्लासिकल संगीत भी कोई दूसरा नहीं हो सकता। वे पेट पर हाथ फिराते हुए उठे और सीधे बाथरूम की तरफ चल दिए। वहाँ खड़े-खड़े भी माँ-बाप और बच्चों के बीच घटी इस घटना पर मुस्कुराते रहे। लौटकर आए तो जीत सिंह जा चुका था। जसबीर ने शर्माजी से पूछा, "भ्रा जी आप काफी दिन रुकेंगे ना हमारे पास?" शर्माजी कुछ बोलने ही जा रहे थे कि अभ्यासवाले कमरे से गिटार की धीमी-धीमी धुन सुनाई देने लगी। जसबीर ने मुस्कुराकर कहा, "वे ही बजा रहे हैं। जब बहुत खुश होते हैं तो येही धुन बजाते हैं।"

शर्माजी ने कुछ पल ध्यान लगाकर उस धुन को सुना और फिर धीरे-धीरे कमरे को जाती सीढ़ियाँ चढ़ने लगे।

ऊपर जाकर देखा तो जीत सिंह के सामने शराब की बोतल खुली पड़ी थी। वह अपनी गिटार में इतना ज्यादा मगन था कि शर्माजी के कमरे में आने से भी नहीं चौंका।

शर्माजी बगलवाली कुर्सी पर शान्त भाव से बैठ गए। उनके मन में बजती एक दूसरी धुन के लिए कुछ अनोखे शब्द जुड़ते चले गए। उन्होंने मेज पर पड़े कागज और पेन को उठाकर कुछ पंक्तियाँ लिखीं, फिर आँखें बन्द करके धुन में खोए जीत को आवाज दी, "जीत सिंह जरा इन पंक्तियों को तो सुनो!"

जीत सिंह ने आँखें खोलीं। शर्माजी ने पंक्तियाँ गाकर ही सुनाई :

सूखे बिरवे की छाँह तले
नन्हे पौधे का प्यार पले
मैं नीर बहाया करता हूँ
सन्ध्या को जब घर दीप जले।

जीत सिंह शर्माजी को एकटक ताकता रह गया।

शर्माजी खिन्न होकर बोले, "क्यों, पसन्द नहीं आई?"

जीत सिंह गिटार को बगल में रखकर बोला, "पण्डता, तू इतना बड़ा कवि है, तेरे दिल में इतना बड़ा दर्द है, इसका तो मुझको अनुमान तिक नहीं था।"

"इसका मतलब है, तुझे ये पंक्तियाँ पसन्द आ गईं?"

"पसन्द, धांसू लाईनां हैं जे। लोकाँ के दिलाँ को चीरकर आर-पार निकल जानगियाँ जे लाईना। पर अग्गे ताँ लिख!"

"ठीक है, मैं आगे भी लिखता हूँ। तू धुन का अन्तरा बजा।"

जीत सिंह ने गिटार उठाकर धुन का अन्तरा बजाया।

शर्माजी की पंक्तियाँ आगे बढ़ीं :

उस दिन कुछ सूखे फूलों को
मैंने तुमको लौटाया था
मन्द पड़े धीरज के स्वर में
हाथ तुम्हारा सहलाया था

मेरे बोधन के उत्तर में
केवल तेरे नयन भरे थे
शीशे के दो पिघले टुकड़े
जैसे पलकों बीच धरे थे

देख तुम्हारी मजबूरी को
हम पत्थर बन मोम ढले
मोल ढले... मोल ढले...

शर्माजी इन पंक्तियों को गाने लगे तो जीत सिंह अपनी सुरीली आवाज उनके शब्दों के साथ साज की आवाज की तरह मिलाने लगा। इसी समय जसवीर और बच्चे भी सीढ़ियाँ चढ़कर अन्दर आ गए। जसवीर ने पूछा, "यह गीत किसका है? बहुत प्यारा गीत है।"

जीत सिंह चहका, "इन्हीं महाकवि का गीत है भागवान, और मजे की बात यह है कि अभी-अभी बना है।"

"अच्छा, इतने बड़े कवि हैं भ्रा जी!" जसबीर की उँगली होंठों पर चली गई।

जीत सिंह ने गिलास में बची हुई शराब भी एक ही घूँट में गले के नीचे उतार ली। "अब हम देखेंगे कौन माई का लाल हमारे सामने टिकता है। मेरे पास गीताँ की कमी थी, गीत मिल गए ताँ हुन किस बात का टोटा? देखना हुन मैं लोकाँ दे दिलाँ नू मथके रख दवाँ गा। बस्स एनाँ गीता नू पंजाबी विच्च ट्रांसलेट करन दी

जरूरत पवेगी। असी एनाँ गीताँ नू हिन्दी ते पंजाबी दोना भाषावाँ विच्च लाँच करांगे। तू वी देखेगी जसवीर कौरे टाकरा वी कोई सी। प्यार करेगी तू मैनूँ प्यार।'' जीत सिंह ने जसबीर के हाथ का सहारा लेकर उठने की कोशिश की। नहीं उठ सका तो जसबीर ने उसे पूरा सहारा देकर उठाया। ''थैंक्यू।'' बोलकर जीत सिंह ने बड़े ही प्यार के साथ जसबीर का गाल चूम लिया।

जसबीर शर्म के मारे दुहरी हो गई। बच्चों ने खुश होकर ताली बजाई। जसबीर बच्चों पर बरसी, ''होट बेशर्म।'' शर्माजी ने शराब की बोतल उठाकर अलमारी में रख दी। जीत सिंह ने गुस्सा दिखाया, ''ओ की करदैं... की करदैं पण्डता!'' जसबीर ने बोतल निकालकर अपनी बगल में दबा ली।

जब सबकुछ शान्त हो गया और जसबीर कौर बच्चों को साथ लेकर नीचे उतर गई, तब शर्माजी ने जीत सिंह से एक सवाल पूछा, ''जीतू, तू मुझसे इतना प्यार क्यों करता है?''

जीत सिंह ने छूटते ही जवाब दिया, ''तेरा इस पिण्ड विच्च कुज नी, फेर वी तू चल्लके सीधा मेरे बूहे क्यों आ गया?''

''मैं तो यहाँ अपने बचपन की तलाश करने आया था।''

''मैं उन खुशकिस्मत आदमियों में से हूँ, जिनके घर बचपन खुद चल्लकर आ गया।''

''तूने मुझे रुलाने का ठेका ले रखा है?''

''नहीं, ठेका ताँ सब तेरेई पास है।''

''फिर?''

''रोना मन्दी गल्ल ताँ नी है मित्तरा, ऐदे नाल ताँ आतमा दी मैल साफ हुन्दी है।''

''अच्छा तो अपनी आवाज में एक गीत सुनाओ।''

''केड़ा गीत?''

''हाए ओ रब्बा नई लगदा दिल मेरा।''

जीत सिंह ने गिटार के साथ गीत गाया पर शर्माजी बीच में ही सुबकने लगे।

जीत सिंह ने गाना बन्द कर दिया और गिटार परे रखकर पूछा, ''आपको एहोजेहा की दुःख है जो चैन नी लेने देता?''

शर्माजी ने रुमाल से आँखें साफ कर लीं, ''कोई दुःख नहीं।''

''फेर इसत्राँ रोन दा मतलब?''

''यों ही दिल भर आया था।''

''यूँही ताँ दिल किसी दा नी जी भरदा।''

''जीतू?''

“जी।”

“मैं शान्ति से मिल सकता हूँ?”

“इसमें केड़ी मुशकल है, कल्ल ही चल पड़ते हैं घग्गे।”

“घग्गे?”

“उसके ससराल घग्गे में ही तो हैं।”

“कल फिर उसके ससराल ही चलते हैं। ठीक रहेगा ना?”

“गलत की रहेगा। इक्क बुड्ढी औरत नू मिलन जाना, की ठीक की गलत।”...

“अच्छा, अब मैं सोना चाहता हूँ।”

“मेरा तो खयाल था कि तुम सोते ही नहीं।”

“आज सारा दिन क्या से क्या नहीं किया। शरीर थक गया। अब नींद आ रही है।”

“ठीक है। चलो आपको आपका सोन दा कमरा दखा देता हूँ।”

जीत सिंह कमरा दिखाकर सीढ़ियाँ उतर गया। शर्माजी लेटकर सोचते रहे कि क्या जीत सिंह अपने बाप के साथ भी ऐसा ही था? बापों के जीवन में बेटे अपना बचपन क्यों नहीं खोजते? क्या बचपन को दोबारा पाना सबके नसीब में नहीं होता? क्या शान्ति भी अपने बचपन को खोज रही होगी? इसी तरह के और भी अनेक प्रश्नों की धाराओं में तैरते-तैरते उन्हें नींद आ गई।

लहलहाते खेतों पर से, उड़ती हुई कार। चालक जाना-पहचाना। जैसे देख रहे हों दर्पण।...

अनजाने एक शहर की गली-गली, गलियों के अँधेरे को चीरती कार की तेज रोशनी, सफेद धोती-काली किनारी में लिपटी एक बूढ़ी देह, साँचे में ढल गई हो जैसे बरसी बदली।...

जरा रुको, मैं दोनों हाथों में, तुम्हारा चेहरा थामकर, देख लूँ, कि तुम वही हो, जिसे मैं सारी जिन्दगी, खोजता फिरता रहा हूँ।...

छोटी पौध, लगी हुई है कतारों में, बड़ी पौध के अर्थ का अनुवाद करती, मैं तर्जनी रखकर पढ़ लूँ, जरा शीशे साफ कर लूँ, समय की ऐनक के, झाड़ दूँ कतारों की गरद, पलकों के झाड़न से।...

कैसी अजीब पत्तियाँ हैं, कैसे रंग हैं इनके, तारों के फल लगे हैं, आकाश के महावृक्ष पर, जरा रुको, इस वृक्ष की छाया में, मैं तुम्हारे साथ सुस्ता लूँ, ग्रहण कर लूँ ठण्डा पानी, भोर की नदी का।...

जरा रुको, मैं देह की मैली चादर, इस नदी की झाग में स्वच्छ कर लूँ, फिर इसे सुखा लूँ, उषा की कोसी लालिमा में।...

नदी नहीं रुक रही रोकने पर भी, समय हो गई है नदी, ढल गई है, एक

नारी की देह में, फूट रही है चाँदनी, उसके चेहरे से, चेहरा शान्ति, शान्ति माँ, माँ शान्ति, शान्ति माँ।...

द्वार खोलो, बाहर खड़ी है चाँदनी, भीग रही है बारिश में, काँप रहा है उसका जर्जर तन, "मैनूँ पता सी बैरिया, तू मैनूँ डाडा प्यार करदा सैं, मैं जिन्नगी भर, एहोजहे प्यार नूँ, तरसदी रही, इसी बास्ते मैं, तरसदी चाँदनी, किसे दी वी, ठीक ढंग नाल, प्यास ना बुझा सकी।"...

मत खोलना कपाट, तुम भी भीग जाओगे, चाँदनी भीग रही है, अन्तर मत भीगने दो, बाहर भीग रहा है, सारा संसार, संसार चाँदनी है, चाँदनी है माँ, छाती पर दूध के कलश लिये, भरमा रही है चाँदनी।...

खोलो दरवाजा! कौन है भाई? मैं हाँ गुरमुख! गुरमुख कौन? भा जी का ड्रैबर। क्या है भाई? गड्डी त्यार खड़ी है, कैसी गड्डी? घग्गे नी जाना क्या?...

नीचे जीत सिंह, जसबीर कौर और बच्चे, सजे खड़े हैं सब-के-सब, जैसे पिकनिक पर जाना हो, घग्गा पिकनिक है सबके लिए, जस्ट लाईक आउटिंग।

"तो ठीक है फेर। पटियाला चलते हैं बारादरी। भाषा भवन दे सामने इक्क दकान है। ओथे छोले-भटूरे खावांगे।" जीत सिंह ने भी शर्माजी के साथ घग्गे जाने का इरादा बदल दिया। गाड़ी समाना से सीधा पटियाला की तरफ चल पड़ी।

लड़की बड़ी है, बड़े स्कूल में पढ़ती है, इसलिए उसने बड़ा सवाल किया, "अंकल, आप घग्गे क्यों जा रहे थे?"

शर्माजी मुस्कुराकर रह गए तो इस सवाल का जवाब जीत सिंह ने दिया, "बेटा उत्थे अंकल दे इक्क रिश्तेदार हन, ओना नू मिलन वास्ते जा रहे सन।"

आजकल के बच्चे कमाल का जहन लेकर पैदा होते हैं, लड़की ने आगे सवाल किया, "क्यों नहीं गए?"

अगली सीट पर बैठे शर्माजी सोच रहे थे, अब वे यहाँ क्या कर रहे हैं? क्या यही देह-कर्म है? हाए ओ रब्बा, मैं की कराँ! उनका हाथ उनके माथे को सहलाने लगा।

ड्राइव कर रहे गुरमुख ने उँगली उठाकर कहा, "ए सड़क वी घग्गे जाँदी है, खेताँ विच्च दी होके। मैं कई बार घग्गे गया हाँ।"

"कैसा है घग्गा?" शर्माजी ने जिज्ञासा प्रकट की।

"बौत वदिया, पर खानपुरनालों चंगा नी।"

"क्या कमी है वहाँ?"

"ओथे पानी घट्ट है। औरताँ नू बारों भरके ल्योना पैंदा है पानी। नहान को तो पानी मिलदा ही नहीं है। इसी वास्ते औथे कोई परवार अपनी कुड़ी देन वारे सौ बार सोचदा है अते..."

''चुप्प कर ओए, यूँही जब्बलियाँ मारन डया है, चुप्प करके गड्डी चला।'' जीत सिंह ने उसे फटकारा।

जीत सिंह के बोलने के लहजे से जसबीर कौर और बच्चे खिलखिलाकर हँस पड़े। शर्माजी के होंठों पर मुस्कान की रोशनी बिखरी। पर उस रोशनी को सिर्फ गुरमुख ने ही देखा। गुरमुख ने खुश होकर गाड़ी के स्पीडोमीटर की सुई थोड़ी आगे बढ़ा दी और मन-ही-मन रातवाली धुन गुनगुनाने लगा।

सामने सड़क पर दोनों तरफ के पेड़ एक-दूसरे की तरफ कुछ ज्यादा ही झुके हुए थे। इस तरह से एक सुरंग-सी बन गई थी। गाड़ी मानो सुरंग में से गुजर रही थी। शर्माजी ने ऐसा दृश्य पहली बार देखा था। उन्होंने मुँह फेरकर जीत सिंह से कहा, ''देख रहे हो सामने?''

''हम तो रोज ही देखते हैं।''

''क्या देखते हैं?''

''यही कि सड़क पर पेड़ों की छतरी तनी है।''

''यह कैसे हो गया?''

''क्या शायराना सवाल है। खैर, मैं इसदा जवाब वी शायराना अन्दाज नाल ही दिन्दा हाँ, ऐना विच्च कुच नर पेड़ ने ते कुज मादा। दोनों आपस विच्च गले विच्च बाभाँ पाके इक्क-दूजे नाल प्यार कर रहे हन।''

जसबीर ने जीत सिंह को धक्का दिया। बच्चे फिर हँस पड़े। जीत सिंह शर्माजी की तरफ मुखातिब हुआ, ''क्यों ठीक कहा ना पण्डत?''

इसका जवाब लड़की ने दिया, ''पर पापा इन पेड़ों के बच्चे कहाँ हैं?''

''बच्चे कई बार देर से वी होते हैं बेटा, जैसे आप दोनों पूरे पन्द्राँ सालाँ दी इन्तजार बाद आए।''

जसबीर का धक्का फिर जीत सिंह को सहना पड़ा, ''उंजी बोलदे रइन्दे हो!''

शर्माजी ने फिर मुख फेरा, ''क्यों इतनी देर क्यों लगी बच्चे आने में?''

''कुदरत दा भाना। बथेरे ईलाज करवाए। ज़द आए ते दो सालाँ विच्च दोनों आ गए। ओ वी इक्क लड़का ते इक्क लड़की। है ना कुदरत दा भाना?''

''कई बार ऐसा होता है। हमारे एक पार्टी वर्कर के चालीस साल की उम्र में जाकर बच्चा पैदा हुआ है।''

इसी बीच गुरमुख की आवाज गूँजी, ''भा जी बच्चयाँ दे झूले आ गए।''

''रोक, यहाँ रोक। आलू दे परांठे वी ऐथे काफी अच्छे बनते हैं। नाश्ते दा वी टाईम हो गया। नाश्ता यहीं पर करेंगे।'' यह जसबीर कौर का हुक्म था और गुरमुख ने उसके मुताबिक इण्डीकेटर जलाकर गाड़ी दाईं तरफ किनारे पर लगा दी।

उतरते ही दोनों बच्चे झूलों की तरफ भागे। जसबीर ने इन्हें टोका, ''पहले नाश्ता तो कर लो!''

लड़की ने हाथ ऊपर उठाकर बोल दिया, "बाद में!"

"गुरमख तुम बच्चों के पास ठहरो! हम सामने के होटल से नाश्ता करके आते हैं, फिर तुझे नाश्ता करने भेजेंगे।" यह गृहिणी का आदेश था। ऐसे मौकों पर जीत सिंह आमतौर पर जसबीर से सहमत होता है और इस सहमति के परिणाम भी आमतौर पर अच्छे ही निकलते हैं।

सायंकालीन अभ्यास के बाद जब दोनों एकान्त में बैठे तब जीत सिंह ने शर्माजी से सवाल किया, "तुम घग्गे क्यों नहीं गए?"

"मैं शान्ति से मिल लिया था।"

"सपने में?"

"हाँ, सपने में।"

"कैसा रहा मिलना?"

"मुझे लगा जैसे शान्ति मेरी माँ है और मैं माँ की ममता के लिए भटक रहा हूँ।"

"इस पक्की उमर में?"

"सपने में मैं पकी उम्र का कहाँ था, पाँच-छह साल का नासमझ बच्चा था।"

"इसदा मतलब तुम्हारे अन्दर अजे बचपन जिन्दा है।"

"यही समझ लो।"

"समझना की है, जिन बच्चयाँ नू माँ का प्यार नहीं मिलदा बो हर औरत को माँ की तराँ देखते हैं।"

"कुछ लोग ऐसा ही सोचते हैं।"

"तैनूँ क्या लगता है?"

"प्यार की कोई किस्म नहीं होती। हमने अपनी सुविधा के लिए उसे किस्मों में बाँट रखा है।"

"क्या मतलब?"

"प्यार सिर्फ एक लगाव है, वह फूल के साथ भी हो सकता है और भेड़ के बच्चे के साथ भी। उसमें देह की मात्रा उतनी ज्यादा नहीं होती जितनी कि हम समझते हैं।"

"मैं तो जे समझता हूँ कि प्यार इक्क प्यास है जो कदे वी नहीं बुझती। कुज-कुज आदत वी है, किसे नू वी पसन्द करन जा ओस दी संगत करन दी आदत पै सकदी है।"

"आदत भी रक्तबीज यानी कि जीन की वजह से पड़ती है। रक्त की डायरी में पहले ही कुदरत लिख देती है कि यह शख्स क्या-क्या पसन्द करेगा और क्या-क्या नापसन्द। पसन्द की संगत पाने और नापसन्द से दूर रहने का संघर्ष हर आदमी

को जीवन-भर झेलना पड़ता है। कई बार यह संघर्ष सिर्फ मानसिक होता है। महात्मा बुद्ध का संघर्ष मानसिक था। उसकी भटकन मानसिक भटकन थी। जब उनको यह समझ आ गई तभी उन्होंने अपने आपको बुद्ध समझा।

"आपको समझ कब आएगी?"

"यह भी रक्त की डायरी में दर्ज होता है। जैसे पेड़ पर कोपलें निकलने, फूल खिलाने और फल लगने का समय उसके रस की डायरी में दर्ज होता है, उसी प्रकार आदमी को भी कब क्या करना है यह सब पूरी तरह से निश्चित होता है।"

"लेकिन अब तो जीन बदलने की वी बातें होने लगी हैं?"

"ठीक है, फिर भी आदमी रहेगा तो जीन पर ही निर्भर। यह कभी सम्भव नहीं हो सकता कि आदमी का दिमाग जीन के साफ्टवेयर के बिना ही संचालित रखा जा सके।"

"ऐसा हुआ तो?"

"आदमजात का सम्पूर्ण विकास वापस लौट जाएगा। आदमी वनस्पति बन जाएगा जो न तो बोल सकती है और न सोच-समझ सकती है। सिर्फ जिन्दा रहना ही उसका एकमात्र संघर्ष होगा।"

"रहेगा फेर वी उसकी किस्मत में संघर्ष ही।"

"संघर्ष प्रकृति का आदि नियम है। यहाँ तक कि सूर्य, नक्षत्र, नीहारिकाएँ सब संघर्षशील हैं। एक इकाई दूसरी इकाई का भोजन है। शिकार करने और शिकार होने से बचने की जद्दोजहद कायनात के जर्रे-जर्रे में विद्यमान है। प्रकृति की हर इकाई अपने अंश को बढ़ाना चाहती है। उसकी रक्षा करना चाहती है। मूल रूप से इकाइयों के इसी प्राकृतिक स्वभाव को प्रेम कहा जा सकता है। प्रेम की सत्ता बनाए रखने के लिए प्रकृति ने आनन्द को जन्म दिया है। आनन्द प्रेम की सबसे बड़ी प्रेरणा है।"

"कमाल है दिवाकर भाई, आप इतना गहरा सोचते हैं।"

"सोचने से क्या होता है। सोच अगर व्यवहार में ढले तभी आदमी बुद्ध बनता है।"

इसी समय बच्चों की खिलखिलाहट सुनाई दी। दोनों बच्चे जीत सिंह से आकर लिपट गए और लड़की ने उसके कान के पास मुँह ले जाकर कहा, "पापाजी खाना तैयार हो गया है। ममी ने कहा है आ जाओ।"

"अच्छा बेटा, चलो जी।" जीत सिंह उठकर खड़ा हो गया। शर्माजी को यह विघ्न अच्छा नहीं लगा। वे इस बहाने कुछ और गहरे उतर सकते थे। फिर भी वे खड़े हो गए। आदमी के लिए भोजन जरूरी है, यह भी उसके रक्त की डायरी में कहीं प्राथमिक पन्ने पर लिखा है।

पर चलते-चलते शर्माजी ने जीत सिंह से कहा, "मैं चाहता हूँ कि खाना खाने

के बाद हम सरपंच से मिल लेते!"

"इस वेले तो वह अपने घर विच्च मिलेगा।"

"मैं भी यही चाहता हूँ कि घर पर ही मिलें।"

"ठीकै, पासी ओस दी कोठी है, चल पड़ेंगे टहलते-टहलते।"

जब वे सरपंच की कोठी पहुँचे तो सरपंच खाना खा रहा था। आठों उँगलियों में अलग-अलग रंगों के रत्नोंवाली अँगूठियाँ, गले में सोने की चेन, खुले हुए बटनों में से चमकते हुए घने काले बाल और सिर पर बड़ा-सा पग्गड़। खुली हुई दाढ़ी में वह बिलकुल ऐसे लग रहा था जैसे कोई वनमानुष अपने शिकार को खा रहा है। पानी की जगह पर उसके पास आधी खाली हुई बियर की बोतल पड़ी थी। उन्हें सरपंच को कुछ उनके सामनेवाले सोफे पर खाना खाते देखना पड़ा।

खाने के लिए न पूछना बताता था कि वह बड़ा आदमी है, पूछ लेता तो वह बड़ा आदमी न रहता।

पास ही एक कोने में संगल से बँधा एक खूँखार कुत्ता भी खाना खा रहा था। उसने भी अपने मालिक की तरह एक नजर आनेवालों को देखा था, फिर अपने खाने में मस्त हो गया था।

खाना खत्म हो जाने के बाद पूरा एक गिलास बीयर का एक ही साँस में पीकर सरपंच ने डकार ली और हाथ मलता हुआ उनके सामने आ खड़ा हुआ, "धन्न भाग जीतसूँ जी आपजी दे चरण इस गरीब दे घर पए।"

"ए हैं पण्डत दिवाकर शर्मा, आपजी नू मिलना चाहंदे थे अते मैं..."

"अच्छा-अच्छा, दबाकर शर्मा। बलबीर शर्मा दा बाप।"

"बलबीर शर्मा कौन?" जीत सिंह ने धीरे से शर्माजी से पूछा।

"मेरा छोटा बेटा है।" शर्माजी ने उसे धीरे से समझा दिया।

"मेरी ताँ पछान चे नी आए। बड़ी जल्दी ढल गया तुहाड़ा बदन। खैर, दस्सो क्यों तकलीफ कीती?"

"मैं तो आपको देखते ही पहचान गया था, आप साधु सिंह जी हैं ना?"

सरपंच ठहाका मारकर हँसा तो उसकी थूक के छींटे इधर-उधर बिखरते साफ दिखाई दिए, "हमारा जिसम बैसाई है ना जी, जेहोजेहा आपने बेखया सी। खैर, दस्सो क्यों तकलीफ कीती?"

"मैं पण्डितों की बगीची के बारे में पूछने आया हूँ।"

सरपंच के चेहरे पर थोड़ी खिन्नता आ गई, "औस उत्ते ताँ अब पंचायत भवन है। उसदी इमारत वेखी नहीं है आपने?"

"देखी है, पर मैं आपको यह बताना चाहता हूँ कि बगीची की जमीन पर मेरा भी एक हिस्सा है।"

सरपंच ने मुस्कुराने की कोशिश की, "हाँ-हाँ, जी सदके। आपके हिस्से के पैदे दे दित्ते हैं आपके बेटे को।"

शर्माजी की आवाज काँप गई, "मेरे बेटे को?"

"बलबीर शर्मा आपका ही बेटा है ना? हमारे पास स्टाम के कागजों पर उसके दसखत हैं।"

"क्या मैं देख सकता हूँ उसके दस्तखत?"

"जरूर। सज्जू! ओ सज्जू!!"

शर्माजी ने देखा, ट्रैक्टर पर देखे दो सरदारों में से एक उनके सामने आ खड़ा हुआ, "जी दार जी!"

"सेफ बिच्चों बगीची दी जमीन खरीदन के कागज कड्डके ल्या जरा, अते ल्याके इनको दखा।" उन्होंने अन्दर की जेब से चाभियों का गुच्छा निकालकर बेटे सज्जन सिंह की हथेली पर रख दिया और खुद, "तुसीं जरा कोकाकोला पीओ, मैं हुनी आया।" बोलकर अन्दर के कमरे में चले गए।

थोड़ी देर बाद नौकर ट्रे में दो कोकाकोला की बोतलें और कुछ खाने का सामान लेकर आ गया। जीत सिंह ने बोतल उठाते हुए कहा, "जे वी बगीची दी कीमत विच्च शुमार है।"

अभी उन्होंने कोकाकोला को मुँह ही लगाया था कि सज्जन सिंह स्टाम के कागज लेकर आ गया। शर्माजी ने उन्हें उलट-पलटकर देखा। रजिस्ट्रार के यहाँ बनी रजिस्ट्री के कागज थे। सारे रिश्तेदारों के दस्तखतों के साथ बलबीर के भी दस्तखत साफ नजर आ रहे थे। उनके मुँह से निकल गया, "इस बच्चे को तो दस्तखत करने का अधिकार ही नहीं है?"

इसका जवाब देने के लिए सरपंचजी फौरन हाजिर हो गए, "ये तो आप जाकर अपने बेटे से पूछो!"

"आपसे क्यों ना पूछूँ, जिन्होंने गलत ढंग से रजिस्ट्री करबाई है।"

"देखो पाधे, अबातबा बोलने की जरूरत नहीं है, नहीं तो..."

"नहीं तो क्या?...क्या कर लेंगे आप?...जान ही लेंगे ना? लो ले लो जान!" शर्माजी ने अपनी छाती उछाल दी सरपंच की तरफ।

"साधु सिंहजी आपको गुस्सा नहीं करना चाहिए। इक्क आदमी को बिना बताए उसका पुत्तर उसदी जमीन बेच गया, आपको उस आदमी को धीरज के साथ समझाना चाहिए।"

"इसको दखा तो दिए रजिस्ट्री दे कागज, होर किसत्राँ समझाएँ। इसको रजिस्ट्री गलत लगदी है ताँ रजिस्ट्रार नू मिले। पुत्तर दी करतूत गलत लगदी है ताँ पुत्तर नू पुच्छे। जमीन उत्ते असीं पंचायत भवन बनबाया है, कोई अपनी बिल्डिंग तां खड़ी नहीं कीती।"

"क्यों, आपसे क्यों न पूछें, जिसने बिना मुझे इत्तला दिए यह गैरकानूनी काम..." शर्माजी के होंठ काँपने लगे।

"जे लो!" साधु सिंह ने हाथ पसारकर शर्माजी की गलत हालत जीत सिंह को दिखाई।

सज्जन सिंह डौलों पर हाथ रखे चुपचाप खड़ा यह सब देख रहा था, इस तरह की मुद्रा में कि दार साहब कोई हुक्म दें तो वह उसे बिना कोई विलम्ब किए पूरा करे।

जीत सिंह ने शर्माजी को समझाया, "पक्का कम्म होया है मित्तरा, किसे पासों वी कोई कमी नी जी छड्डी गई। पहले हमें अपना घर, अपनी जात-बरादरी समझनी चाहिए, फेर दूसरे से सवाल करना चाहिए। चलो उट्ठो! घर चल्लके बाहिगुरू जी दा नाम जपें। हुन्दा बही है जो बाहिगुरु चाहन्दा है, ओस दी इजाजत दे बिना पत्ता तिक नी जी हिलदा। चलो उट्ठो।"

शर्माजी बमुश्किल जीत सिंह का सहारा लेकर खड़े हुए और साधु सिंह की कोठी से ऐसे बाहर निकले जैसे कोई बन्धक फिरौती की रकम देने के बाद अपहरणकर्ताओं के जाल से छूटकर बाहर निकलता हो। उनका दिल हुआ कि जीत सिंह से कहें, "यह तो सरासर अन्धेर है यार!" पर वे कुछ बोले नहीं, यही सोचकर कि अन्धेर नगरी में अँधेरा नहीं होगा तो और कहाँ होगा?...

रात-भर शर्माजी को नींद नहीं आई। बार-बार उठ-उठकर वे उस गीत के बन्द लिखते रहे जिसको लिखने का उन्होंने जीत सिंह के साथ वादा किया था।

सबसे बड़ी कठिनाई यह आई कि बार-बार आग उगलते शब्द कागज पर अंगारों की तरह बिखर जाते थे। अपनी हारी हुई विवशता को याद कर उनकी साँसें तेज हो जाती थीं। इन साँसों के साये में गीत के हाशिए पर एक कविता भी तैयार हो रही थी। गीत और कविता उनकी इस अँधेरी रात की कशमकश के दो किनारे थे। एक किनारे पर प्यार की असफलता के आँसू थे तो दूसरे किनारे पर वितृष्णा की आग जल रही थी। इन दोनों के बीच धँसकर वे मानो अर्द्धनारीश्वर बन गए थे।

जैसे-तैसे गीत और कविता तैयार हुई तो उन्होंने एक खत लिखा :

प्रिय जीतू,

जिस मकसद से मैं यहाँ आया था वह पूरा हो गया। बताकर जाता तो तू मुझे कभी न जाने देता। रात को जो गीत तैयार हुआ है मैं उसे पूरे अधिकारों के साथ दोनों बच्चों को समर्पित करता हूँ। जसबीरजी से हाथ जोड़कर मुआफी। किस्मत ने चाहा तो फिर मिलेंगे।

तुम्हारा पशमीना निशानी के तौर पर ले जा रहा हूँ।

तुम्हारा,
पण्डित

बाहर निकले तो आसमान में मद्धम-मद्धम तारे चमक रहे थे। दूर कहीं कुत्तों के भौंकने की आवाजें उठ रही थीं। पास के खेतों से घर-घर की आवाज भी सुनाई दे रही थी। शायद कोई किसान ट्रैक्टर से वाही कर रहा था। एक तरफ कोई गाय रम्भा रही थी, उसके दूध चोने का समय हो गया था। इक्का-दुक्का चिड़ियाँ भी जागकर आपस में चुहलबाजी करने लगी थीं। इन सबको छोड़ धीरे-धीरे चलकर वे सीधे पण्डितों की बगीची के पास पहुँचे।

बहुत देर तक वे बगीची को उजाड़कर बनाई गई बिल्डिंग के ताला लगे फाटक के बाहर खड़े होकर देखते रहे। याद करते रहे कि इस बगीची में किस-किस तरह के पेड़ थे। एक चम्पे का भी पौधा था, जिसकी सुगन्ध दूर-दूर तक फैलती थी। माँ एक फूल को पानी के घड़े में डालकर ढक देती थी और जब ढक्कन उठाती थी तो सारा घर ही नहीं पूरा मोहल्ला महक से भर जाता था। माँ के अपने बदन की भी एक महक थी जिससे बूढ़ों से लेकर बच्चों तक का जीवन महकता रहता था। बहुत देर तक शर्माजी को अपनी माँ के सुकर्मों की याद आती रही। उस याद में बड़ी बहनों के चेहरे भी चमकते रहे। फिर सहसा तीखी आवाज के साथ एक तीखी रोशनी उन पर आ गिरी। एक ट्रैक्टर शायद पशुओं का चारा बेचने समाना जा रहा था। निवेदन करने पर चालक ने उन्हें अपने पासवाली ऊँचाई पर बिठा लिया और खेतों की आक्सीजन से भरी हवा में स्नान करते वे समाना पहुँच गए।

समाना से बस में बैठकर पटियाला। पटियाला से रेल में बैठकर नाभा। नाभा में बैंक से पैसे निकलवाए और फिर रेल में बैठकर अम्बाला छावनी। यहाँ से काठगोदाम का टिकट कटाकर शाम की गाड़ी से सीधा नैनीताल। इस सारे सफर में एक बात से उन्हें आश्चर्य हुआ, शरीर से वे पूरी तरह से स्वस्थ रहे। शायद इसलिए कि सक्रियता ने उनकी मांसपेशियों को खोल दिया और मानसिक व्यस्तता ने अकेलेपन से पैदा होनेवाली खिन्नता भी हर ली। इसके अलावा उन्होंने अपने तन और मन दोनों में एक मजबूती महसूस की जो किसी बड़े लक्ष्य को पानेवाले लोगों में होती है। उन्होंने महसूस किया वे किसी भी काम में लगने के लिए पूरी तरह से फिट हैं। इसके साथ ही किसी पहाड़ पर पहली बार जाने का लड़कपनी उत्साह भी उन्होंने अपने अन्दर महसूस किया जो निहायत जरूरी था। जरूरी यह भी था कि वे अपने दिल को मजबूत समझें और इस सारे क्रियाकलाप में उनके दिल ने उन्हें एक बार भी कमजोरी नहीं दिखाई।

जिस खचाखच भरी रिजर्व बर्थ पर टी.टी. की सहायता से शर्माजी ने अपने लिए सीट बनवाई उसके सामनेवाली बर्थ पर पहले से ही एक बहुत ही खूबसूरत और आधुनिक औरत विराजमान थी। औरत के साथ दो बच्चे भी थे। शरीर की गठन और उम्र को देखते हुए लगता नहीं था कि ये बच्चे उसी के हैं। पर थे उसी के,

क्योंकि वह उनके साथ ममतामयी हँसिनी की तरह पेश आ रही थी और उनके लिए शाम को भी पूरी बर्थ को रात की तरह सुरक्षित किए हुए थी।

शुरू-शुरू में तो शर्माजी को यही लगा था कि उसकी उपस्थिति से ही पूरे कम्पार्टमेंट में खुशबू-सी फैली हुई है, पर जल्द ही यह रहस्य खुल गया कि खुशबू का कारण वह नहीं बल्कि उसकी सम्पन्नता को उजागर करते सामान के साथ पड़ी फलों की एक टोकरी है। टोकरी पर अब भी एक छोटी-सी चिट लटक रही थी जो उसके सामूहिक भेंट होने का प्रमाण पेश कर रही थी।

छोटी बच्ची एक खूबसूरत जापानी गुड़िया की तरह थी जो गाल पर हथेली रखे मस्त नींद सो रही थी। लड़का बिलकुल आकर्षक नहीं था। शायद अपने बाप पर गया था। वह खिड़की के पास बैठा कोई किताब पढ़ रहा था। औरत इन दोनों शावकों के बीच बैठी हिरणी की तरह चौकन्नी थी।

पैसेज से निकलनेवाला हर शख्स उसे एक नजर देखता जरूर था। औरतें भी उसे हैरत से निहारतीं। कोई मनचला जवान किसी बहाने ज्यादा देर तक खड़ा रहना चाहता तो वह थोड़ी परेशानी महसूस करती। पहले तो सवालिया नजरों से एकटक उसकी तरफ घूरती, इस अन्दाज में कि यह कोई खड़ा होने की जगह है? खड़ा होनेवाला फिर भी ढीठ बना रहता तो चेहरे पर तनाव लाकर बच्ची पर झुक जाती और बड़े ही दुलार के साथ कभी उसके बाल तो कभी पीठ सहलाने लगती, पर कनखियों से नजर उस ढीठ आदमी पर ही रहती।

आदमी हट जाता तो वह धीरे-धीरे नार्मल हो जाती। बच्ची को छोड़ कीमती साड़ी पर बने कासनी रंग के फूलों के साथ नजरों से खेलने लगती। या सोने की ढेर सारी चमकदार चूड़ियाँ कलाई पर इधर-उधर खिसकाने लगती। बिलकुल वैसे ही जैसे गिनती सिखानेवाले खिलौने की गोलियों को बच्चे इधर-उधर खिसकाते रहते हैं। बीच-बीच में थमकर सहसा वह अपने कटे बालों को बड़े ही नखराना अन्दाज से झटकती। झटका खाकर बाल, धक्का खाकर आलिंगित होती भीड़ की तरह आपस में गुँथ जाते पर फौरन ही रेशम की डोरों की तरह अलग-अलग होकर गालों तक बिखर आते। वह उन्हें लम्बी-लम्बी सुडौल उँगलियों से बड़े प्यार से सहलाती। उसकी बड़ी-बड़ी आँखों के नीलिमा-भरे शीशों में यह भाव झलकता साफ दिखाई देता कि उसे दूसरी बहुत सी चीजों की तरह अपने बालों पर भी नाज है और इस नाज में वह बाकी की दुनिया को बेहद कमजोर और अदनी समझती है।

शर्माजी के मन में उससे बात करने की ललक जाग उठी। हालाँकि सफर में किसी से बात करने के लाख बहाने होते हैं, पर शर्माजी ऐसा बहाना ढूँढ़ने लगे जिससे बात थोड़ी तूल पकड़े और उस औरत की भी उसमें दिलचस्पी पैदा की जा सके। बहाना शर्माजी को सूझ भी गया। सोचा, बात इस सवाल से शुरू की जाए कि टोकरी में पड़े सेबों की खुशबू से सारा डिब्बा महक रहा है, आप इन्हें कहाँ

से लाई हैं? अगर उसने सही ढंग से जवाब दिया तो बात आगे भी बढ़ सकती है, इस आधार पर कि आज के खतरनाक जमाने में आप बिना किसी मर्द को साथ लिए अकेली सफर कर रही हैं, आपकी हिम्मत को दाद मिलनी चाहिए।

शर्माजी अभी अपने आपको तैयार ही कर रहे थे कि अचानक दरवाजों के पास जमी भीड़ में से निकलकर एक मजदूर-सा लगनेवाला बूढ़ा आदमी आगे बढ़ आया और अल्यूमिनियम का टिफन एक तरफ रखकर औरत की बर्थ के किनारे बैठ गया।

बूढ़े पर निगाह पड़ते ही औरत का लम्बे-लम्बे नाखूनोंवाला दायाँ हाथ सीधा फैल गया। बीच की उँगली से उठने का इशारा करती हुई वह भन्नाई, ''ए मिस्टर! क्यों, क्या बात है?''

''रेलवे डपाटमेंट का आदमी हूँ बहनजी, अगले टेशन पर उतर जाऊँगा।'' बूढ़े ने सफाई दी और छाती ठोंककर अपनी बात के सही होने का यकीन दिलाना चाहा।

''नहीं-नहीं, किसी दूसरी जगह पर जाकर बैठो, यह रिजर्व बर्थ है।'' अब औरत पूरे हाथ से उठने का इशारा कर रही थी।

बूढ़े को भी शायद रेलवे का आदमी होने का नाज था। उसने तर्क किया, ''दिन में तो स्लीपर बैठने के काम आते हैं। थोड़ी देर की तो बात है, बस अभी उतर जाऊँगा।''

''मैंने कह दिया ना! यहाँ नहीं बैठ सकते। उठो यहाँ से! चलो!'' गुस्से में औरत का चेहरा तमतमा उठा।

शर्माजी को लगा जैसे उसकी आवाज का उसके सुन्दर शरीर के साथ रत्तीभर भी कोई ताल्लुक नहीं है। यह सब वह खुद नहीं बोल रही बल्कि उसके अन्दर की कोई दूसरी क्रूर और बदसूरत औरत बोल रही है।

पैसेज की दीवार के साथवाली बर्थ पर सजे दो मनचले-से आदमियों ने भी उस औरत का साथ दिया, ''ठीक कह रही है भाई! रिजर्व सीट है। औरत अगर ना चाहे तो उसकी रिजर्व सीट पर कोई नहीं बैठ सकता। तुम्हें कहीं और बैठ जाना चाहिए!'' शर्माजी के साथ बैठे आदमियों ने भी स्वीकारात्मक सिर हिला दिया।

दूसरों की आवाजों और सिरों ने बूढ़े का डिपार्टमेंट का नाज खतरे में डाल दिया। उसने बेमन से अपना टिफन उठाया और हड़ियल चेहरे पर कुछ सोचने का-सा भाव लेकर उठ गया। कुछ देर आँखों में कड़वाहट भरकर वह मनचलों की लिजलिजी हरकतें भाँपता रहा, फिर ''चलो हमें क्या लेना-देना है।'' जैसा कोई भाव चेहरे पर लेकर वहाँ से हट गया।

बूढ़े के चले जाने के बाद भी औरत काफी देर तक भुनभुनाती रही, ''पता नहीं कहाँ से आ जाते हैं। इडियट! इतनी-सी समझ तो होनी ही चाहिए कि यह रिजर्वेशन का कम्पार्टमेंट है! हर ऐरा-गैरा इस जगह घुसने लगा तो रिजर्वेशन का

मतलब?"

मनचलों ने फिर उसका समर्थन किया, "सा...ब कुछ गड्डमड्ड हुआ पड़ा है। ला एण्ड ऑर्डर का तो कहीं नामोनिशान तक नहीं है। पता नहीं इस देश का क्या होगा! ऐसा तो कभी नहीं देखा था!

औरत ने उनकी तरफ कोई ध्यान नहीं दिया। उसने टोकरी में से अंग्रेजी की एक मैगजीन निकाली और उसके पन्ने पलटने लगी।

दो आदमियों के एकसाथ उठ जाने से शर्माजी भी खिड़की के साथ पीठ सटाकर थोड़ा टेढ़े हो गए और औरत से बात करने का मोह छोड़ अपने कागजी खोल में समा गए। अचानक उन्हें रात रची कविता याद हो आई। उन्होंने झोले से उस कविता को बाहर निकाला और उसे ध्यानमग्न होकर पढ़ने लगे :

लो, मरणासन्न आदमीयत की
चिता तैयार होने लगी है

पतझड़ में पूरे पेड़ पर
बचा मात्र एक पत्ता
फूलों की याद में
पतपता रहा है।

अच्छी नींद बड़े जतन से आती है
कभी न जागने का बलिदान देकर

छतनार पेड़ की फटी हुई छतरी
उसी के नीचे
धारासार बारिश का
अल्हड़पन झेलते हुए हम
लुभाती है इस वक्त हमें
बदहाली की परवान चढ़ी जवानी

पेड़ों के ठूँठ कंकालों से
अटे पड़े हैं अहिंसक मन्दिर
सभ्यजनों की आलीशान कोठियाँ
वातानुकूलित कुर्सियों के नीचे
जाले बुन रही है क्रूर नीति

विडम्बना तो पूरे हजूम की है
जला रही आग को जो
जल रही कहता है

लो, चिता पर चढ़ने को तैयार है
हजूम की गैरत
आत्महन्ता होने के बाद जो
रामराज्य का सपना ले रही है।

अचानक डिब्बे के बल्ब भक् से जल उठे। पंखों की आंवाज भी थोड़ी तेज हो गई। ध्यान बँटा तो देखा, लोग बैठने की जगहों को सोने की जगहों में तब्दील करने की चिन्ता में कुलबुला रहे हैं। औरत भी अपने सामान को इधर-उधर सँभालने में लगी है। दो-तीन सूटकेस उसने बर्थ के नीचे खिसका दिए हैं। पानी से भरी बोतल हुक पर लटका दी है और सेबों की टोकरी ठीक शर्माजी के सिरहाने के नीचेवाली दीवार के साथ सटा दी है।

सहसा उसने शर्माजी को आदेश देने के लहजे में कहा, ''वो ऊपरवाली बर्थ हमारी है। आप उस पर चले जाएँ, यह बर्थ हमें दे दें!''

''क्यों?'' शर्माजी ने उसके चेहरे पर गहराई से देखा।

''मेरे साथ यह बच्ची है! ऊपर की बर्थ पर लेटकर मैं इसकी देखभाल नहीं कर सकती। सोते-सोते कहीं नीचे गिर पड़ी तो...''

उसकी ममता शर्माजी को तर्कसंगत लगी पर कुछ पल पहले उन्होंने उस औरत का जो रूप देखा था उसे जहन में रखते हुए उनके अन्दर भी जैसे कोई दूसरा कुरूप आदमी जाग उठा। उसे जवाब के इन्तजार में अपनी तरफ एकटक देखती देख शर्माजी ने अपनी मजबूरी जाहिर की, ''देखिए, मैं एक बीमार आदमी हूँ। मुझे ताजी हवा की सख्त जरूरत रहती है जो इसी बर्थ के सिरहाने लगी खिड़की से ही मिल सकती है।''

शर्माजी का नितान्त स्वार्थी उत्तर सुनकर औरत के चेहरे पर विकार की रेखाएँ उभर आईं। उसे विश्वास ही नहीं था कि कोई आदमी उस जैसी औरत की इच्छा और जरूरत को इस तरह के दकियानूसी तर्क से ठुकरा सकता है। उसके दाँत भिंच गए और चिथड़ा-चिथड़ा होकर कुछ शब्द थूक के छींटों की तरह शर्माजी के चेहरे पर आ गिरे, ''लग तो आप चंगे-भले रहे हैं। अगर बच्ची को नीचे गिरकर चोट लग गई तो कौन जिम्मेवार होगा? कुछ तो समझना चाहिए!''

शर्माजी ने इसका कोई जवाब नहीं दिया, उलटे अपनी बर्थ को सोने के काबिल बनाने में जुट गए।

"देखिए, मैं टी.टी. से कहकर अभी अपनी बर्थ चेंज करवा सकती हूँ, औरत का अधिकार है कि वह अपने लिए सुरक्षित जगह की डिमाण्ड करे।"

"ठीक है, आप टी.टी. को कहकर बर्थ चेंज करवा लीजिए।"

किनारे बैठे मनचलों में से एक ने दूसरे पर अँगड़ाई तोड़ते हुए फिर औरत का साथ दिया, "बदल लीजिए साहब, आपको तो कोई फर्क नहीं पड़ेगा, यह अपनी बच्ची की देखभाल कर लेगी। बच्ची बहुत छोटी है!"

शर्माजी ने उनकी सिफारिश का भी कोई नोटिस नहीं लिया। औरत हाथ में बेलबूटोंवाली कीमती चादर लिये झन्नाई-सी कुछ क्षण शर्माजी को बर्थ पर बेमतलब कपड़े और पशमीने को इधर-उधर खिसकाते देखती रही। फिर वह चुनौती की-सी भाषा में बोली, "तो आप उस बर्थ पर नहीं जाएँगे?"

शर्माजी ने औरत की आँखों में देखा, जिनमें कुरूपता का समुद्र ठाँठें मार रहा था। उनके मुँह से बस इतना ही निकला, "मैंने अपनी परेशानी आपके सामने रख तो दी है।"

"अच्छी बात है।" बोलकर औरत ने अपने दोनों हाथ शर्माजी के चेहरे के सामने इस तरह मटकाए कि एक हाथ उनकी नाक पर पड़ने से बाल-बाल बचा। यह करिश्मा दिखाकर वह हाथ की चादर को अपनी बच्ची की देह पर पटककर दरवाजों की तरफ निकल गई, लेकिन थोड़ी देर बाद लौट भी आई। टी.टी. इस डिब्बे में बड़ी देर से दिखाई नहीं दिया था। अपने हिस्से के कोटे से जितना लाभ उठा सकता था, उठाकर एकदम गायब हो गया था।

इसके बाद जब तक वह डिब्बे में रही, एक तनाव-सा, एक जहर-सा पूरी फिजा में घुला रहा। चाहे अच्छी हो या बुरी, शर्माजी की हर बात का औरत विरोध करती रही। बच्ची ने धूल से बचने के लिए अपने वाली खिड़की का पल्ला बन्द करना चाहा पर उसने मना कर दिया। इस व्यंग्य के साथ, "नहीं-नहीं, बन्द मत करो। ताजी हवा की सख्त जरूरत है, बीमार आदमी है।" चायवाले से चाय लेकर पूछा, "यहाँ बीमार लोगों के लिए दवाई नहीं मिलती, स्टेशन के आसपास?"

उधर दो-तीन कैबिन छोड़कर कोई टेपरिकार्डर पर बड़ी देर से पंजाबी के सस्ते हास्य-संवाद और टप्पे बजा रहा था। बीच-बीच में बहुत से छोकरों के हँसने और ठिठोली करने की आवाजें भी आती रही थीं। यही छोकरे इधर बार-बार बेमतलब चक्कर भी लगा रहे थे। औरत को यह सब कतई पसन्द नहीं आ रहा था। वह इसे कई बार जानवराना हरकतें और गुण्डागर्दी करार दे चुकी थी। लेकिन अब जब लोग सोने की कोशिश में जुटे थे, रिकार्डर बन्द करके कोई लड़का अपनी बेसुरी आवाज में देवी माँ की भेटें गाने लगा था और साथ में कोई दूसरा मुँह के तबले के साथ ट्रंक बजा रहा था। शायद ये सब किसी आजाद स्कूल के आजाद विद्यार्थी थे जो अनुभव अर्जित करने के लिए सामूहिक रूप से यात्रा पर निकले थे।

जब भेंटों के साथ दस-बारह लड़कों की तालियाँ भी गूँजने लगीं तो शर्माजी की सहनशीलता का भी बाँध टूट गया। उन्होंने जाकर लड़कों को प्यार से समझाया, "इस वक्त सब लोग सोना चाह रहे हैं, इसलिए आप लोग भी अगर गाना-बजाना बन्द करके सोने की योजना बना लें तो आपकी बड़ी मेहरबानी होगी।"

लड़के शर्माजी की बात मान गए और टेपरिकार्डर बजाने या भेटें गाने की बजाय बर्थों के बीच की जगह पर दो ट्रंक रखकर ताश खेलने लगे। पर औरत को शर्माजी की यह शरीफ मर्दानगी भी आपत्तिजनक लगी। वह अपने आपमें ही बड़बड़ाई, "बच्चे हैं, दो घड़ी हँस-खेल रहे हैं, उनको इस तरह जाकर डाँटना-फटकारना...बहुत बुरी बात है!"

शर्माजी से यही हो सका कि उन्होंने उसकी सेबोंवाली टोकरी पैर से खिसकाकर रास्ते के ठीक बीचोंबीच कर दी।

टोकरी खिसकने की आवाज सुनकर औरत उठ बैठी, "क्यों, यह क्या कर रहे हैं आप?"

"मैडम, आपके सड़े हुए सेबों की दुर्गन्ध पूरे दो घण्टे से सीधी मेरे नथुनों में घुस रही है, इसने मेरा साँस लेना भी हराम कर रखा है।"

"लेकिन बीच में तो नहीं रखना चाहिए, आखिर खाने की चीज है, खाएँगे सब लोग!"

वह बड़बड़ाती नीचे उतर आई और टोकरी को उठाकर रखने की कोई दूसरी जगह ढूँढ़ने लगी।

जगह नहीं मिली तो उसके माथे पर बारीक-सी रेखाएँ और रेखाओं में अबरक के कणों जैसी पसीने की बूँदें उभर आईं। आखिर इस मुसीबत में भी मनचले ही उसके काम आए। एक ने कहा, "आप यह टोकरी हमें दे दें, हम इसे एक किनारे रख लेंगे।"

औरत के जवाब की प्रतीक्षा किए बिना ही उन्होंने टोकरी उठाकर अपनी बर्थ के एक किनारे टिका ली और इत्मीनान की साँस ली जैसे औरत ही टोकरी के रूप में उनकी बर्थ पर आ गई हो।

टोकरी की तरफ से निश्चिन्त होकर वह नीचे की बर्थ पर पड़ी बच्ची के हाथ-पैर और चादर आदि को ठीक तरह से सँभालकर फिर बीच की बर्थ पर चली गई। लड़का शर्माजी से ऊपरवाली बर्थ पर सो गया था। सोने से पहले वह दुनियादारी से बेखबर रहकर या तो सेब कुतरता रहा था या किताब पढ़ता। ममी की किसी भी परेशानी के साथ जैसे उसका कोई रिश्ता ही नहीं था।

रह-रहकर औरत नीचे झुककर बच्ची को देखती। नीचे तक लटककर बच्ची का कपड़ा या स्लीपर के बाहर आ गया अंग ठीक करती। एक मनचले की नजरें उसी पर टँगी थीं। शायद उसको भी शर्माजी की तरह यह खयाल सोने नहीं दे रहा

था कि बच्ची की चिन्ता में बेचारी ठीक तरह से सो भी नहीं रही है।

एक बार तो शर्माजी के दिल में आया कि उठकर कहें—आप सचमुच में बहुत तकलीफ में हैं। ठीक है, आप नीचेवाली बर्थ पर चली आएँ, मैं ऊपरवाली पर चला जाता हूँ। पर पता नहीं शर्माजी के इस नेक खयाल को अन्दर के किस दबाव ने व्यवहार में नहीं आने दिया। हो सकता है रेलवे डिपार्टमेंट के उस बूढ़े आदमी की जगह उन्होंने अपने आपको ही महसूस किया हो और उस बेइज्जती के आलम को अभी तक भुला न सके हों या स्वाभाविक तौर पर उनकी प्रतिबद्धता में जो धनी लोगों की बेरहम तस्वीर बन गई हो वह भी यहाँ कारफर्मा हो रही हो। खैर वे इस खयाल से ही आश्वस्त हो गए कि उनके मन में औरत के प्रति सहानुभूति तो जागी है। इस खयाल ने उन्हें अपनी संवेदनशीलता के प्रति आश्वस्त कर दिया और वे चैन की नींद सो गए।

सुबह जब आँख खुली तो देखा, माँ-बच्चों की तीनों बर्थे खाली पड़ी थीं। मनचले भी अपनी बर्थ पर नहीं थे। इन बर्थों पर कब्जा जमानेवाला भी कोई नहीं था। उन्हें कोई ऐसा आदमी भी दिखाई नहीं दिया जिससे पूछें काठगोदाम अभी कितनी दूर है।

काठगोदाम पहुँचकर शर्माजी नैनीताल के लिए बस पकड़ेंगे। बस में उन्हें ऐसे आदमी की तलाश रहेगी जो बता सके कि नैनीताल से भीमताल कैसे जाना होगा और साथ ही भीमताल से मसाहा गाँव कितनी दूर होगा। वे गाँव पहुँचने से पहले ही विवेक मटियानी के बारे में भी ज्यादा-से-ज्यादा जानकारी लेना चाहेंगे जो हिजड़ों की फौज तैयार कर रहा है और इस क्रान्तिकारी मिशन के लिए शर्माजी जैसे प्रतिबद्ध आदमी की उसे सख्त जरूरत है।

कुहरे के पार नाचते हिजड़ों की भीड़

नैनीताल को शर्माजी ने मात्र एक पड़ाव के रूप में इस्तेमाल किया। सबसे पहले कुछ गर्म कपड़े खरीदे, उनके साथ ही पीठ पर लटकाया जा सकनेवाला एक वाटरप्रूफ बैग लिया। झील को उन्होंने दो पल खड़े होकर देखा-भर, जिसे प्रकृति ने अपने जलपान के लिए एक विशाल कटोरे के रूप में निर्मित किया था। लेकिन लोग उस पर मक्खियों की तरह भिनभिना रहे थे। नौकाओं से चीर रहे थे। खानपान से बची गन्दगी उसमें फेंक रहे थे। चप्पुओं से मथ रहे थे। पीट रहे थे। लहूलुहान कर रहे थे। मानो वह एक पहाड़ी शिकार हो और लोग उसे मारकर खा जाने की होड़ में लगे हों।...

अलबत्ता भीमताल तक पहुँचे लोग उन्हें ज्यादा सभ्य लगे। लोग तो ज्यादातर नैनीतालवाले ही थे लेकिन यहाँ आकर वे काफी शान्त हो गए थे। हो सकता है अब तक हुड़दंग मचाते थक गए हों या वातावरण की घनी शान्ति का कुछ अंश साँसों के साथ उनके रक्त में समा गया हो। ताल के बीचोंबीच उभरा एक छोटा-सा टापू मानो डूब रही किसी औरत का पानी से बाहर निकला सुन्दर हाथ था जिसे पेड़ों ने बड़ी ताकत के साथ थाम रखा था। लोग उस हाथ पर बैठकर खा-पी रहे थे या शान्त बैठकर पानी में उगे पेड़ों की पानी पर पड़ती छाया का करिश्मा देख रहे थे।

शर्माजी ने इनमें से कइयों के सामने जाकर अपने सवाल रखे पर किसी ने भी उन्हें कुछ नहीं बताया। बाहर से सामान लाकर सैलानियों को सर्व करनेवाले एक पहाड़ी युवक के पास पहुँचे, हाथ जोड़कर नमस्कार किया और मसाहा गाँव का रास्ता पूछा।

लड़के ने हाथ उठाकर एक आसमान छूते पहाड़ की तरफ इशारा कर दिया, "इसके पार है मसाहा!"

एक बार तो शर्माजी का दिल हुआ कि यहीं से वापस हो लें। सवाल आया पर जाएँगे कहाँ? चन्द्रमोहन के पास? बलबीर के पास? जीतू के पास? नहीं तो फिर कहाँ?...

उनके डगमगाते पांव उस पहाड़ की तरफ चल पड़े जिस पर उन्हें हरियाली नाम की कोई भी चीज दिखाई नहीं दे रही थी। थोड़ी सफेदी जरूर चमक रही थी जिस पर कोई पताका फहरा रही थी। उन्होंने अनुमान लगाया कोई मन्दिर होगा। निश्चित ही वह मन्दिर था जिसके दर्शन करने कुछ श्रद्धालु लोग उसी की तरफ जा रहे थे। शर्माजी भी उन श्रद्धालुओं के साथ चल दिए।

थोड़ी चढ़ाई चढ़ने के बाद ही श्रद्धालु हाँफने लगे थे, पर फिर भी वे जयकारे लगाते हुए आगे बढ़ रहे थे। शर्माजी ने इन श्रद्धालुओं से मसाहा के बारे में जानकारी चाही, पर किसी के पास भी उनको जवाब देने के लिए फुरसत नहीं थी। सब नाचते-गाते ढोल-मजीरे बजाते अपनी ही धुन में मस्त आगे बढ़ रहे थे। पहाड़ की चोटी मानो उनके लिए स्वर्ग थी और उस स्वर्ग को पाने की पवित्र यात्रा में वे अपने देवता के पवित्र नाम के सिवा कुछ भी बोलना नहीं चाहते थे।

लेकिन शर्माजी ने इस पहाड़ के पार जाना था। मन्दिर तक पहुँचकर पूजा-अर्चना करके लौटना उनका उद्देश्य नहीं था। थोड़ी थकान महसूस की तो वे पगडण्डी के किनारे पड़ी शिला पर बैठ गए। उन्हें इस खयाल से तसल्ली मिली कि अगर वे दिल के मरीज होते तो यहाँ तक चढ़ आना उनके लिए नामुमकिन था। पचास की पकी उम्र के बाद थोड़ी-बहुत थकान तो सभी को होती है, लिहाजा उन्हें भी हुई है। कोई बहुत बड़ी बीमारी उनको नहीं है, होती तो कब के लमलेट हो गए होते। खयाल के साथ ही उन्होंने दिल पर हाथ रखकर देखा। धड़कन बिलकुल ठीक लगी। दिल ठीक हो तो फिर काहे का फिकर? न मजबूत हो तो पलंग पर लेटे-लेटे ही...

यहाँ शर्माजी ने ताकत का एक कैप्सूल लिया और फिर शान्त भाव से मन्दिर की तरफ देखने लगे। साँप की तरह बल खाकर ऊपर जाती पगडण्डी पर रंग-बिरंगी पोशाकों में सजे श्रद्धालु धीरे-धीरे आगे खिसक रहे थे, मानो कोई रंग-बिरंगी धारियों से सजा अद्भुत नाग मस्त चाल से आगे बढ़ रहा हो। मन्दिर अभी बहुत ऊपर था और उस पर बड़ी पताका के साथ अब कुछ अन्य छोटी पताकाएँ भी हवा के वेग में फहराती हुई दिखाई देने लगी थीं। नीचे भीमताल था, प्रकृति द्वारा अपने जलपान के लिए बनाया गया एक दूसरा कटोरा और ऊपर सूखा पहाड़ था। पहाड़ की बगल में सूरज चमक रहा था। शर्माजी को अतिरिक्त खयाल आया कि मसाहा में भी यही सूरज चमकता होगा। सारी दुनिया में यही सूरज चमकता है लेकिन फिर भी कुछ जगहें ऐसी हैं जहाँ अँधेरे के सिवा कुछ नहीं है। क्या अँधेरा भी सूरज का ही एक हिस्सा है? क्या अँधेरा सूरज का मल है जिसे सूरज निष्क्रिय धरती पर

त्यागता है?...

शर्माजी इस फालतू से सवाल का जवाब ढूँढ़ ही रहे थे कि यहाँ भी उन्हें खानपुर की तरह की घण्टियों की आवाज सुनाई दी। गर्दन मोड़कर देखा तो सामान से लदी कुछ खच्चरें आ रही थीं और सबसे पीछेवाली खच्चर पर काठी डालकर बैठा एक आदमी इन सबकी निगरानी कर रहा था।

शर्माजी ने खड़े होकर खच्चरों को रास्ता दिया और आदमी जब पास आया तो उन्होंने हाथ खड़ा करके उसे रोक लिया।

"क्या आप मसाहा गाँव का रास्ता बता सकते हैं?"

"इस पहाड़ के पीछे बीस कोस दूर है मसाहा।" आदमी ने हाथ की छड़ी ऐसे उठाई मानो उससे मसाहा को छू रहा हो।

"वहाँ कैसे पहुँचा जा सकता है?"

आदमी ने पहले आवाज देकर खच्चरों को रोका। खच्चरें आवाज सुनते ही आज्ञाकारी मजदूरों की तरह जहाँ की तहाँ खड़ी हो गईं। अब आदमी बोला, "मसाहा में किसके यहाँ जाना है?"

"विवेक मटियानी के यहाँ।"

"पागल बाबा से आपको क्या काम है?"

"पागल बाबा?"

"मटियानी को पागल बाबा ही कहते हैं। उससे आपको क्या काम है?"

"वह मेरा दोस्त है।"

"दोस्त?" आदमी हँसने लगा।

शर्माजी समझ गए कि क्यों हँस रहा है, फिर भी पूछ लिया, "हँस क्यों रहे हैं आप?"

"वह तो हिजड़ों का दोस्त है। आप तो मुझे भले-चंगे...मेरा मतलब है, आपके घर में कोई..."

"नहीं-नहीं, ऐसी कोई बात नहीं है। मैं पत्रकार हूँ, उसकी इंटरव्यू लेने जा रहा हूँ। मेहरबानी करके आप वहाँ पहुँचने का बसीला बताइए।"

"मेरे पास सिर्फ एक खाली जानवर है। इस पर जाना चाहो तो पूरे डेढ़ सौ रुपए लगेंगे।"

"लेकिन आप?..."

"मेरी छोड़ो। डेढ़ सौ रुपए मंजूर हों तो इस पर आ सकते हो।"

शर्माजी खच्चर को और खच्चर शर्माजी को देखने लगे। आदमी ने उन्हें थोड़ी सख्ती दिखाई, "देख क्या रहे हो, जल्दी फैसला करो, और यह भी सोच लो आगे दो मील पैदल चलना पड़ेगा!"

"वह क्यों?"

"हम दुराली की तरफ मुड़ जाएँगे और आपको मसाहा के रास्ते पर छोड़ देंगे, जहाँ से मसाहा साफ दिखाई देगा।"

शर्माजी ने सिर झुका लिया। आदमी खच्च से नीचे उतर आया और शर्माजी अपने दोनों झोले उसको सँभालकर उसकी सहायता से खच्चर पर सवार हो गए।

आदमी ने झोले दूसरी खच्चर पर बाँधकर आवाज दी तो आज्ञाकारी पशु चलने लगे। आदमी शर्माजी की खच्चर के साथ पैदल चलने लगा।

चलते-चलते शर्माजी ने ऊँची आवाज में पूछा, "अपना नाम बताएँगे?"

आदमी कुछ देर खामोश रहा, फिर बोला, "अब्दुल बिस्मिल्लाह।"

"तो आप मुसलमान हैं!"

"क्यों, मुसलमान होना गुनाह है क्या?"

"बिलकुल नहीं। गुनाह तो जात के नाम पर दूसरों पर जुलम करना है।"

"आपने वजह फरमाया। जुलम करनेवाले इंसानियत के दुश्मन हैं।"

"लगता है इस इलाके में ज्यादातर मुसलमान बसते हैं।"

"साठ परसेंट मुसलमान हैं इस इलाके में।" अब्दुल की गर्दन गर्व से तन गई।

"बाकी चालीस परसेंट?"

"हमारे भाई हैं। भाइयों से भी बढ़कर हैं।"

"गुजरात के दंगों का कुछ तो असर हुआ होगा यहाँ?"

"अच्छा, गुजरात में दंगे हो गए? कैसे दंगे?"

"जैसे अक्सर इस देश में होते हैं।"

"सब लीडर करवाते हैं। इस मुल्क में शैतान लीडरों में वास करता है। पाकिस्तान और बंगलादेश भी इन्हीं शैतानों की खुराफात है। लीडरों को किनारे कर दो तो सब कुछ ठीक हो सकता है।"

"लीडरों को कौन किनारे करेगा?"

"अल्ला करेगा इनको किनारे। खुदा के घर देर है अन्धेर नहीं।"

शर्माजी ने आगे सवाल नहीं किया। समझ गए आदमी पाक-साफ है। लेकिन उन्हें थोड़ा सँभलकर जरूर रहना चाहिए। मीडिया की पहुँच आजकल कहाँ तक नहीं है? यह कैसे हो सकता है कि गुजरात का जहर यहाँ तक न पहुँचा हो। अब तो हर खबर पूरे नमक-मिर्च के साथ चटखारेदार नाश्ते की तरह चौबीस घण्टे उपलब्ध है।...

अचानक खच्चरों का काफिला ऊपर न जाकर नीचे की तरफ उतर रही पगडंडी पर उतर गया। अब्दुल कब काफिले को मोड़ने के लिए आगे पहुँच गया, उन्हीं खयालों में खोया होने की वजह से कुछ पता ही नहीं चला। अब वे सामने के दृश्य को देख रहे थे। गहराई के पार कुछ कुहरा-सा दिखाई दे रहा था और कुहरे के पार लग रहा था कुछ मुख्तलिफ है। इस जगह से मुख्तलिफ जहाँ वे काफी देर

से हिचकोले लेते हुए चल रहे हैं।

यकीनन एक बड़ा मोड़ काटते ही शर्माजी के सामने एक हरी-भरी घाटी थी और दूर कहीं से पानी धरती पर गिरने की आवाज आ रही थी। "क्या यह किसी झरने की आवाज है?" शर्माजी ने अब्दुल से पूछा।

अब्दुल थोड़ा तेज़ चलकर पास आ गया, "हाँ, ऐसे कई छोटे-बड़े झरने मिलेंगे हमें रास्ते में। पर मसाहा तक तो सिर्फ दो ही दिखाई देंगे।"

"लेकिन यह मन्दिरवाला पहाड़ तो..."

"इसलिए सूखा है कि इसको अभिशाप मिला हुआ है। यहाँ देवी के साथ एक राक्षस ने जबर्दस्ती करने की कोशिश की थी। देवी ने उसे अभिशाप देकर सूखा पहाड़ बना दिया। रात को लोग उस राक्षस की आवाज सुनतें हैं, पानी दो...पानी दो...। लोग इस मन्दिर पर आते वक्त पानी लेकर नहीं आते कि कहीं गलती से पहाड़ पर न गिर जाए और देवी माँ के अभिशाप के खिलाफ उनसे कोई अपराध न हो जाए।"

शर्माजी को अपने झोले में पड़ी मिनरल वाटर की बोतल का खयाल हो आया, पर उन्होंने इसको राज ही रहने दिया। हाँ, दूसरी खच्चर पर लटके झोले पर एक नजर जरूर डाल ली कि कहीं पानी रिस तो नहीं रहा।

घाटी में बह रही नदी के किनारे खच्चरें बिना आवाज दिए ही रुक गईं। अब्दुल ने सहारा देकर शर्माजी को नीचे उतारा और खच्चर का कंड़ियाला मुँह से निकालकर उसे चरने के लिए छोड़ दिया। बाकी की खच्चरें चूँकि कंड़ियाला हीन थीं इसलिए वे कंड़ियालावाली खच्चर को पानी पीकर चरती देख खुद भी पानी पीकर चरने लगीं।

स्वच्छ पानी कल-कल की आवाज के साथ बह रहा था। ओझल पत्थरों के साथ टकराकर उछलते पानी से उसकी गति का सहज ही अनुमान लगाया जा सकता था। कभी-कभी कोई मछली उछलकर आगे गिर जाती थी, इससे पता चलता था कि कुछ पानी किसी झील में से आ रहा है जिसकी स्थिरता में मछलियों को प्रजनन और फलने-फूलने का अवसर मिलता होगा। दूसरे किनारे पर घना जंगल साफ दिखाई दे रहा था, जिसमें उगे चीड़ के पेड़ एक-दूसरे से कद्दावर होने की होड़ लगाए हुए महसूस हो रहे थे। नदी पार कुछ नील गाएँ पानी ग्रहण कर रही थीं, उनके बीच कुछ चिंकारे भी नजर आ रहे थे। कुल मिलाकर सारा दृश्य अद्‌भुत था जो शर्माजी ने टीवी पर तो जरूर देखा था लेकिन साक्षात् रूप में देखने का अवसर पहली बार मिला था।

अब्दुल ने एक खच्चर पर से झोला पहले ही खोल लिया था। उसने झोले में से निकालकर कपड़ा जमीन पर बिछाया और घुटनों के बल बैठकर नमाज पढ़ने लगा।

नमाज पढ़कर उसने अल्यूमीनियम के लोटे में नदी से पानी भरा और फिर झोले से एक पोटली निकालकर उसे खोलते हुए शर्माजी से पूछा, "आप भी लेंगे कुछ?"

"क्या है?" शर्माजी ने पोटली की तरफ जिज्ञासा-भरी नजरों से देखा।

"सत्तू और गुड़, पहाड़ पर मेहनत करनेवालों के लिए बहुत काम की चीज है।"

"नहीं, मेरे पास पैटी और बिस्किट हैं।"

"ठीक है!" कहकर अब्दुल सत्तू फाँकने लगा और बीच-बीच में गुड़ के ढेले पर भी चक मारने लगा। जब उसे तसल्ली हो गई तो उसने सत्तू और गुड़ को पहले की तरह ही समेट-बाँधकर झोले में रख दिया। शर्माजी ने केवल बोतल का पानी ग्रहण किया।

अब अब्दुल ने खच्चर पर से हरे कपड़े में बँधा खोल उतारकर उसमें से दुनाली बन्दूक बाहर निकाली। शर्माजी को लगा कि अभी वह बन्दूक उनकी छाती पर रखकर कहेगा जो कुछ है मेरे हवाले करो। पर ऐसा नहीं हुआ। अब्दुल ने दुनाली साफ करके उसमें दो गोलियाँ डालीं और उसे झोले के सहारे खड़ी कर घास पर लेट गया।

शर्माजी उठकर उसके पास चले आए। उन्होंने दुनाली पर उँगलियाँ फिराते हुए सवाल किया, "बन्दूक या पिस्तौल का लाईसेंस आसानी से बन जाता है यहाँ?"

अब्दुल ने कुछ पल सोचा, फिर जवाब दिया, "यह खूँखार जानवरों से भरा जंगली इलाका है। इसमें हथियार के लिए लाईसेंस की जरूरत नहीं पड़ती। आपके पास खरीदने की ताकत होनी चाहिए बस।"

"आगे कुछ चोर-उचक्कों का भी डर होगा शायद?"

"नहीं, चोर-उचक्के इस इलाके में नहीं हैं। नदी पार करते वक्त मगरमच्छ से जरूर बचना होगा। इसके अलावा आगे के जंगल में कुछ लकड़बग्घों और भालुओं का भी डर है जो कई बार पालतू जानवर को जख्मी कर जाते हैं।"

"शेर और बाघ?"

"नहीं, इस तरह के बड़े जानवर इस जंगल में नहीं हैं। कभी-कभी गुलमोहर जरूर दिखाई दिया है।"

शर्माजी की नजर इधर की तरफ गई तो उन्हें कुछ घुड़सवार ऊपर-ही-ऊपर झरने की तरफ जाते दिखाई दिए। आदमी-औरतें-बच्चे सब विदेशी नजर आ रहे थे। देसी, घोड़ों के मालिक होकर भी घोड़ों की लगाम थामे गुलामों की तरह उनके साथ-साथ चल रहे थे। घोड़े एक-दूसरे के पीछे वैसे ही चल रहे थे जैसे छोटे आकार की पहाड़ी गाड़ी के डिब्बे एक-दूसरे के पीछे खिसक रहे होते हैं। फर्क सिर्फ इतना

था कि यह काफिला आवाजहीन था और इसके आगे से धुआँ भी नहीं निकल रहा था। एक मेम ने हाथ हिलाकर शर्माजी का अभिवादन किया पर उन्होंने इसका कोई जवाब नहीं दिया। वे बुत की तरह देखते भर रह गए, जैसे किसी ने उन्हें चिढ़ाया हो।

सहसा अब्दुल ने खच्चरों को आवाज दी तो सभी खच्चरें चरना छोड़ सचेत होकर खड़ी हो गईं। अब अब्दुल ने शर्माजी को उनकी खच्चर पर बिठाया, दुनाली कन्धे पर लटकाई और झरने की तरफ जा रहे घोड़ों के मालिकों की तरह लगाम थामकर नदी में उतर गए। उनके पीछे-पीछे सामान से लदी दूसरी खच्चरें भी एक-एक करके नदी में उतर गईं।

जो पानी उछल-उछलकर झाग छोड़ने की वजह से बड़ा डरावना लग रहा था वह वास्तव में ज्यादा खतरनाक नहीं था। सभी खच्चरें बड़े आराम से नदी पार कर गईं और जैसा कि अन्देशा था, किसी मगरमच्छ ने पास फटकने का साहस नहीं किया।

थोड़ी चढ़ाई चढ़ने के बाद खच्चरों का काफिला घने जंगल में से गुजरने लगा। अजीबोगरीब पेड़-पौधे, उन पर लगे हुए कभी भी न देखे हुए फल-फूल, पशु और पक्षियों की अजीबोगरीब आवाजें, कभी-कभी खच्चरों का चौकन्नी होकर ठिठक जाना, झाड़ियों में से किसी जानवर के फुदककर गुजरने की आवाज, किसी नेवले या बड़े आकार की गोह का रास्ता काटकर झाड़ियों में गायब हो जाना, इन सबको झेलते-सहमते अन्ततः शर्माजी ने चैन की साँस ली जब जंगल को पारकर अब खच्चरें बदन को तान-तानकर एक दूसरे पहाड़ की चढ़ाई चढ़ने लगीं।

सीधी चढ़ाई चढ़ते खच्चरें जब लगभग हाँफने लगीं तो अब्दुल ने आवाज देकर उन्हें विश्राम के लिए रोका। विश्राम करने के बाद खच्चरें फिर आगे बढ़ीं। पहले की तरह की लेकिन थोड़ी छोटी एक-दो नदियाँ और पार कीं। पहाड़ों की उतराई और चढ़ाई का भी सामना करना पड़ा। कई बार विश्राम भी किया। इसी तरह नजर आया कि सूरज एक दिशा से चलकर दूसरी दिशा में पहुँच गया है। पर अब्दुल था कि उसके चेहरे पर किसी थकान या परेशानी का नामोनिशान भी नहीं था। वह भी खच्चरों के साथ रहते खच्चर हो गया था क्या? खैर, अब जैसे अन्तिम बार उसने खच्चरों को रोका और बोला, "यह लीजिए जनाब, आपकी मंजिल आ गई। वो सामने रहा आपका मसाहा।"

सामने कुछ झोंपड़ियों में से धुआँ उठ रहा था। उसे मुँह उठाकर देख लेने के बाद शर्माजी नीचे उतर आए। अब्दुल ने उनके दोनों झोले खोलकर जमीन पर रख दिए। शर्माजी ने पर्स से निकालकर सौ और पचास के दो नोट उसकी हथेली पर रख दिए। अब अब्दुल शर्माजी की जगह खच्चर पर बैठ गया। उसने काफिले को चलने की आवाज दी और सलाम करके आगे बढ़ गया। कुछ देर तक शर्माजी

उसे जाते देखते रहे और फिर उनकी आँखें मसाहा जानेवाली पगडण्डी को देखने लगीं।

जिस झोंपड़ी पर विवेक आश्रम की पानीखाई लकड़ी की पट्टी लगी थी उसके सामने खड़ा होकर शर्माजी ने आवाज लगाई, "मटियानी साहब!"

आवाज सुनते ही कमीज-पाजामा पहने और हजामत करवाने लायक बाल लिये एक दस-बारह साल का लड़का बाहर निकलकर उनके सामने आ खड़ा हुआ, "गुरुजी तो इस समय समाधि में हैं!"

"इन्हें सम्मान के साथ अन्दर बिठाओ मेधावी!" सरकण्डों से छनकर गम्भीर आवाज बाहर आई।

शर्माजी मेधावी के पीछे जाकर एक पुरानी लकड़ी की जड़ से बनी चौकी पर बैठ गए। एक विचित्र-सी मूर्ति के सामने पद्मासन में बैठे विवेक मटियानी सचमुच में समाधिस्थ थे लेकिन सचेत भी क्योंकि शायद मेधावी के सिवा उनके विवेक आश्रम में कोई दूसरा प्राणी नहीं था जिसको वे आदेश देते।

शर्माजी को चक्कर आने को हुआ, क्योंकि विवेकजी ने पत्रों में उनके सामने विवेक आश्रम और उसकी योजनाओं की जो तस्वीर खींची थी यह तस्वीर बिल्कुल उसके उलट थी। खैर, विवेकजी के समाधि से मुक्त होने तक उन्होंने आश्रम के नाम पर बने मात्र एक झोंपड़े और उसके अधिष्ठाता का निरीक्षण करना शुरू किया।

साधुओं की तरह उलझे लम्बे बाल, उसी तरह की लम्बी दाढ़ी, बदन पर मटमैली, शायद किसी कबाड़ी की दुकान से खरीदी गई पुरानी फौजी वर्दी, दाएँ हाथ में पीतल का जंग लगा मोटा-सा कंगन और गले में बच्चों को नजर से बचाए रखने के लिए कमर में पहनाई जानेवाली तगड़ी। ये थी आश्रम के अधिष्ठाता की बानगी।

झोंपड़ी की दीवार पर एक तरफ बिना खोल की बन्दूक लटक रही थी और बन्दूक के पास ही काले रंग के विशालकाय भालू का सिर सजाया हुआ था। इसके पास ही तेज फालवाली कुल्हाड़ी लटक रही थी जिसकी बगल में आधे चन्द्रमा जैसी दो दरातियाँ चमक रही थीं। एक कोने में ढीली दबायनवाली एक खाट पड़ी थी जिस पर दो-तीन जगह से फटी एक अनधोई चादर बिछी थी। खाट के पास ही जमीन पर एक चटाई बिछी थी और चटाई के पास ही दो-तीन हथौड़ों के साथ तीन-चार छैनियाँ भी पड़ी थीं। कहीं-कहीं से झोंपड़ी के सरकण्डे जले हुए थे, मानो आग लगते ही पानी डालकर या किसी दूसरे तरीके से उसे बुझा दिया गया हो। झोंपड़ी के बाहर अपने नवजात बच्चे को साथ लिये एक पहाड़ी बकरी मिमिया रही थी। एक किनारे पर एक छोटा छप्पर डला था, जिसके नीचे चूल्हा बना था और चूल्हे के पास कुछ पुराने बर्तन, बेलना और चकला आदि पड़े थे।

समाधि टूटी तो विवेक मटियानी ने सबसे पहला काम बकरी को दोहने का

किया। बाहर से चूल्हे पर ताजे दूध की चाय बनाई और तीन गिलासों में भरकर एक घुनखाई तिपाई पर सजाकर बोले, ''अब बताइए, रास्ते में कोई तकलीफ तो नहीं हुई?''

शर्माजी ने कोई जवाब नहीं दिया।

''अच्छा, चायपान कीजिए, फिर बताइए कि यहाँ तक पहुँचे कैसे?''

शर्माजी ने फिर भी कोई प्रतिक्रिया नहीं दिखाई।

''मेधावी!''

''जी गुरुजी।'' लड़का दाईं मुट्ठी पर बाईं हथेली बाँधकर विवेक के सामने गर्दन झुकाकर खड़ा हो गया।

''चायपान करो।''

''जी गुरुजी।'' मेधावी ने चाय का गिलास उठाया और वहीं पालथी मारकर चायपान करने लगा।

''मैं जानता हूँ दिवाकरजी, फिलहाल आपको मेरी हालत देखकर यहाँ पधारने को लेकर अफसोस हो रहा होगा, लेकिन मैं विश्वास दिलाता हूँ कि जल्द ही यह अफसोस आश्वस्ति में बदल जाएगा। आज आप भोजन करके केवल विश्राम करेंगे। कल हम आपको अपनी वास्तविक योजनाओं से परिचित कराएँगे।''

इसके बाद विवेकजी मेधावी की तरफ उन्मुख हुए, ''मेधावी– आप भारतवर्ष के प्रतिष्ठित कवि हैं दिवाकरजी। मानवता के प्रति प्रतिबद्ध हैं और निष्ठावान भी। इनसे मुझे कारागार में भेंट करने का सुअवसर मिला था। इनको विश्राम कुटिया में पहुँचाइए और ध्यान रखिए, इनका आदर भी उसी प्रकार होना चाहिए जैसे होता है बसन्त आगमन का।''

''जी गुरुजी।'' मेधावी ने मुट्ठी पर हथेली रखकर दिवाकरजी का अभिवादन किया और फिर विनम्रतापूर्वक कहा, ''श्रीमन्, आप अपनी विश्राम कुटिया में चलने की अनुकम्पा दिखाएँ, रात्रि का भोजन भी आपको वहीं करना है।''

शर्माजी उठकर मेधावी के पीछे-पीछे चल दिए। कुछ दूर तक पेड़ों में से गुजरने के बाद सामने नदी दिखाई दी। नदी के किनारे कुछ झोंपड़ियाँ बनी थीं। एक झोंपड़ी का कपाट खोलकर मेधावी ने प्रार्थना की, ''आप विश्राम के लिए इस कुटिया का उपयोग कर सकेंगे।''

शर्माजी झुककर अन्दर गए। अन्दर लालटेन जल रही थी। सरकण्डे की दीवारों पर भाँति-भाँति के ताजे फूलों की मालाएँ लटक रही थीं। कहीं से रात की रानी की मन्द-मन्द महक आ रही थी। एक किनारे लकड़ी के स्टेंड पर पानी से भरी सुराही पड़ी थी। लकड़ी के तख्त पर कोमल शैया बिछी थी। नदी का पानी मानो सुलाने के लिए लोरी गा रहा था। हवा में जिजीविषा भर देने की अद्‌भुत शक्ति थी।

सब कुछ देखकर शर्माजी ने सन्तोष की गहरी साँस ली और कहा, "मेधावीजी, आज रात का भोजन मैं नहीं करूँगा। मुझे नींद आ रही है, सोना चाहूँगा। कहीं यहाँ मच्छरों का प्रकोप तो नहीं है?"

"मच्छर यहाँ पहाड़ पर बिलकुल नहीं हैं श्रीमन्। ठीक है, आप विश्राम कीजिए। यदि ज्यादा कम्बलों की आवश्यकता हो तो उस पेटिका में से ले लीजिएगा, कहें तो मैं निकालकर रख जाऊँ!"

"नहीं-नहीं, जरूरत होगी तो मैं स्वयं ले लूँगा। विवेकजी से मेरा शुभरात्रि कहिएगा।"

"जो आज्ञा!" बोलकर मेधावी जैसे पवन की चाल से चला गया। शर्माजी ने जैसे ही गुदगुदी शैया पर पीठ लगाई तो आँखें बन्द करते ही उन्हें नींद आ गई। लालटेन भी मेधावी को स्वयं आकर विदा करनी पड़ी।

सुबह आँख खुली तो एक गिलहरी शर्माजी के पेट पर बैठी थी। शर्माजी ने उसकी पीठ पर हल्का-सा हाथ फिराया तो गिलहरी भागी नहीं। शर्माजी को आश्चर्य हुआ कि कभी भी पालतू न बनाया जा सकनेवाला जीव भी यहाँ कितना निर्भय है। जरूर यह किसी दुर्लभ नस्ल की गिलहरी होगी जिसे पालतू बनाया जा सकता हो।

इसी समय कुटिया का फाटक खुलने की आवाज आई तो गिलहरी फाटक की ओर भागी। मेधावी को देखते ही गिलहरी उसके शरीर पर जा चढ़ी। मेधावी ने उसे कभी इस हाथ, कभी उस हाथ, कभी छाती, कभी सिर पर लेकर उससे प्यार जताया। ऐसा करते हुए मेधावी मधुर हँसी हँसता रहा और गिलहरी भी चिक्-चिक् की भाषा में कुछ बोलती रही।

यह सब करने के बाद मेधावी शर्माजी की तरफ उन्मुख हुआ, "आप नदी पर जाकर स्नान कर लीजिए, गुरुजी आपकी वहीं प्रतीक्षा कर रहे हैं।"

"नदी का पानी तो बहुत ठण्डा होगा।" शर्माजी ने दो कम्बलों को अपनी देह पर और भी ज्यादा सख्ती से लपेटते हुए कहा।

"कुछ पल ठण्डा जरूर लगेगा किन्तु बाद में आप अनुभव करेंगे जैसे अमृत में स्नान कर रहे हैं। फिर सारा दिन तरोताजा रहेंगे।"

"तुम, मेरा मतलब है आप नहा चुके हैं?"

"जी हाँ, मैं स्नान कर चुका। मुझे स्नान कर नदी पार से सूर्योदय से पहले ही पुष्प लाने होते हैं।"

"वह किसलिए?"

"पूजा-अर्चना के लिए। गुरुजी पूजा-अर्चना के बाद ही देह कर्म के लिए जाते हैं।"

"और नित्य-कर्म?"

"उसके लिए पास के जंगल में जाना होता है। आइए मैं आपको मार्ग दिखाता हूँ।"

शर्माजी मन न होते हुए भी कम्बल छोड़कर खड़े हो गए। स्नान के बाद पहनने के लिए कपड़े साथ लिये और मेधावी के पीछे-पीछे चल दिए। चलते-चलते शर्माजी ने मेधावी से पूछा, "प्यारे बन्धु, इस तरह की शुद्ध हिन्दी आपने कहाँ सीखी है?"

"गुरुजी ने सिखाई है। मेरा यह नाम भी गुरुजी ने ही रखा है, नहीं तो मेरा असल नाम गोविन्द दास है।"

शर्माजी को गिलहरी जैसा ही एक और आश्चर्य दिखा। उनके मन में एक और सवाल उठा, इस पागल बाबा के मन में राष्ट्रभाषा के प्रति इतना स्नेह और आदर है?...

ऐसे ही कई सवालों के साथ चलते नित्यकर्म से निपटकर उन्होंने नदी में मुँह-हाथ धोया। पानी के बर्फीलेपन को महसूस कर नहाने के लिए उनकी हिम्मत नहीं हुई। इसके बाद उन्हें विवेकजी की कुटिया में पहुँचाया गया।

विवेकजी कल की ही तरह समाधि में लीन थे। सामने की अपरिचित देवी के सामने ताजे फूलों के बीच अगरबत्ती धुआँ छोड़ रही थी। सारी कुटिया उसकी सुगन्ध से महक रही थी। दो गिलहरियाँ यहाँ भी आजादी से घूम रही थीं।

समाधि से निपटकर विवेकजी ने पहला सवाल किया, "स्नान कर लिया क्या?"

"जी नहीं।" शर्माजी के कथन में संकोच था।

"क्यों?"

"इतने ठण्डे पानी से स्नान करने की आदत नहीं है मेरे शरीर को।"

"आदत!" विवेकजी मूर्ति की तरफ दोनों हाथ जोड़कर बैठे-बैठे ही शर्माजी की तरफ मुड़ गए। "इस देह को जैसी आदत डालो डल जाएगी। मन के विरुद्ध और बुद्धि के पक्ष में चलाया जाना चाहिए इस देह को। इसी को देहधर्म कहते हैं। देहधर्म के बिना उच्चतम विचार तत्त्व बिलकुल वैसा ही है जैसे जठराग्नि के बिना खाद्य पदार्थ। कल्पना या विचार की सत्यता केवल देह के माध्यम से ही परखी जा सकती है। जो विचार देह के माध्यम से व्यवहार में नहीं लाया जा सकता वह मिथ्या है, वायवी है, किताबी है, मनुष्य जीवन के लिए उसकी कोई उपयोगिता नहीं है।"...

"चलिए पहले सुबह का नाश्ता करके देह को धर्म करने योग्य बनाएँ और फिर देह को किसी ऐसे कर्म में लगाएँ जो सम्पूर्ण देहधारियों के लिए लाभकारी हो। देह का अपने आपको शक्तिसम्पन्न करना और फिर शक्ति को देहधारियों के हित में संलग्न करना, यही देहधर्म का मूल मन्त्र है और इसी में इस धरती का कल्याण निहित है।"...

शर्माजी को लगा जैसे टीवी के आस्था चैनल पर कोई धर्मप्रचारक बोल रहा है और शेष कल लिखकर खड़ा हो गया है।

उनके मन में कई सवाल आए। विरोधी तर्क भी आए, पर अभी उन्होंने अपने आपको समझने तक ही सीमित रखना बेहतर समझा। वे कुछ करने आए हैं, करते हुओं को निरुत्साहित करने नहीं। ठीक लगा तो सहयोग देंगे, नहीं तो इतनी बड़ी दुनिया पड़ी है, कहीं और सही। नाभा में अपना घर तो है ही। बलबीर के साथ वे साथ न रहने की तरह रह सकते हैं, जैसे आज तक रहे हैं। कीचड़ में रहनेवाले कमल की तरह।...

पलभर में शर्माजी ने विचारों की यह यात्रा कर ली और जैसा कि विवेकजी ने आदेश दिया था, उठकर उनके पीछे-पीछे चल दिए।

शर्माजी को दिखाया गया कि नदी के किनारे काफी ऊँचाई पर पन्द्रह-बीस झोंपड़ियाँ या पत्थर और मिट्टी को कूटकर बनाए गए मकान खड़े हैं। ये एक-दूसरे से काफी दूर-दूर हैं और इनमें बसनेवाले अपनी-अपनी थोड़ी-थोड़ी जमीन होकर भी गुजारे के लिए अपना-अपना धन्धा करते हैं। कोई लुहार है, कोई चमार है, कोई दर्जी है, किसी की छोटी सी दुकान है, जिसमें सब कुछ मिलता है, एक महोदय सप्ताह में एक बार भीमताल डाकखाने से डाक लाकर आसपास के गाँवों में बाँटते हैं, एक नीचे नदी के तेज बहाव के पास अनाज पीसने की चक्की चलाते हैं, एक-दो खच्चरों पर अब्दुल बिस्मिल्लाह की तरह सामान ढोने का काम करते हैं और कोई पैसे देनेवाला मिल जाए तो खच्चर की सवारी कराकर भीमताल तक छोड़ भी आते हैं। इन्हीं में से एक हैं पागल बाबा जो अपना विवेक आश्रम चलाते हैं। इन सबको मिलाकर बनता है मसाहा गाँव जिसका दुराली गाँव के साथ भी बहुत गहरा ताल्लुक है।

सबसे ज्यादा झोंपड़ियाँ और जमीन पागल बाबा के पास है और लोगों का अनुमान है कि सबसे ज्यादा पैसा भी उसी के पास है जो वह नीचे से कमाकर लाया है। पागल बाबा जो हिजड़ों और वेश्याओं के बच्चों का संगठन बनाना चाहता है उसके लोग पक्ष में नहीं हैं। भगवान या खुदा के सामने किसी का बस नहीं चलता। उसके कामों में टाँग अड़ानेवाला नष्ट हो जाता है। हिजड़ापन और वेश्या के घर पैदा होना भगवान या खुदा का दिया हुआ दंड है, उसमें मीन-मेख निकालने से खुदा नाराज होगा और अगले जन्म में हिजड़ा बनाएगा या वेश्या के घर जन्म लेगा, ऐसा इन लोगों का मानना है। विवेक जब इन लोगों को समझाने की कोशिश करते हैं कि यह मान्यता उचित नहीं तो लोग खी-खी करके हँसने लगते हैं और पागल का प्रलाप समझकर आनन्द लेते हैं। लेकिन विवेक का दृढ़ विश्वास है कि एक-न-एक दिन लोगों को सद्बुद्धि जरूर आएगी और लोग उसका साथ देने के लिए आगे आएँगे।

मसाहा गाँव के भिन्न-भिन्न जाति और धर्म के लोगों का गुजारा वर्षा पर निर्भर जमीन पर और जंगल की लकड़ी और जड़ी-बूटियों पर होता है। नदी की मछलियाँ भी इनका बहुत बड़ा सहारा हैं। सबसे बड़ा सहारा हैं भेड़ और बकरियाँ जिनका छोटा या बड़ा रेवड़ लगभग हर घर की जायदाद है। बच्चों की शादी भी इसी जायदाद को देखकर होती है। कभी-कभी इन लोगों को वोट डालने होते हैं, उससे भी कुछ मदद मिल जाती है। दो-चार दिन जश्न रहता है। इस सबको सरपंच जाने, जो कई गाँवों का मालिक होकर दुराली गाँव की एक पक्की हवेली में रहता है। पागल बाबा के साथ उसकी नोक-झोंक चलती रहती है। वह पागल बाबा का दूर का रिश्तेदार है इसलिए मसाहा की जमीन को लेकर कहासुनी होती रहती है। मसाहा और दुराली के लोगों को इससे कुछ लेना-देना नहीं है। दोनों बड़े आदमी हैं, आपस में निपटें, लोगों को अपने ही धन्धों से फुर्सत नहीं है। हाँ, दुराली में एक छोटा स्कूल है, जो सरपंच ने बनवाया है। मसाहा के बच्चे भी वहीं पढ़ने जाते हैं।

कभी-कभी दुराली में मेला लगता है। आसपास के लोग उसमें खुलकर भाग लेते हैं। नाच-गाने होते हैं, करतब दिखाए जाते हैं, बकरे की बलि दी जाती है। इलाके का विधायक और सांसद इस मेले में आते हैं। तभी जनता अपने शासकों के दर्शन करती है। कुल देवता के साथ अपने राजा के दर्शन करके लोग निहाल हो जाते हैं और अपने लिए जरूरी सामान खरीदकर घर चले आते हैं।

नाश्ते से पहले थोड़ी दूर तक घुमाकर विवेक ने शर्माजी को जो इस क्षेत्र की जानकारी दी, यह उसका निचोड़ है। निचोड़ यह भी है कि अगर यहाँ की जमीन के लिए किसी तरह पानी का प्रबन्ध हो जाए तो जमीन सोना उगलने लगेगी और लोग कहीं-से-कहीं पहुँच जाएँगे। विवेक का पागलपन यह करके रहेगा चाहे उसे कितनी भी जिल्लत क्यों न उठानी पड़े।

अब वे नाश्ता या भोजन करने की अलग कुटिया में थे। धरती पर बिछी चटाइयों पर बैठकर शर्माजी ने विवेकजी के साथ केले के पत्तों पर परोसे दाल-चावल और ताजे फलों का सेवन किया। परोसने का काम दो अर्द्धनारीश्वर कर रहे थे, जिनके वस्त्र तो नारियों के थे पर चेहरे की बनावट-दिखावट पुरुषों की। ये आधे पुरुष भी मेधावी की तरह ही शुद्ध हिन्दी बोल रहे थे।

शर्माजी को यहाँ सब कुछ विचित्र लग रहा था, यहाँ तक कि विवेकजी के विचार भी। देहधर्म का जो रूप उन्होंने विवेकजी के पत्रों से समझा था यहाँ पहुँचकर वह काफी बदल गया था। यह बदलाव शर्माजी की समझ से परे था। उनके दिमाग में तो यही था कि किसी रचनाकार को अपनी रचनाओं में व्यक्त किए विचारों को अपनी देह से जीने की कोशिश करनी चाहिए, यही देहधर्म का मूलमन्त्र है, और इसी मन्त्र की छाया में कर्म करने के लिए विवेकाश्रम पहुँचे थे। पर यहाँ तो विचार के लिए कोई स्थान नहीं था, जो कुछ भी था सिर्फ देह ही थी और उसके द्वारा

किया जानेवाला कर्म देहधर्म था। देहधर्म के इस स्थूल रूप को लेकर शर्माजी काफी परेशान थे और इस परेशानी से मुक्त होने के लिए उन्होंने जो रास्ता चुना था उससे भी बहुत ज्यादा सन्तुष्ट नहीं थे। वे विवेकजी से कुछ और गहराई से बात करना चाहते थे। चाहते थे कि उनको भी गम्भीरता से सुना जाए और उनकी आशंकाओं का भी जवाब मिले।

अपनी मानसिक छटपटाहट में शर्माजी विवेक के सामने एक गहरा सवाल रखना ही चाहते थे कि इसी समय मेधावी कन्धे पर कुछ औजारों से भरा थैला लिये उपस्थित हो गया। उसे देखते ही विवेकजी ने शर्माजी से पूछा, "हम नदी पार जा रहे हैं देहधर्म के लिए, आप क्या हमारे साथ जाना पसन्द करेंगे?"

"जरूर!" कहकर शर्माजी खड़े हो गए। सोचा, दूसरी विचित्रताओं की तरह नदी पार की विचित्रता को भी देख लिया जाए, हो सकता है उसमें ही उनकी जिज्ञासाओं का कोई समाधान हो।

कुटिया से निकलकर तीनों नदी के किनारे पहुँचे। यह नदी दूसरी नदियों की तुलना में काफी शान्त थी। सबसे पहले मेधावी आगे बढ़ा और थैले को दोनों हाथों पर उठाकर नदी पार कर गया। फिर विवेकजी ने शर्माजी के एक हाथ को अपने हाथ का सहारा देकर नदी पार की। थोड़ा समतल चलने के बाद एक पहाड़ी की सीधी चढ़ाई चढ़कर पार किया तो सामने का दृश्य देखकर शर्माजी अभिभूत हो उठे। सामने दूर तक उतराई थी और उस उतराई पर सीढ़ियों की तरह खेत बने थे। खेतों की खास बात यह थी कि उनमें नाममात्र को भी हरियाली नहीं थी।

विवेकजी ने उँगली उठाकर कहा, "ये सारे खेत सिर्फ वर्षा पर निर्भर हैं। इस साल वर्षा नहीं हुई तो सारे खेत खाली पड़े हैं। मैं इन खेतों के लिए पानी का प्रबन्ध करने का प्रयास कर रहा हूँ, और इन्हीं खेतों में वह सामने है हमारा विवेकाश्रम। इसी आश्रम के साथ हमारी भावी योजनाएँ जुड़ी हैं और आपकी इस आश्रम को सख्त जरूरत है।"

शर्माजी ने विवेकजी की उँगली की तरफ देखकर फिर पहाड़ी ढलानों की तरफ देखा, पर उन्हें आश्रम नाम की कोई चीज दिखाई नहीं दी। हाँ, छोटे टुकड़ों के बीच भूमि का एक बड़ा सा टुकड़ा जरूर दिखाई दिया, इतना बड़ा कि उन्हें चण्डीगढ़ मन्दिर के सामने का वह पार्क याद आ गया जहाँ बच्चे बिना किसी रुकावट के क्रिकेट खेलते और गुद्दामस्ती करते थे। जमीन में कुछ छोटे-बड़े पत्थर पड़े थे और उनके बीच भूरे रंग की जंगली झाड़ियाँ लहलहा रही थीं। विचार आया, लोग विवेक को जो पागल बाबा कहते हैं, निश्चित ही ठीक ही कहते हैं।

अब विवेक आगे बढ़े। शर्माजी और मेधावी भी उनके पीछे-पीछे आगे बढ़े। चढ़ाई कठिन थी। विवेक ने थोड़ा रुककर शर्माजी का हाथ थाम लिया। शर्माजी को वह हाथ कुछ ज्यादा ही मजबूत लगा। वे मानो उस हाथ के ही बल के सहारे

ऊपर की तरफ उछलते चले गए।

चोटी पर पहुँचकर विवेक सामने की घाटी की तरफ मुँह करके खड़े हो गए। घाटी में बादलों का सफेद कुहरा भरा था। तेज हवा से विवेकजी के लम्बे बाल उड़ रहे थे। दाढ़ी भी अलग-अलग दिशाओं में उड़-फहरा रही थी। विवेकजी ने अपनी उँगली कुहरे की तरफ उठा दी, "देखो शर्मा, देखो, यहाँ से तुम्हें पूरा हिन्दुस्तान दिखाई देगा।"

शर्माजी ने चोटी पर से कुहराई घाटी की तरफ मुँह करके देखा, पर उन्हें कुछ नजर नहीं आया। उन्होंने विवेकजी की एकटक खुली आँखों की तरफ देखा। कुहरे की तरफ उठी उनकी उँगली की तरफ देखा। विवेकजी की ऊँची पगलाई आवाज पूरी घाटी में गूँज रही थी :

"देखो शर्मा देखो, गंगा के दोनों तटों पर हिजड़ों का मेला लगा है। सजे-धजे हिजड़ों का। हिजड़े जोर की तालियों के साथ हिजड़ों का स्वागत कर रहे हैं। नेता हिजड़े, अभिनेता हिजड़े, शिक्षक हिजड़े, वैज्ञानिक हिजड़े, उद्योगपति हिजड़े, धर्मगुरु हिजड़े, पत्रकार हिजड़े, दुकानदार हिजड़े, साहित्यकार हिजड़े, कलाकार हिजड़े, खिलाड़ी हिजड़े, धनकुबेर हिजड़े, लालफीताशाह हिजड़े, हिजड़े-ही-हिजड़े!"...

"देखो शर्मा, देखो, हँसी के मारे हिजड़ों की तोंद हिल रही है। मुँह से थूक की बारिश हो रही है। लोग घड़ों में इकट्ठा कर रहे हैं थूक। आनेवाले समय में, जब दुनिया का सारा पानी सूख जाएगा, आदमी के जिन्दा रहने के लिए, यह थूक काम आएगा।"...

"देखो, देखो, हिजड़े हिजड़ों के घरों को आग लगा रहे हैं। हिजड़े हिजड़ों को जिन्दा जला रहे हैं। इस सबकी तपतीश के लिए हिजड़ों की समिति बनी है। अब इस समिति की रिपोर्ट चाँदनी दीवाली को आएगी हिजड़ों के सामने। हिजड़े चाँदनी दीवाली का इन्तजार करेंगे इस रिपोर्ट को सार्वजनिक करने के लिए। ना नौ मन तेल होगा और ना राधा नाचेगी। नाचेगी तो सिर्फ बेहयायी, नामर्दगी, धूर्तता, कमीनगी। इन सबका नंगा नाच होगा। नाच को उछालेगा मीडिया। लोग मुग्ध होकर देखेंगे। मुग्ध होकर देखेगी हिजड़ों की नई पीढ़ी।"...

शर्माजी ने विवेक का हाथ पकड़ लिया, "पर मुझे तो कुछ भी दिखाई नहीं दे रहा!"

"देगा, देगा, थोड़ा अभ्यास की जरूरत है। कुहरे के आर-पार देखना आसान काम थोड़े ही है। तपते सूरज पर टकटकी लगानी होगी। तब आँखें बनेंगी इस लाईक कि आप कुहरे के आर-पार देख सकें। तपना होगा तपना। कुन्दन बनना होगा तपकर। अभी तो आप मिलावटी सोना हैं। चलो सोना तो हैं। शुद्ध हो जाएँगे। तब सबकुछ दिखाई देगा। कुहरा भी और कुहरे के आर-पार भी। दरिन्दे भी दिखाई देंगे जो कुहरा फैलाते हैं, उन दरिन्दों की रक्षा में खड़े मानवाधिकारी भी। लकड़बग्घों

की रक्षा में खड़े लकड़बग्घे। सब कुछ दिखाई देगा तुम्हें। सिर्फ दिखाई ही नहीं देगा, सुनाई भी देगा सबकुछ। उनकी छद्म वाणी, बजते शंख, टनटनाते हुए घड़ियाल और इन सबके बीच नाचते हुए हिजड़े, धमकाते हुए हिजड़े, नखरे दिखाते हुए हिजड़े, घिघियाते हुए हिजड़े, भीख माँगते हुए हिजड़े, भीख देते हुए हिजड़े, हिजड़े-ही-हिजड़े, हिजड़े-ही-हिजड़े।''...

इसके साथ ही विवेकजी अपने दोनों हाथों में मुँह ढाँपकर सुबकने लगे, ''इन हिजड़ों ने मेरी मर्दानगी छीन ली। नपुंसक बना दिया मुझे। जहर बना दिया गंगा के पानी को। लूट लिया भरपूर खजाना संस्कृति का। हाय अब हम कहाँ जाएँ! क्या करें?'' विवेकजी विलाप करते हुए वहीं बैठ गए।

शर्माजी ने उन्हें सँभाला। उनकी पीठ सहलाई। मेधावी ने फुसफुसाहट में समझाया, ''ऐसे दौरे इनको अक्सर पड़ते हैं। फिर अपने आप ठीक हो जाते हैं। वो सामने का पहाड़ तोड़ने का व्रत लिया है इन्होंने। उसके पार पानी बहता है। उस पानी को इस तरफ लाना चाहते हैं। इन सूखे खेतों के लिए। पहाड़ रास्ते में रुकावट है। रोज छैनी से पहाड़ तोड़ते हैं। इसी को देहधर्म कहते हैं। तभी तो...तभी तो लोग इन्हें पागल कहते हैं। भला पहाड़ भी लोहे की छोटी सी छैनी से टूट सकता है?''...

शर्माजी ने पहाड़ की तरफ देखा, और फिर पागल बाबा की पतली छरहरी निर्मल देह की तरफ। इसके बाद उनकी नजर सीढ़ियों की तरह बनी क्यारियों की तरफ चली गई तो केवल वर्षा के पानी से ही जीवनदान पाती थीं। पहाड़ के उस पार के पानी की जिन्हें सख्त जरूरत थी।

सुबह का नाश्ता करने के बाद शर्माजी पागल बाबा और मेधावी के साथ एक-दूसरे रास्ते से उस पहाड़ पर पहुँचे जो बाबाजी के मुताबिक उनके देहधर्म की मुख्य कर्मस्थली थी। निश्चित ही बड़ी चट्टान की दूसरी तरफ पानी की एक मोटी धार बह रही थी जो कई मील आगे जाकर झरने में तब्दील होकर उस वेगवती नदी में मिल जाती थी जो इलाके की पनचक्कियों को चलाने और लकड़ी के शहतीरों को नीचे तक ले जाने के काम आती थी।

शर्माजी ने समझा कि अगर उस बहुत बड़ी चट्टान में दरार बना दी जाए तो पानी इस तरफ बहकर बहुत बड़े भूभाग को सींचता हुआ नदी में मिल सकता है। बाबा ने और मेधावी ने अपनी छोटी-छोटी छैनियों से चट्टान में लगभग एक मीटर दरार बनाने में सफलता हासिल कर ली थी। आगे काम जारी था लेकिन इतना मन्द गति से कि पानी की धार तक दरार पहुँचने में सालों लग सकते थे।

शर्माजी ने चट्टान के पत्थर पर छैनी रखकर खुद हथौड़े का वार करके देखा तो उन्हें पत्थर से आग की चिनगारियाँ फूटती दिखाई दीं। वे समझ गए कि पत्थर

भी छैनी जितना ही सख्त है जिसे काटने के लिए बहुत ज्यादा मेहनत और समय की दरकार है।

शर्माजी ने सुझाव दिया, "क्यों न इस चट्टान को सरकार की सहायता से डैनामाइट से उड़ा दिया जाए।"

बाबा ने उन्हें समझाया, "अव्वल तो सरकार इसके लिए सहायता देने को तैयार नहीं होगी। कह देगी कि यह समस्या तो पूरे पहाड़ी क्षेत्र की है, इसका कुछ नहीं हो सकता। हो भी जाए तो डैनामाइट से उड़ाने में यह खतरा है कि अगर चट्टान दूसरी तरफ से भी टूट गई तो पानी इधर आने की बजाय दूसरी तरफ के जंगल की तरफ मुड़ जाएगा और हमारे हाथ कुछ नहीं लगेगा।"

यकीनन पानी चट्टान के साथ-साथ आगे बढ़ रहा था। पानी के दूसरी तरफ पत्थर की बहुत पतली दीवार थी जो छोटे से धमाके से टूट सकती थी और फिर कीमती पानी घाटी के जंगल में गिरकर बरबाद हो सकता था।

एकमात्र रास्ता वही था जो बाबा ने अपनाया था और जिसकी बदौलत उसे पागल कहलाने में भी कोई परेशानी नहीं थी। शर्माजी ने भी मन-ही-मन इस कर्म में उनका साथ देकर दूसरा पागल कहलाने का निश्चय किया और दूसरा सुझाव रखा, "इस दरार को काफी चौड़ा काटा जाना चाहिए ताकि कई आदमी इसमें बैठकर एकसाथ पत्थरों को काट सकें।"

बाबा को यह सुझाव पसन्द आया क्योंकि इसमें समूह भाव का जज्बा था और शर्माजी का इस कर्म में उनके साथ जुड़ने का उत्साह था।

दरार को पुनः ऊपर से काटना शुरू किया गया। शर्माजी के लिए भी एक और छैनी और हथौड़े का बन्दोबस्त किया गया। यह खबर आसपास के गाँवों में आग की तरह फैल गई कि पागल बाबा के साथ एक और पागल आ गया है जो उनकी तरह ही पहाड़ को काटने की कोशिश में लग गया है।

लोग इस नए पागल को देखने के लिए आने लगे। दोनों पागल बाबाओं में से किसी एक के या मेधावी के थक जाने पर चाहे शुगल के लिए ही सही लोग खुद भी हाथ बँटाने लगे। धीरे-धीरे लोगों को लगने लगा कि योजना उतनी गलत नहीं है जितनी कि वे समझ रहे थे। सो, छैनियों और हथौड़ों की संख्या बढ़ने लगी और पहाड़ का फौलादी पत्थर आदमी के हाथों के सामने निरीह-सा दिखाई देने लगा।

अब विवेकजी ने अपनी असली योजना शर्माजी के सामने रखी, "इस चट्टान के टूटने से, जैसा कि यकीन हो चला है कि अब यह जल्द ही टूटेगी, इस लम्बी-चौड़ी जमीन पर विवेक आश्रम बनेगा।"

शर्माजी ने जमीन को देखा, जो दूर से देखी थी उसे नजदीक से देखा, यकीनन जमीन काफी ज्यादा थी और सुरम्य दृश्यों के बीच थी। बस सिर्फ पानी की जरूरत

थी, जिसके आने से वहाँ स्वर्ग की नींव रखी जा सकती थी।

शर्माजी ने सवाल किया, ''यह जमीन है किसकी?''

विवेकजी सहज हँसी हँस पड़े, ''मेरी है भाई, मेरे पूर्वजों की।''

''तो फिर आप यहाँ के रहनेवाले हैं?''

''रहनेवाला नहीं, यहाँ मैंने जन्म लिया है, इसकी मिट्टी में मेरा बचपन पला है।''

''और कैशोर्य कहाँ पला है?''

''बम्बई में। बारह-तेरह साल की उम्र में मैं भी पहाड़ी लड़कों की तरह घरेलू नौकर बनकर नीचे चला गया था। जगह-जगह नौकरी की। फिर एक समाजवादी के साथ रहा जो जयप्रकाश नारायणजी का अन्ध-भक्त था। उनके सम्पर्क में मुझे बहुत कुछ सीखने का मौका मिला। अँधेरे के अन्दर जो अँधेरा है उसे देखने की आँखें मुझे उस आदमी के सम्पर्क से मिलीं। उनके दिवंगत होने के बाद उनकी विरासत के लिए मैंने वैसे ही झगड़े होते देखे जैसे कि सेठों की सम्पत्ति के लिए उनके रिश्तेदार करते हैं। इन झगड़ों में मुझे भी जेल जाना पड़ा। जेल में आपसे मुलाकात इन झगड़ों की ही देन थी। खैर, जेल से छूटने के बाद मैं सीधा अपनी इस जन्मस्थली पर चला आया। लेकिन अफसोस यह है कि यहाँ से जाने से पहले बचपन में जिस लड़की के साथ मैंने शादी की थी अब उसको देने के लिए मेरे पास कुछ नहीं है।''

''क्यों, ऐसा क्यों है?''

''दुर्भाग्य से बम्बई में मैं हिजड़ों के हत्थे चढ़ गया। उन्होंने मुझे बहुत काम का आदमी समझा। एक रात सोए-सोए ही उन्होंने मेरी मर्दानगी...'' विवेक ने अपने चेहरे पर अपने दोनों हाथ रख लिए जैसे यह घटना एक बलात्कार हो और वह एक मासूम नाबालिग लड़की हो।

''उफ।'' शर्माजी को लगा जैसे उनके रोंगटे खड़े हो गए हैं। ''आपको पुलिस में...''

''पुलिस-वुलिस सब बकवास है। सब अपराध, सब खुराफातें मिलीभगत से होती हैं। पूरा देश सड़ रहा है, सड़ाँध उठ रही है हर आदमी की आत्मा और दिमाग से, पूरे देश को डायलिसिस की जरूरत है, मैं तो यहाँ तक कहता हूँ कि पूरी दुनिया को एक महाहिटलर की जरूरत है महाशुद्धि के लिए।''...

शर्माजी फटी-फटी आँखों से विवेक की पागल आँखों में देखने लगे। उनमें उन्हें एक जलता हुआ लावा ठाठें मारता हुआ दिखाई दिया। उस लावे में एक अबोध बच्चा जल रहा था। हाहाकार कर रहा था। न्याय की भीख माँग रहा था। पर उसको न्याय देनेवाला खुद तमाशबीन था।...

कुछ देर पत्थर बना रहने के बाद शर्माजी थोड़ी चेतना में आए, ''खैर, अतीत

की बहुत बड़ी रोशनी है आपके पास। ऐसे खूँखार अनुभव बहुत कम लोगों को नसीब होते हैं। आगे बताइए इन अनुभवों का क्या करना है आपको?''

''शर्माजी, मैं पैदाइशी हिजड़ों और उपेक्षित वेश्याओं के बच्चों को लेकर एक आश्रम चलाना चाहता हूँ। इस आश्रम में हिजड़ों और वेश्याओं के बच्चों को हर तरह से योग्यतम बनाकर समाज में उतारा जाएगा ताकि आजादी के नाम पर जो बरबादी देश के रक्त में फैलाई जा रही है उससे देश और समाज की रक्षा की जा सके। हमें फिर से उसी जगह लौटना होगा मेरे मित्र जहाँ से हमने आजादी की लड़ाई शुरू की थी इन काले अंग्रेजों के साथ घोर युद्ध लड़ने के लिए!''

''इस काम के लिए आपने हिजड़ों और वेश्याओं के बच्चों को ही चुनने का क्यों फैसला किया, दूसरों को क्यों नहीं?''

''इस देश में आज हर क्षेत्र की सत्ता और व्यवस्था में हिजड़ों और हीन लोगों का ही आधिपत्य है। इन बेशर्म और धूर्त हिजड़ों को परास्त करने के लिए महाहिजड़ों और महाधूर्तों की आवश्यकता है। मेरा विवेक आश्रम ऐसे प्रतिबद्ध लोगों को पैदा करेगा और पूरे देश में इनका जाल फैलाएगा। इस महासत्ता की एक जिम्मेदारी यह भी होगी कि जो महाअपराधी न्यायसत्ता की कमजोरी की वजह से बचकर निकल जाएगा, उसका खात्मा।''

''फर्ज कर लीजिए कि आप हिजड़ों को महाहिजड़ों और धूर्तों को महाधूर्तों से परास्त करने में सफल हो जाते हैं और इस सफलता के बाद व्यवस्था और सत्ता महाओं के हाथ में आ गई तो इस सत्ता और व्यवस्था का क्या स्वरूप होगा?''

''धन्नाशाही को परास्त करने के बाद जो चीन की व्यवस्था का है। कौरवों को परास्त करने के बाद जो पाण्डवों की व्यवस्था का था। इस देश की व्यवस्था का भी वैसा ही स्वरूप होगा।''

''इस देश में साम्यवादी व्यवस्था लाना चाहते हैं आप!''

''जयप्रकाश नारायण व्यवस्था। समाजवाद लाना चाहता हूँ मैं इस देश में। इसके लिए मुझे आपकी सख्त जरूरत है।''

''और कोई रास्ता नहीं है इस देश को धूर्तों से बचाने का?''

''है।''

''क्या?''

''इस देश को एक बड़े युद्ध की जरूरत है, जिसकी आग में खर-पतवार जलकर भस्म हो जाए, या फिर जनक्रान्ति की।''

''ये दोनों तो असम्भव हैं। युद्ध के लिए दूसरा देश चाहिए, जो हमारी तरह ही अपने देश का शुद्धिकरण चाह रहा हो, और जनक्रान्ति के लिए तपती हुई जनता चाहिए। इस देश के भाग्य में ये दोनों ही नहीं हैं।''

''इसीलिए तो! मैं जलते हुए अंगारे तैयार करके जनता के बीच फेंकना

चाहता हूँ। उनके संसर्ग के प्रभाव में जनता प्रजातन्त्र की लाश को ढोने से इनकार कर देगी। यहीं से जनक्रान्ति उगेगी।''...

''एक पागल कल्पना है। भेड़ों में सोकर शेरों की सवारी का सुनहरा ख्वाब। खैर, मुझे इसके लिए क्या करना होगा?''

''पहले इस बंजर भूमि को जल से आबाद करके विवेकाश्रम बनाना होगा। उसके बाद इसी तरह के आश्रम पूरे देश में कायम करने के लिए मुझे आपकी आवश्यकता होगी।''

''आपकी महत्त्वाकांक्षा मुझे काफी दिलचस्प लगी है। इसका एक प्रतिशत भी सफल हो जाए तो ठहरे पानी में पत्थर फेंकने की तरह काफी है। ठीक है, जितना मैं इसमें योगदान दे सका अवश्य दूँगा।''

विवेक ने पागलों की तरह ठहाका लगाकर शर्माजी को गले से लगा लिया। शर्माजी भी विवेक की तरह ही हँस पड़े। इन दो ठहाकों से हतप्रभ होकर चट्टान पर काम करते लोग हैरानी से उनकी तरफ देखने लगे।

सुबह-सुबह मेधावी ने विवेक को सूचना दी, ''गुरुजी शकुन्तलाजी अस्वस्थ हैं।''

विवेक मेधावी की तरफ गूँगे होकर देखने लगे।

शकुन्तला। कालिदास के जगत्प्रसिद्ध नाटक की नायिका, जिसने दुष्यन्त जैसे बुद्धिमान् राजा को प्रेमपाश में बाँध लिया था। गर्भ धारण करने के बाद अभिशापग्रस्त शकुन्तला और प्राणपन से न्योछावर होनेवाले प्रेमी की देहली पर पहुँचकर अपमानित होनेवाली शकुन्तला। यही नहीं इस देश के नामकरण का आधार बननेवाले पुत्र-रत्न को जन्म देनेवाली शकुन्तला।

शकुन्तला अब बीमार है। विवेक को मेधावी से सूचना मिलती है कि शकुन्तला बीमार है। आराध्य मूर्ति पर फूल चढ़ाते विवेक के हाथ काँप जाते हैं। काँपते हाथों से उसने पूजा की। काँपते हाथों से उसने गर्म शाल कन्धे पर रखा और अपनी झोंपड़ी से बाहर निकल बीमार शकुन्तला की सुध लेने चल पड़े।

रास्ते में उड़ती धूल की तरह उनके सामने से बचपन के दृश्य उड़-उड़कर जाते रहे। इन दृश्यों में शकुन्तला उनकी कली थी और वे फूल। दोनों ही एक ही गाँव की डाली पर खिले थे। कोई नहीं था उनका सानी। कोई नहीं था उनके मुकाबिल। शकुन्तला को अभिशाप मिला तो विवेक पहाड़ छोड़कर परदेश में चला गया। गृहस्थ का बोझ उठाने के काबिल बनने। लौटा तो विवेक विवेक नहीं था। पागल बाबा था। जिसके पागलपन में अब बचपन की कोई कीमत नहीं थी। बचपन में अग्नि को साक्षी मानकर जिसे वरण किया था, उस नारी का कोई महत्त्व नहीं था। क्योंकि अब वह मर्द ही नहीं था। देश की आजादी ने, आजाद देश के आजाद लोगों ने उसकी मर्दानगी छीन ली थी। अब वह हिजड़ा था। एक लड़ाकू हिजड़ा।...

फिर भी विवेक शकुन्तला की चिन्ता करता है। उसके दुःख से दुःखी और सुख से सुखी होता है। बचपन में किसके पास होती है मर्दानगी? इस नजरिए से विवेक अब बच्चा है और शकुन्तला है इस अर्थ में बच्ची।...

कोई नहीं जानता विवेक के साथ दुनिया का सबसे बड़ा जुल्म हुआ है। व्यवस्था ने तो उसकी मानसिक मर्दानगी छीनी थी लेकिन आश्रय देनेवाले हिजड़ों ने तो उसे शारीरिक मर्दानगी से ही वंचित कर डाला। उसे पता ही नहीं चलने दिया गया कि उसके साथ क्या होने जा रहा है। कितना बड़ा अपराध कर रहे हैं करनेवाले। पर कैसा अपराध? बेशर्मी के साथ नंगा हो सकने की औकात रखनेवाले भी कभी अपराध कर सकते हैं? न्यायपालिका भी जिनके नंगेपन से आँख चुराती हो, उन्हें भी कोई दण्डित करने का साहस कर सकता है? दंण्डित तो वे होते हैं जो नंगेपन के सामने शर्मिन्दगी महसूस करते हैं।

कितनी शक्ति है नंगेपन में। कितनी शक्ति है बेशर्मी में। विवेक यही कहता है कि इस शक्ति का सदुपयोग किया जाना चाहिए। हिजड़ों को महाहिजड़े ही परास्त कर सकते हैं। महाहिजड़ों की फौज तैयार की जानी चाहिए। ऐसी फौज जो किसी भी समय और किसी भी स्थान पर नंगा होने में रत्तीभर भी संकोच न करे। बल्कि गर्व का अनुभव करे। हाँ, ऐसी ही फौज चाहिए आज। विवेक बस यही कहता है। यही कहता है विवेक।...

विवेकजी बीमार शकुन्तला के पास बैठे यही कुछ सोचते रहे। वे कब शकुन्तला के पास पहुँच गए, कब उसके पास बैठ गए, कब उन्होंने शकुन्तला का बीमार चेहरा देखा, कब बाजू पकड़कर और माथे पर उँगलियाँ रखकर बुखार का जायजा लिया, कुछ पता ही नहीं चला।

अब चलने का समय हो गया है। शकुन्तला ने कपड़े से मुँह ढक लिया है ताकि विवेक को उसकी रुलाई न दिखे। फिर भी पेट की थिरकन से उजागर हो गई है रुलाई। पर विवेक क्या कर सकता है? एक नामर्द आदमी क्या कर सकता है एक औरत के लिए?...

वह नामर्दों की फौज बनाएगा ताकि फिर कोई नामर्द न बने। ताकि फिर किसी शकुन्तला को अभिशाप न मिले। ताकि फिर कोई दुष्यन्त किसी शकुन्तला को पहचानने से इनकार न करे।...

चुपचाप खड़ा हो गया है विवेक। शकुन्तला चेहरे से कपड़ा हटाकर प्यासी आँखों से उसे देखती है। विवेक उसकी आँखों को देखता है एक सूखे तालाब की तरह। वह मन-ही-मन कसम खाता है कि हिजड़ों और जिनके पिता का नाम कोई नहीं जानता ऐसे बच्चों की फौज जरूर बनाएगा। ऐसी फौज जो शेरों के साथ खेले और शेर उसके साथ खेलें, जिसके नाम के साथ इस महान देश का नाम जुड़ा हो।...

कपाट की ओट में कुछ जोड़ा आँखें खड़ी यह सब देख रही थीं। इनमें शायद

स्वर्ग की अप्सरा शकुन्तला की माँ की भी आँखें थीं। माँ की आँखों ने शायद शकुन्तला की जगह रोने का जिम्मा ले लिया था। बाहर शायद धारासार बारिश हो रही थी। रो रही थी शकुन्तला की माँ।...

विवेक के जाते ही दर्जनों आँखों ने शकुन्तला को घेर लिया। एक जोड़ा काली आँखों ने, एक जोड़ा भूरी आँखों ने, एक जोड़ा नीली आँखों ने, एक जोड़ा बूढ़ी आँखों ने और एक जोड़ा बाल आँखों ने।

बूढ़ी आँखों ने उसे समझाया, "अब इस पागल आदमी से तुझे क्या मिलेगा बेटी। जगतू की माँ कई बार कह चुकी है। तू हाँ करे तो बात आगे बढ़ाऊँ। बड़ा अच्छा लड़का है, तुझे रानी बनाकर रखेगा।"

भूरी आँखों ने हाँ में हाँ मिलाई, "आगे सारी जिन्दगी पड़ी है बहन, बिना मर्द के बहुत मुश्किल होती है। जगतू पसन्द नहीं है तो मैं अपने मामा के बेटे से बात चला सकती हूँ। सरकारी नौकरी करता है, खासा कमाता है और सुभाव का भी अच्छा है।"

काली आँखें उसे गले से लगाकर रोने लगीं, "शहर जाकर यह इस तरह से पागल हो जाएगा हमें क्या पता था। पता होता तो जाने ही ना देते। बचपन की शादी भी कोई शादी होती है। तेरे जैसी खूबसूरत लड़की को लड़कों की क्या कमी है। तू एक बार हाँ कर लड़कों की लाईन लग जाएगी तेरे सामने। अपनी मर्जी से चुनना जैसे मैंने चुना है। अब देख, मुझे किस बात की कमी है। तुझे भी कमी नहीं रहेगी, तू एक बार हाँ तो करके देख!"

नीली आँखों ने उसे सिर्फ इतना ही कहा, "देख कुन्तो, मुझे तो शक है कि ये आदमी मर्द भी है या कि नहीं। नहीं तो चार कदम पर रह रहा है, पर तुझे बुलाने के नाम पर बिदकता क्यों है? तैने परखके भी देखा है या नहीं? मेरेवाले तो एक दिन भी नहीं रह सकते मेरे बिना।"

बूढ़ी आँखों ने नीली आँखों को फटकारा, "होट डुब्ब पैनी, कैसी बातें करती है। इसे शर्म भी नहीं आती। शहर में जाकर आदमी की पसन्द बदल जाती है। फिर बम्बई शहर। तू बेटा भूल जा अब उसे। दूसरे मर्द के साथ रहेगी सब प्यार-ब्यार का चक्कर भूल जाएगी। बस हाँ कर दे।"

भूरी आँखों ने बूढ़ी आँखों के तजुर्बे पर मुहर लगाई, "मेरी एक सहेली है। उसको भी किसी से प्यार हो गया था। बचपन का प्यार था। लड़के के माँ-बाप ने इनकार कर दिया शादी करने से। मेरी सहेली ने जहर खा लिया। खैर, डॉक्टर ने बचा लिया उसे। बाद में उसकी शादी हो गई किसी दूसरे के साथ। अब तीन बच्चे हैं। खुश है। कोई जरूरी नहीं है कि प्यारवाली लड़की किसी दूसरे के साथ खुश नहीं रह सकती। समय सबकुछ भुला देता है।"

बाल आँखें यह सब सिर्फ देखतीं और सुनतीं रहीं। उनके अन्दर की नमी को देखने की फुर्सत किसी के पास नहीं थी। वे कहना जरूर चाहती थीं पर होंठ फड़फड़ाकर रह जाते थे।

नीली आँखों ने एक नई बात जोड़ी, ''बल्कि मैंने तो यह देखा है कि प्यारवाली शादियाँ सफल नहीं होतीं। बाद में लड़का शक करने लगता है कि जिस लड़की ने शादी किए बिना ही उसके साथ प्यार किया, खुल्लमखुल्ला उसके साथ मिली, उसने किसी दूसरे के साथ भी किया होगा और किसी दूसरे से भी खुल्लमखुल्ला मिली होगी। एक दरार-सी पड़ी रहती है दोनों में। विश्वास नहीं बैठता। और विश्वास के बिना गृहस्थी कैसी?''

काली आँखों ने फिर उसे गले से लगा लिया, ''तू इस बेकारी की शादी को भूल जा बहन। नया घर बसा। मैं शर्त लगाकर कहती हूँ कि नई शादी में तू पूरी तरह से खुश रहेगी। ये बार-बार बीमार पड़ना छोड़ो। इस पागल बाबा से तुझे कुछ नहीं मिलेगा। बस हाँ कर दे, बाकी का सारा काम मेरे पर छोड़।''

बूढ़ी आँखों ने कुछ कहने के लिए हाथ ही उठाया था कि दो बूढ़ी मर्द आँखें चौखट के बीच आकर खड़ी हो गईं। उन आँखों को देखते ही शकुन्तला की बाँहें खुल गईं उसके मुख से आर्त स्वर निकला, ''बापू...!''

सभी आँखें मर्द आँखों को देखते ही खड़ी हो गईं और अपने-अपने ढंग से झेंपने लगीं।

मर्द आँखों ने आगे बढ़कर शकुन्तला के सिर पर हाथ रख दिया, ''जब तक मैं जिन्दा हूँ बेटी तुम्हारा बचपन तुमसे कोई नहीं छीन सकता।''

दूसरी बूढ़ी आँखों ने मर्द आँखों के सामने बोलने की जुर्रत करनी चाही पर मर्द आँखों ने उन्हें डपट दिया, ''खबरदार— यह मेरी बेटी नहीं बेटा है। इसके साथ भी वैसा ही सलूक होना चाहिए जैसा बेटों के साथ।''

बाल आँखें आगे बढ़कर मर्द आँखों की जाँघों के साथ लिपट गईं। मर्द आँखों ने बाल आँखों के सिर पर भी हाथ की छाया रख दी। शकुन्तला को लगा जैसे उसका बापू कोई अशोक का पेड़ है जिसके नीचे सिर्फ छाया ही छाया है, तपती धूप का नाम तक नहीं।

पहाड़ की कटाई जब केवल गज-भर रह गई तो खेतों के साथ-साथ नाल की खुदाई शुरू की गई ताकि अन्तिम कटाव होते ही पानी सीधा नाल में गिरे और उस पानी से सभी जमीनवाले अपनी-अपनी खेती सींच सकें।

खाल खोदने के लिए पूरी जनशक्ति एक साथ लग गई। जवान, बूढ़े, औरतें, सभी। लिहाजा खाल भी केवल एक सप्ताह में बनकर तैयार हो गई। सभी ने अपनी-अपनी जमीन के लिए कटाव भी छोड़ दिया ताकि सबसे पहला पानी उन्हीं

के खेत की प्यास बुझाए। कई ने तो अपने खेत की मेड़ पर झोंपड़ी भी बनानी शुरू कर दी, ताकि पानी के आ जाने से जो वे कीमती फसल बोएँगे या फलों का बाग लगाएँगे उसकी पक्षियों और जंगली जानवरों से देखभाल करने के लिए दिन-रात रहा जा सके।

आखिर एक दिन ऐसा भी आया जब चट्टान की अन्तिम कटाई के लिए सभी जन पहाड़ पर पहुँच गए। सभी ने अपनी-अपनी सामर्थ्य के मुताबिक जलदेवता की पूजा करने के लिए फल-फूल और चावल-मिठाई भी एकत्रित कर ली। पानी की धार इस तरफ गिरते ही नारियल भी फोड़ा जाएगा और काले बकरे की बलि भी दी जाएगी, इसलिए आपस में राशि इकट्ठी कर दोनों का भी प्रबन्ध हो गया। बस इन्तजार था केवल पानी के आने का, जिसको देखने के लिए आँखें तरस गई थीं।

सुबह हुई। सूर्य की आभा फूटने से पहले ही लोग औजार लेकर कटाई पर पहुँच गए। अभी अन्तिम कटाई की योजना ही बन रही थी कि देखा सामने अपने कुछ आदमियों के साथ बड़ी-बड़ी मूँछोंवाला सरपंच चला आ रहा है।

सरपंच ने आते ही सवाल किया, "इस कटाव के लिए सरकारी इजाजत ले रखी है आप लोगों ने?"

"इसके लिए इजाजत की क्या जरूरत है, यह तो सभी लोगों के हित का काम हो रहा है।" विवेक ने जवाब दिया।

"जरूरत है भाई, क्योंकि पानी सरकार का है। सरकार की इजाजत के बिना उसे कोई भी अपनी जमीन की तरफ नहीं मोड़ सकता।"

"पानी तो फिजूल में ही बह रहा है सरपंचजी, अगर इसे खेतों में डाल दिया जाता है तो सरकार का क्या नुकसान होता है।" एक किसान ने बोलने का साहस किया।

"नुकसान होता है। पानी जाकर नदी में गिरता है। अगर इसे खेतों में डाल दिया गया तो नदी सूख जाएगी। नदी सूख जाएगी तो जंगल सूख जाएँगे। इस सबको देखने के लिए ही तो सरकार ने हमें सरपंच बनाया है।"

"इस थोड़े से पानी के न गिरने से नदी कैसे सूख सकती है और फिर नदी के सूखने का जंगल के सूखने से क्या सम्बन्ध है?" यह शर्माजी बोले।

"आप चुप रहो जी। आप बाहर के आदमी हैं। यहाँ क्या सूखता है और उससे क्या नुकसान होता है हम ज्यादा बेहतर जानते हैं।"

"आप खामखाह अपनी टाँग बीच में फँसा रहे हैं बड़े भाई। जमीन हमारी है, पानी हमारा है, आप कौन होते हैं हमें रोकनेवाले?" एक दूसरे किसान ने थोड़े गरम तेवर दिखाए।

"देखो भाई। नदी हमारी माँ है और जंगल हमारे पिता हैं। इन दोनों को

नाराज करके हम लोग जिन्दा नहीं रह सकते। ये दोनों नाराज होंगे तो हमारे पितर देवता भी नाराज हो जाएँगे। हमें कोई ऐसा काम नहीं करना चाहिए जिससे हमारे देवता नाराज हों।" सरपंच ने अब दूसरा हथकण्डा अपनाया।

देवताओं की नाराजगी पर सब चुप हो गए।

पागल बाबा गुस्से में आ गए, "कैसी बात करते हो तुम। भोली-भाली जनता को बहका रहे हो। व्यर्थ बह रहे पानी से अगर हम जमीन को सींचकर भूखे बाल-बच्चों का पेट भरने का जुगाड़ बिठाते हैं तो इससे तो देवता को खुश होना चाहिए, नाराजगी कैसी?"

सरपंच ने विवेक की बात सुनकर भी अनसुनी कर दी। वह विवेक का साथ देनेवालों को समझाने लगा, "भीमताल में सूखा पहाड़ नहीं देखा है आप लोगों ने! हम कुदरत के विरुद्ध नहीं जा सकते। कुदरत अभिशाप देगी तो हमारे पहाड़ भी उसी तरह से सूख जाएँगे जैसे भीमताल के पास का पहाड़ सूख गया है।"

शर्माजी ने फिर बोलने की कोशिश की पर सरपंच के साथ आए एक आदमी ने उसे डपटकर चुप करा दिया, "तुम कौन होते हो हमारी जाती मामलों में दखल देनेवाले? हम एक परिवार हैं और सरपंच जी हमारे परिवार के अगुआ हैं, तुम्हें यहाँ रहने किसने दिया हमारे इलाके में?"

"मैंने रहने दिया।" पागल बाबा ने झुँझलाकर कस्सी हाथ में उठा ली। सरपंच के साथ आए उसके आदमियों ने भी लाठियाँ तान लीं। अमन पसन्द लोग काँप गए। ऐसा तो इस इलाके में कभी नहीं होता कि हथियारों से लड़ा जाए। सब फैसले बातचीत से ही होते हैं और यह फैसला भी बातचीत से ही होना चाहिए, लिहाजा लम्बी तू-तू मैं-मैं के बाद फैसला लिया गया कि कल दुराली में सभी गाँवों के लोगों की महापंचायत होगी, उस पंचायत में ही फैसला किया जाएगा कि पानी को मोड़कर खेतों में डाला जाना चाहिए या पहले की तरह ही बहकर नदी में जाने देना चाहिए।

दूसरे दिन भोजन करने के उपरान्त दुराली में सरपंच की कोठी पर महापंचायत बैठी। समस्या रखी गई प्रकृति से छेड़छाड़ करके उसको नाराज करने की और ऐसा करनेवालों को कठोर दण्ड देने की।

पक्ष में थे सरपंच रामदास और दूसरे पंच, जिनकी शक्ति अमोघ थी। विरोध में थे पागल बाबा, मेधावी और दिवाकर शर्मा। बीच में थी वह जनता जिसकी धरती प्यासी थी, पर जो वरदानों और अभिशापों पर गहरा विश्वास करती थी और अपना परलोक सुधारने अथवा कयामत के दिन पाक साबित होने के लिए बड़ा-से-बड़ा बलिदान देने को तत्पर रहती थी।

पंचायत में पूरी भीड़ उपस्थित थी। यूँ कहें कि तिल धरने की भी जगह नहीं थी। पर ज्यादातर लोग दर्शक या तमाशा देखने की इच्छा रखनेवाले थे जो पंचायत

और पागल बाबा के बीच द्वन्द्व युद्ध के रूप में होना था।

सब जानते थे कि जीतेगा कौन, फिर भी तमाशा तो तमाशा ही है। सब जानते हैं कि रामलीला में राम जीतते हैं फिर भी दोनों के संघर्ष और युद्ध में बला का आनन्द मिलता है। भीड़ को इस आनन्द से मतलब होता है।

सरपंच के आदमी ने योजनाबद्ध रूप से जनहित को ध्यान में रखकर पंचायत के सामने याचिका रखी, "जब से धरती बनी है तब से जल की जो धार एक ही रास्ते से बहकर जनकल्याणी सरिता माँ की गोद में गिरती है, विवेक मटियानी उर्फ पागल बाबा अपने निजी स्वार्थ के लिए उसका रास्ता बदलकर अपनी धरती में डालना चाहता है। पानी का अपहरण करना चाहता है। लिहाजा उसे इस अधर्म के काम से रोका जाए और अब तक पहाड़ देवता को काटकर उसे असह्य पीड़ा पहुँचाने का जो जघन्य अपराध किया है, उसके लिए उसे और उसके साथियों को कठोर-से-कठोर दण्ड दिया जाए।"

पंचायत के एक सदस्य ने पागल बाबा से कहा, "आपको अपने पक्ष में कुछ कहना है?"

पागल बाबा ने उठकर परम्परागत तरीके से हाथ जोड़े और कहा, "मैं पंचायत के सदस्यों का पूरा सम्मान करते हुए यह कहना चाहता हूँ कि जो पानी बहकर नदी में चला जाता है, उसके बहाव को आसपास की धरती की प्यास बुझाने के लिए मोड़ा जा रहा है। इससे मेरी ही नहीं बल्कि मसाहा गाँव के सब लोगों की धरती को पानी मिलेगा और यह वास्तव में एक पुण्य का काम होगा, इसमें पाप या अपराध का कोई सवाल ही नहीं उठता। मेरा निवेदन यह है कि पंच परमेश्वर को फैसला मसाहा गाँव की जनता के पक्ष में देना चाहिए, ताकि वहाँ की धरती वर्षा पर निर्भर न रहकर सभी का पेट भर सके और इस इलाके की निर्धनता दूर करने में सहायक हो।"

इसके जवाब में सरपंच का दूसरा आदमी उठकर बोला, "नदी में पानी नहीं गिरेगा तो नदी सूख जाएगी जनाब, जिससे जंगल के पेड़ और चरागाहों की घास भी सूख जाएगी। इन सबको धरती के बीचोंबीच नदी से ही पानी मिलता है श्रीमान।"

पागल बाबा ने इसका जवाब दिया, "जंगल और चरागाहें नदी से बहुत ज्यादा ऊँचाई पर हैं, उससे इन तक पानी पहुँचने का सवाल ही पैदा नहीं होता। नदी में जाकर पानी व्यर्थ चला जाता है। सरकार तो बड़े-बड़े बाँध बनाकर इस पानी को रोकती है ताकि देश की सूखी धरती सींची जा सके। मैं तो कहूँगा कि इस तरह का सारा पानी खेतों तक पहुँचाया जाना चाहिए ताकि केवल वर्षा पर निर्भर खेत हमेशा के लिए हरे-भरे रह सकें।"

इसका जवाब सरपंच ने दिया, "देवता अगर चाहता तो क्या वह खुद इस

पानी का रुख खेतों की तरफ नहीं मोड़ देता? देवता और जल देवता चाहते हैं कि यह पानी नदी में जाकर गिरे। नदी हमारी माँ है, उसे सुखाकर अपने खेत हरे-भरे करने का हमें कोई अधिकार नहीं है। याद रखो, अगर हमने ऐसा किया तो केवल देवता ही नहीं, प्रकृति का भी हमें अभिशाप मिलेगा और हमारे पहाड़ भी वैसे ही हो जाएँगे जैसा भीमताल के पास का सूखा पहाड़ है। इसलिए मेरा पंचायत से निवेदन है कि इस अधर्म के कर्म को तुरन्त बन्द किया जाए और साथ ही इस पागल आदमी को जिसने ऐसा करने के लिए भोली-भाली जनता को भड़काया है कड़ा-से-कड़ा दण्ड दिया जाए।''

अब सरपंच के विरोध में शर्माजी खड़े हुए। वे कुछ कहने ही जा रहे थे कि एक पंच ने उन्हें बाहर का आदमी कहकर बोलने से मना कर दिया। बाकी के पंचों ने भी उस पंच का समर्थन किया। शर्माजी तनाव चेहरे पर लेकर बैठ गए और मन-ही-मन विवेक को इस पंचायत के विरुद्ध कोर्ट में जाने की सलाह देने का फैसला कर लिया।

अब एक बूढ़े पंच ने गर्दन हिलाते हुए बैठे हुए तमाशबीनों से पूछा, ''आप लोगों में से अगर किसी को कुछ कहना हो तो खड़ा होकर कह सकता है।'' पर किसी ने भी मुँह खोलने का साहस नहीं किया। जब सन्नाटा कुछ ज्यादा ही गहरा हो गया तो भीड़ में से अचानक शकुन्तला खड़ी हो गई और कमजोर आवाज में बोली, ''जेठजी मेरे पति से जलते हैं। इन्होंने हमेशा हमारी तरक्की में रोड़े अटकाए हैं। मेरे पति जब से शहर से यहाँ अपने घर लौटे हैं तब से ही उनके पीछे पड़े हैं। इन्हें डर है कि कोई अच्छा काम करके मेरे पति इनकी सरपंची न छीन ले। इस इलाके के सारे लोग इस बात को जानते हैं। मैं प्रार्थना करती हूँ कि मेरे पति को पानी खेतों तक ले जाने की इजाजत दी जाए। इसी में सभी की भलाई है। भलाई इनसे देखी नहीं जाती। ये तो चाहते हैं कि सारा इलाका इनका मोहताज बना रहे।''...इसके साथ ही शकुन्तला को खाँसी छिड़ गई। साथ बैठी औरत ने उसे पकड़कर बिठाया।

सरपंच ने फब्ती कसी, ''देखा देवता के खिलाफ बोलने का नतीजा! देखा! खाँसी छिड़ गई।''

बूढ़े पंच ने भी सरपंच की फब्ती का साथ दिया, ''देवता के खिलाफ कोई नहीं जा सकता। देवता सर्वशक्तिमान है। सबकुछ कर सकता है देवता।''

अब नतीजे की बारी आई। पंचों ने पहले सरपंच के साथ कानाफूसी की और फिर एक पंच ने खड़े होकर पंचायत का फैसला सुनाया, ''इस प्रदेश में प्रकृति ने जो जैसा बनाया है वैसा ही रहना चाहिए। नदी में जानेवाला पानी अपने खेतों की तरफ मोड़कर नदी पर सूखने का संकट पैदा करने का हक किसी को नहीं है। पहाड़ काटने का विचार एक पागलपन है। ऐसे विचार का साथ देना केवल अपराध ही

नहीं बल्कि पाप भी है। इस पाप की वजह से लोग कुम्भीपाक नरक में जा सकते हैं। विवेक मटियानी उर्फ पागल बाबा को दण्ड दिया जाता है कि जो पहाड़ उसने काटा है, उस कटाव को अपने ही खर्च पर पत्थर और चिकनी मिट्टी की कुटाई से भराई करे।...पानी को खेतों तक पहुँचाने का विचार छोड़ दे।''...

इसके साथ ही पंच और सरपंच खड़े हो गए, उनके साथ ही भीड़ भी खड़ी हो गई और पंचायत के फैसले के पक्ष तथा विपक्ष में बातें करती हुई अपने-अपने खोल की तरफ चल पड़ी।

शर्माजी भी भीड़ के साथ मसाहा की तरफ चल दिए। इस फैसले को लेकर वे विवेकजी को कोर्ट में जाने की सलाह देंगे इसका पक्का निर्णय मन में कर।

पागल बाबा काफी देर तक वहीं जमीन पर बैठे रहे। मेधावी प्यार से उनकी पीठ पर हाथ फिराता रहा। जब वे उठे तब उन्हें लगा कि आँखों के सामने कुहरा छाया है। कुहरे के उस पार हिजड़ों की भीड़ नाच रही है। वे उस भीड़ की तरफ थूककर मसाहा की तरफ चल दिए। मेधावी को उनकी गति के साथ भागना पड़ा। लगा जैसे हवा उन्हें उड़ाए लिए चली जा रही है। एक पतंग की तरह। जिसकी डोर किसी गहरी आस्था के साथ बँधी है।

रात के खाने पर विवेक, शर्माजी और मेधावी गुमसुम बैठे थे। पर खाना परोसनेवाले दोनों ही अर्द्धनारीश्वर पहले की तरह ही खाना परोस रहे थे। अचानक पागल बाबा ठहाका मारकर हँस पड़े, ''यह तो पूरे देश की समस्या है। इसी में से तो रास्ता निकालना है हमको!''

शर्माजी ने अपना सुझाव रखा, ''मेरे विचार में हमें कोर्ट में चले जाना चाहिए!''

बाबा फिर फिस-फिस करके हँस पड़े। ''कोर्ट, सात पीढ़ी तक भी कोई फैसला नहीं मिलेगा जनाब को। चलो मान भी गए कि कचहरियों में धक्के खाने के बाद फैसला हमारे हक में हो गया, उस फैसले को इम्प्लीमेंट करवाएगा कौन?''

''तो फिर?'' शर्माजी का चेहरा फीका पड़ गया।

पागल बाबा थोड़े गम्भीर हो गए, ''देखेंगे, कोई-न-कोई रास्ता तो निकालना ही होगा।''

''लेकिन कैसे? पंचायत को तो अब सरकार ने बहुत ज्यादा अधिकार दे रखे हैं। यह चाहे तो किसी को जेल भी भेज सकती है।''

''जेल से कौन डरता है।'' बाबा ने अपनी जटाएँ समेटकर उन्हें जूड़े के रूप में बाँध लिया और वे पूरे सरदार दिखाई देने लगे।

खाना खाए बिना ही वे उठ खड़े हुए, ''तुम लोग चलोगे मेरे साथ?''

''लेकिन कहाँ?'' शर्माजी को लगा यह पागल कोई बहुत बड़ा पागलपन करने

जा रहा है।

मेधावी भी गुरुजी की तरफ फटी-फटी आँखों से देखने लगा।

पागल बाबा ने दो छैनियाँ और दो हथौड़े उठाए और उन्हें झोले में डालकर बाहर निकल आए। शर्माजी और मेधावी भी अपने-अपने औजार लेकर उनके पीछे-पीछे चल दिए। नदी पार करते वक्त पीछे मुड़कर देखा तो शर्माजी के आश्चर्य का ठिकाना नहीं रहा। अर्द्धनारीश्वरों के साथ गूँगी भीड़ अपने-अपने औजार लेकर उनके पीछे खड़ी थी।

नदी पार करते वक्त सबने नदी की मिट्टी को मस्तक पर लगाकर उससे आशीर्वाद लिया। प्रार्थना की कि वह उन्हें अभिशाप न दे। इसके बाद सभी लोग पानी से इस तरह से दबे पाँव निकले जैसे शिकार करने जा रहें हों। एक-दूसरे के पीछे, औजारों को सख्त मुट्ठियों में कसे, जरूरत पड़े तो तुरन्त इस्तेमाल करने की धुन में मस्त और चाक-चौबन्द।

सभी शिकारी कटाव पर पहुँचे। उनके इस कर्म की किसी को भनक तक नहीं पड़ी। कोई सोच भी नहीं सकता था कि पंचायत के हुकुम की उदूली हो सकती है। और फिर यह फैसला तो महापंचायत का था, इसकी सबसे बड़ी शक्ति थी अभिशाप के डर की। ये सब शिकारी इस डर का उल्लंघन कर रहे थे। तोड़ रहे थे बड़ी ही बेरहमी के साथ खर-परम्परा।

सारी रात कटाव के अन्तिम हिस्से पर टक-टक होती रही। आसपास पहरा भी दिया जाता रहा ताकि विघ्न को रोकना पड़े तो कोई कोताही न बरती जाए। औरतें श्रमिकों के लिए जलपान का काम करती रहीं। मधुर वाणी से उनका हौंसला बढ़ाती रहीं। हाथ में पड़े छालों को चूमती रहीं। अपनी धोती से लड़ फाड़कर उनके छालों पर बाँधती रहीं।

एक थकता तो उसकी जगह दूसरा आ जाता, दूसरा थकता तो तीसरा। इस तरह चट्टान को साँस नहीं लेने दिया गया, और न ही उत्साह को मन्द पड़ने दिया गया।

विवेक को लगा कोई है जो उसके हथोड़े के हर वार पर रोशनी कर रहा है। पीछे मुड़कर देखा तो हाथ में लालटेन लिये शकुन्तला खड़ी थी। उसके होंठों पर अजीब आभा थी। मानो कहना चाहती हो, केवल शरीर ही सम्बन्धों की नींव नहीं है। और भी बहुत कुछ है जो आदमी को आदमी के साथ जोड़कर रखता है। विवेक को लगा जैसे बिलकुल सामने दिखता पानी शकुन्तला के चेहरे से होकर बह रहा है। कमल के पत्तों पर थिरकते पारे के कणों की शक्ल का पानी। विवेक के मुँह से निकल गया, "तुम क्यों आ गई यहाँ?"

"क्यों, और भी तो औरतें यहाँ हैं, मैं आ गई तो क्या हुआ।"

इधर क्षितिज के एक किनारे पर हल्की रोशनी फूटी और इधर पागल बाबा

के बड़े सब्बल के भरपूर वार से पत्थर का एक टुकड़ा हटा कि पानी की मोटी धार निकलकर खोदी गई नाल के बिलकुल बीच गिरी।

जयजयकार से पूरी घाटी गूँज उठी। धारा पर फूल बरस उठे। लोग धारा के नीचे मस्तक टिकाकर बैठ गए। जय वरुण देवता! जय गंगा मैया! पल-भर में शिकारी नर्तक बन गए और नारियाँ भी नाचने लगीं नर्तकों के साथ।

पागल बाबा ने मेधावी से नारियल फुड़वाया। एक औरत ने थाली में दीप प्रज्वलित कर जलदेवता की आरती उतारी। सबकी खुशी का ठिकाना नहीं था। एक-दूसरे से आलिंगनबद्ध होकर बधाइयाँ दे रहे थे सब लोग।

सूरज की पहली किरण फूटी तो सबने देखा, शर्माजी धार के पास बैठे छैनी चलाकर उसको और भी अधिक चौड़ी करने की कोशिश कर रहे थे। ''अरे यह होता रहेगा।'' पागल बाबा ने शर्मा को हाथ से पकड़कर धार के बीच खींच लिया। सबने देखा, एक छोटी मछली इन दोनों के आपस में गुँथे शरीरों के बीच फँसकर पूँछ हिलाने लगी, मानो बधाई दे रही हो, हार्दिक बधाई।

रात को अपने सोने के कमरे में लालटेन की रोशनी में शर्माजी ने पत्र लिखा :

प्रिय विवेक, तुम्हारी लड़ाई की पहली विजय तुम्हें मिल गई। बधाई! मैं जा रहा हूँ, चूँकि मैं बाहर का आदमी हूँ। मैं यह लड़ाई अपनी भूमि में शुरू करूँगा। विवेक आश्रम नाभा या उसके आसपास खोलूँगा। उद्घाटन पर तुम्हें बुलाऊँगा। यह मैं कल्पना भी नहीं कर सकता कि तुम नहीं आओगे।

मेधावी, गिलहरी और अन्य साथियों को मेरा माथे पर उल्टा हाथ रखकर सलाम कहना। तुम्हारी एक दराती निशानी के तौर पर साथ ले जा रहा हूँ।

सादर तुम्हारा, दिवाकर शर्मा।

जीतू का पशमीना ओढ़कर कुटिया से बाहर निकले तो सर्द हवा के एक झोंके ने उनका स्वागत किया, मानो कह रहा हो, जब धूप चढ़ जाए तब जाना। पर धूप में उन्हें जाने देगा कौन? और इस खुशी के अवसर पर, जब भागीरथ ने पर्वत काटकर गंगा को धरती पर उतारा हो।

दोनों झोले पीठ पर लादकर शर्माजी आगे बढ़े, रात के शिकारियों की तरह। दुराली के मोड़ तक पहुँचे तो उन्हें मसाहा गाँव का ही खच्चरोंवाला दिखाई दिया। दूर से ही आवाज आई, ''सलामालेकुम शर्माजी!''

''वालेकुमसलाम! लेकिन तुम यहाँ क्या कर रहे हो?''

''कोई सवारी देख रहा हूँ।''

''भीमताल जाओगे?''

''वहीं के लिए निकला हूँ। सामान लेने जाना है, सोचा, जाते वक्त कोई सवारी ले चलूँ!''

"मैं तुम्हारी सवारी हूँ।"

"सवारी नहीं, आप तो हमारे लिए फरिश्ता हैं भाईजान! मसाहा में मेरी भी थोड़ी जमीन है, अब उसके भाग खुल जाएँगे।"

"पैसे कितने लोगे?"

"क्या बात करते हैं भाईजान। क्या अपनों से भी कोई पैसे लेता है? आइए, इस पर बैठिए।" खच्चरवाले ने एक खच्चर की काठी की जगह रखी गून साफ की।

खच्चरवाले के हाथों पर पैर रखकर शर्माजी खच्चर पर बैठ गए और खच्चरवाला कुदाली मारकर दूसरी खच्चर पर बैठ गया। इस प्रकार शर्माजी की वापसी बिना किसी विघ्न और बिना किसी उहापोह के आराम से शुरू हो गई।

उतराई-चढ़ाई और नदियाँ-नाले पाकर करते हुए शर्माजी उसी तरह थक-थकाकर भीमताल पहुँच गए जैसे भीमताल से मसाहा पहुँचे थे। मन्दिर के श्रद्धालु अब भी बिना पानी के सूखा पहाड़ चढ़ रहे थे। पर उनके पास अब भी नई धार से भरी हुई पहलेवाली बोतल थी।

मन में सवाल आया कि जैसे एक पागल बाबा ने मसाहा की सूखी धरती का अभिशाप तोड़ा है, वैसे ही कोई पागल बाबा इस पहाड़ का अभिशाप नहीं तोड़ सकता क्या?

उत्तर में खच्चरवाले ने कहा, "इस मोड़ से आप पैदल ही नीचे उतर जाएँगे तो बड़ी मेहरबानी होगी। मुझे इस पहाड़ के पीछे बनी मस्जिद में नमाज पढ़ने जाना है।"

शर्माजी ने खच्चर से नीचे उतरकर उसे डेढ़ सौ रुपए देने चाहे पर उसने नहीं लिए। बोला, "आप जैसे फरिश्ते से रुपए लेंगे तो खुदा हमें कभी माफ नहीं करेगा। आखिर सबको कयामत के दिन खुदा को मुँह दिखाना है, वहाँ क्या जवाब दूँगा?"

शर्माजी दोनों झोले लेकर पहले भीमताल, भीमताल से नैनीताल, नैनीताल से काठगोदाम और फिर दिल्ली होते हुए नाभा पहुँचे। नाभा में अपने घर का दरवाजा खटखटाया तो सब लोग हक्के-बक्के रह गए।

ठूँठ पर नई कोंपलें, नए फूल, नए फल

दोपहर होने तक चण्डीगढ़ का पूरा परिवार नाभा पहुँच गया। चन्द्रमोहन, कृष्णा, रेणु, बसन्त, लक्ष्मी और बबलू। सुबह एस.टी.डी. काल मिली और ब्रेकफास्ट करने के बाद सब-के-सब चल दिए घर की कार में। रास्ते में अपने-अपने तौर पर मन-ही-मन सोचते रहे कि शर्माजी का सामना होते ही क्या कहना है और क्या पूछना है।

चन्द्रमोहन सोच रहा था, सबसे पहले वह पिता के पैरों में गिर जाएगा और मुआफी माँगेगा। फिर पूछेगा आप बिना बताए क्यों चले गए थे? भला ऐसा भी कोई दंड किसी को देता है? गलतियाँ बच्चे करते रहते हैं पर माँ-बाप उन्हें क्षमा करते रहते हैं। हमें क्षमा कर दें और हमारे साथ चलें। अब हम आपको एक पल के लिए भी आँखों से ओझल नहीं होने देंगे। बच्चों का भी कोई फर्ज होता है अपने माँ-बाप के प्रति, मैं वह फर्ज पूरा करूँगा। मैं जानता हूँ कि आप कवि हैं। कवियों का मिजाज अलग ही तरह का होता है। हमारा पूरा परिवार आपके मिजाज का ध्यान रखेगा। हम आपकी हर जरूरत पूरी करेंगे और किसी भी तरह की कोई तकलीफ नहीं होने देंगे। कृपया आप हमारे साथ चलें और अतीत में हमारे द्वारा की गई बचकानी हरकतों को क्षमा कर दें।

कृष्णा सोच रही थी, जाते ही वह ससुर के चरण स्पर्श करेगी और अगर उन्होंने आशीर्वाद दिया तो प्रार्थना करेगी कि चन्द्रमोहन को क्षमा करें और माताजी को साथ लेकर हमारे पास रहें। मैंने देख लिया है कि माँजी एक आदर्श सास हैं। घर के सब सदस्यों का उनसे प्यार हो गया है। हम उनके और आपके बिना गृहस्थ की पूर्णता की कल्पना भी नहीं कर सकते। बुजुर्गों का साया बहुत बड़ी चीज है। वह बाजार में बिकता नहीं है जिसे खरीदा जा सके। अगर मेरे से भी कोई गलती हो गई हो तो क्षमा करें। माताजी को साथ लेकर हमारे साथ चलें और अपने बेटे

के घर में सुखपूर्वक रहें।

रेणु सोच रही थी, देखते ही वह कहेगी, आप तो ग्रेट पोएट निकले दादाजी। टी.एम.टी. करवाए बिना ही हिल स्टेशन घूम आए। बताकर जाते तो हम भी साथ चलते। मैंने नैनीताल नहीं देखा, ममी और डैडी ने भी नहीं। इसका मतलब यह निकला कि आप हार्ट से परफैक्टली ओ.के. हैं। आपको टी.एम.टी. की जरूरत नहीं है। इट्स वैरीनाइस थिंग। नाऊ योर डीप एक्सपीरियेंसिज विल रिमेन विद अस फॉर ए लौंग टाईम। सर्टेनली इस पर सब लोग हसँगे और दादाजी अपनी ग्रेण्ड डॉटर को अपनी सुगन्धित देह से चिपकाएँगे।

बसन्त सोच रहा था, जाते ही वह दादाजी को सिल्यूट मारेगा। दादाजी हाथ बढ़ाएँगे तो वह उनसे हाथ मिलाएगा। फिर कहेगा, आप तो किशोर बच्चों की तरह घर से भाग गए दादाजी। कोई गर्ल फ्रेंड भी साथ थी या अकेले थे? कमाल कर दिया आपने। मुझे आपको ढूँढ़ने के लिए खून-पसीना एक करना पड़ा। यह तो कल्पना भी नहीं की जा सकती थी कि आप नैनीताल जा सकते हैं। नहीं तो मैं वहाँ भी पहुँच जाता। आपको ढूँढ़ने में जो गाड़ी का पेट्रोल खर्च आया है, पहले उसके पैसे दीजिए और फिर चलिए हमारे साथ। अपने साथ जीने की आदत डालकर अब आप हमारे से दूर नहीं रह सकते। मम्मी-डैडी से कोई गलती हुई हो तो उनकी तरफ से मैं आपसे मुआफी माँगता हूँ। हम तो गर्व करते हैं कि एक स्वाभिमानी कवि हमारे दादाजी हैं। हमसे यह हक मत छीनिए। रेणु के बचपने की तरफ ध्यान न दिया करें। यह तो है ही ऐसी।...

निश्चित ही मेरे ऐसा कहने पर रेणु बल खाकर, चेहरे की सौम्यता बिगाड़कर जरूर कुछ बोलेगी। क्या बोलेगी?... क्या बोलेगी?...पता नहीं क्या बोलेगी। पर दादाजी हम दोनों को अपनी बगलों में ले लेंगे, हमारा सिर चूमेंगे।...

फिर हम सब बलबीर चाचाजी द्वारा बनवाया खाना खाएँगे। उसके बाद दादाजी को साथ लेकर चण्डीगढ़ चले आएँगे।...पर गाड़ी में छह आदमी बैठेंगे कहाँ? मैं रेल या बस में चला आऊँगा। पिताजी कार ड्राइव करके सबको चण्डीगढ़ ले जाएँगे। रात को सुनेंगे दादाजी से नैनीताल प्रवास के अनुभव।...

लक्ष्मी सोच रही थी, सामने होकर भी वह उनसे बात नहीं करेगी। भला कोई मर्द, अपनी जोरू को इसत्राँ छड्डके वी भागता है? बो हत्थ पकड़ेंगे तो उनके पैराँ विच्च बैठके रो पड़ेगी। इस पर पता नहीं बो की करेंगे। मूडी आदमी है। जो करेंगे देखूँगी। वही करूँगी जैसे हालात होंगे। बाकी के लोकाँ का वी तो धयान रखना होगा। चलो सुक्खीसान्दी घर आ गए। भगवान दा शुकर है। बह तो साफ आख देगी कि मैं ताँ आपके साथ रहूँगी। चाहे कहीं वी रहो। पत्नी का सुरग ताँ पति के पैराँ विच्च ही होता है। मैं जे सुरग कदी वी नी छड्ड सकदी। चंगा होगा जे बो चण्डीगढ़ में रहना मान जाएँ। इससे चंगा घर और कहाँ होगा? बलबीर तां

लड़ाका है। गुस्से दा दौरा पड़दा है तो अबातबा नी देखता। जो मुँह विच्च आता है, बक देता है। भगवान उसके पास रहन दी सजा ना दबे। जो होगा देखाँ गे। औरत की कर सकदी है? उसका भाग ताँ आदमी के नाल ही जुड़ा होता है। बाकी भगवान जाने।...

बबलू अगली सीट पर दादीजी की गोद में बैठा था। वह बार-बार कार की चीजें छेड़कर ड्राइव कर रहे बसन्त की झिड़कियाँ खा रहा था। कभी पानी माँगकर तो कभी खाने की कोई चीज माँगकर सबकी नाक में दम किए हुए था। आखिर उसने पाटी आने की शिकायत की। गाड़ी एक किनारे खड़ी करके पेड़ों की ओट में उसे पाटी करवाई गई। कृष्णा ने बुड़बुड़ाते उसे साफ किया। साफ होकर सड़क के बीच जाने लगा तो बसन्त ने बड़ी मुश्किल से उसे पकड़ा। राजपुरा में ईगल मोटेल पर चायपान किया तो वहाँ दो सौ रुपए की कार लेने की जिद कर बैठा। बड़ी मुश्किल से पचहत्तर रुपए की कार लेकर पीछा छोड़ा। थोड़ी दूर जाकर कोल्ड ड्रिंक माँग ली। कृष्णा ने उसको एक चपत जमाई तो चीखकर आसमान सिर पर उठा लिया। आखिर एक पेट्रोल पम्प पर गाड़ी रोककर उसको कोकाकोला लेकर दिया तब कहीं जाकर चुप हुआ। कृष्णा बड़बड़ाने लगी। लक्ष्मी ने उसे समझाया, "सब बच्चे ऐसे ही होते हैं। चन्द्रमोहन भी ऐसा ही था।" खोखेवाले को बोतल के भी पैसे देकर कार आगे बढ़ी। बबलू धीरे-धीरे कोल्ड ड्रिंक पीता हुआ चुप रहा और दादी माँ चन्द्रमोहन और बलबीर की बचपन की जो घटनाएँ सुनाने लगीं तो उनकी भाषा को लेकर खासकर, सब हँस-हँसकर लोटपोट होने लगे। चन्द्रमोहन झेंपते रहे, क्योंकि उसकी सारी बचपनी हरकतें बहुत तकलीफदेह साबित हो रही थीं।

घर पहुँचे तो शर्माजी और बलबीर दोनों नदारद थे। अपने-अपने किसी जरूरी काम से दोनों बाहर निकले हुए थे। घर में सिर्फ बलबीर की पत्नी थी और गोद लिया हुआ बेटा जो आज स्कूल नहीं गया था। सबकी मन में बनाई गईं योजनाएँ धरी-की-धरी रह गईं।

कृष्णा घूम-घूमकर छह कमरों और एक बाथरूम और रसोईवाले घर को देखती रही, जिसमें उसके पति का आधा हिस्सा था। चन्द्रमोहन ने भी उड़ती नजर से सबकुछ देखा, इस अन्दाज में कि उसके पास तो ईश्वर का दिया सबकुछ है।

लक्ष्मी बहू को साथ लेकर दोपहर का खाना तैयार करने में जुट गई। उस बहू को जो दाल-सब्जी में नमक-मिर्च भी अपनी सास को दिखाकर डालती थी। पानी डालना होता था तो दिखाकर पूछती थी, "इतना पानी डाल दूँ माँ जी?" लक्ष्मी को बहू में सिर्फ यही बात अच्छी लगती थी। बहू के घुटनों का दर्द, उसका ढुलमुल व्यवहार और उस पर करेले की बेल का नीम पर चढ़ने की तरह उसका बाँझ होना, लक्ष्मी का खून जलाने के लिए काफी था। कुढ़न में उसके मुख से केवल आधा ही वाक्य निकलता था, "पारवती तू..." पार्वती गूँगे बैल की तरह तुरन्त समझ जाती

थी कि हल की फाल लीक से हट गई है। लक्ष्मी की इच्छानुसार गाड़ी फिर लीक पर आ जाती थी।

लाख इलाज करवाया गया पार्वती का। अनगिन टोने-टोटके किए गए। मायकेवालों ने भी पानी की तरह पैसा बहाया। पर पार्वती की गोद ऐसी हठीली कि हरी नहीं हुई। इस पर भी बड़े घर की बेटी घर में बनी रही। तहसीलदार की बहन को इच्छा होते हुए भी बलबीर तलाक नहीं दे सका। तलाक शब्द मुँह पर आते ही उस तरफ से दहेज उत्पीड़न का भारी-भरकम शब्द आ धमकता। और यह शब्द क्या गुल खिला सकता है इसकी खबरसार अखबारों में छपती ही रहती है। अन्त में एक लड़का गोद लिया गया। एक गरीब ब्राह्मण परिवार में जन्मे सात बच्चों में से एक बच्चा। जिसको पेट भरने के लिए रोटी और तन ढकने के लिए कपड़ा भी नसीब नहीं था। इस पर भी बाप शराबी। बहुत थोड़े से पैसे देकर बात बन गई। पर दुधमुँहे बच्चे की किलकारियों से घर नहीं गूँजा। क्योंकि जब बच्चा घर में आया तब वह सात साल का था। बिगड़े स्वभाव का बच्चा, जो बलबीर के महाबिगड़े स्वभाव के सामने हार मान गया। वही लड़का अब घर के छोटे-छोटे काम करता है। साइकल चलाना सीख गया है, इसलिए दूर के छोटे-छोटे काम भी समेट देता है। इसी लड़के को अब दही लेने बाजार भेजा गया है।

बसन्त बैठे-बैठे बोर हो गया तो रेणु और बबलू को लेकर शहर देखने निकल पड़ा। अपने पिता की बालभूमि होकर भी इन तीनों को इस शहर के बारे में कुछ भी अता-पता नहीं था। सिर्फ सुना था कि बहुत ही खूबसूरत बागों का शहर है। हीरा महल है, हीरा बाग है और इसके साथ-साथ पास से एक बड़ी नहर बहती है। बसन्त और रेणु को केवल बागों का मोह था जो चण्डीगढ़ में नहीं थे। इसलिए उन्होंने पूछताछ कर भैंसावाले गेट के बाहर गाड़ी निकाल ली, समाधों और उसके अगल-बगल के बागों को देखने के लिए।

रह गए थे घर में चन्द्रमोहन और कृष्णा, जो डबल बेड पर लेटे एक-दूसरे के चेहरे देख रहे थे। चन्द्रमोहन सोच रहा था, कैसी विचित्र औरत है। नौकरी पर क्या गई कि तीसरा बच्चा लेकर गुल खिला दिए। बताया भी तब जाकर जब अवॉर्शन हो ही नहीं सकता था। दो बच्चों से पेट नहीं भरा था कि यह तीसरा...। औरतों की माया औरतें ही जाने। अब खिच-खिच करती रहती है उस बच्चे पर। चार पैसे क्या कमाती है अपने आपको अफलातून समझती रहती है। हूरॉपरी समझती है अपने आपको मुटल्ली। हर वक्त मायके के गुण गाती रहती है। मायका न हो गया पैरस हो गया। जितना मोटा शरीर उतनी मोटी बुद्धि। हर काम मोटा। यहाँ तक कि पहनना-सँवरना भी मोटा। जाकर देखे कालिज की लड़कियों को। कितने शानदार सलीके से सँवरती हैं। माधुरी दीक्षित और श्रीदेवी लगती है हर लड़की। और यहाँ? वही बाबा आदम के जमाने की साड़ी और ब्लाउज। लटका लेगी

कानों में बड़े-बड़े झुमके और बातें ऐसे करेगी जैसे सीधी परीलोक से आ रही है। चामचड़िक कहीं की।...

कृष्णा सोच रही थी, कैसे आदमी से पाला पड़ा है। धेले की अक्ल नहीं। बातें ऐसे करते हैं जैसे महात्मा विवेकानन्द बोल रहे हों। ये ना करो वो ना करो, जैसे इसकी नौकरानी हूँ घर की मालकिन नहीं। जिसे देखो डाँटना, जिसे देखो फटकारना, जैसे फटकारने का ठेका ले रखा है। बाप के साथ भी बदसलूकी। जो आदमी अपने बाप का नहीं हो सका वह किसका होगा। ऐसे बाप तो भाग्य से मिलते हैं लोगों को। उनका आशीर्वाद तो किस्मतवालों को मिलता है। देखे मेरे मायके में जाकर। पैर धो-धोकर पीते हैं माँ-बाप के सारे बच्चे। तीन-तीन बच्चों को जन्म दिया। पढ़ाया-लिखाया। किसी को उँगली भी नहीं लगाकर देखी कभी। ऊपर से मेरी रेणु, मेरा बसन्त, मेरा फलाना, मेरा ढिमकाना। अब सवाल यह कि तीसरा बच्चा क्यों आया इस घर में? सब चीजें इससे पूछ कर ही की जानी चाहिए। यहाँ तक कि बच्चे भी इसी से पूछ कर लेने चाहिए। हिन्दी के अध्यापक होते ही ऐसे हैं। न पहनने का शऊर, न खाने का शऊर और न जिन्दगी जीने का। इससे अच्छी जिन्दगी तो झुग्गियोंवाले जीते हैं। कम-से-कम दोगले तो नहीं हैं। यहाँ तो हर बात में दोगलापन। अपने माँ-बाप से बेरुखी दिखाएँगे तो हमसे भी चाहेंगे कि वैसा ही करें। हद हो गई दकियानूसी की।...

चन्द्रमोहन ने पूछा, "क्या सोच रही हो तुम?"

"कुछ नहीं, बस आप ही के बारे में।"

"मेरे बारे में क्या सोच रही थी?"

"यही कि कितना अच्छा पति मिला है मुझे। ऐसे पति भाग्य से मिलते हैं। और आप क्या सोच रहे थे?"

"मैं भी तुम्हारे बारे में सोच रहा था।"

"क्या?"

"यही कि कितनी अच्छी पत्नी मिली है मुझे। ऐसी पत्नियाँ तो पिछले जन्म के भाग्य से ही मिलती हैं।"

"सच कह रहे हो?"

"मैं तुम्हारी तरह झूठ नहीं बोलता।"

"चलो छोड़ो इन बातों को, यह बताओ कि हम यहाँ क्या करने आए हैं?" कृष्णा ने विषय बदला।

"अपनी माँ को सन्तुष्ट करने के लिए आए हैं।" चन्द्रमोहन ने सधा हुआ जवाब दिया।

"माँ तो रसोई में खाना बना रही है सबकुछ भूलकर।"

"उसका स्वभाव ही ऐसा है। वह अपने लोगों के सौ खून मुआफ कर सकती

है, फिर पिताजी तो उसके पति हैं।''

''यह तो कोई बात न हुई। आखिर स्वाभिमान नाम की भी तो कोई चीज है। क्या औरत के हिस्से में उसका एक प्रतिशत भी नहीं है?''

''अपनों के सामने स्वाभिमान कैसा? आपसी सम्बन्धों में तो स्वाभिमान हम उसी वक्त खो देते हैं जब किसी को पूरे तन-मन से अपना मान लेते हैं।''

''इसका मतलब आपने मुझे तन-मन से अपना नहीं माना।''

''क्या मतलब?''

''मुझे लेकर तो आप हमेशा स्वाभिमान की दुहाई देते रहते हैं।''

''यह तो तुमसे बचने की एक ढाल भर होती है।''

''तो क्या मैं शेर बाघ हूँ जिससे बचने की जरूरत महसूस होती है।''

''पढ़ी-लिखी औरत उस पर भी कमाऊ बीवी शेर और बाघ से भी ज्यादा खतरनाक़ होती है।''

''और पढ़ा-लिखा होने के साथ कमाऊ पति?''

''शेर हमेशा शेरनी का गुलाम होता है।'' कहकर चन्द्रमोहन ने अपनी पत्नी की पीठ पर हाथ फिराया।

कृष्णा ने पीठ पर बल डाले और ''बेशर्मी की भी कोई हद होती है'' कहकर बैड से नीचे उतर गई।

ठीक इसी समय बाहर का दरवाजा खुलने की आवाज आई। बलबीर जो सामान लेकर आया था अन्दर पहुँचाकर चन्द्रमोहनवाले कमरे में पहुँचा। दोनों ने एक-दूसरे को आँखों-ही-आँखों में देखा। फिर कृष्णा के पैरों को छूकर बलबीर रसोई में चला गया, माँ के पैरों को स्पर्श करने।

उसने देखा, खाना लगभग तैयार है। अब केवल पिताजी के आने की राह देखी जाने लगी। सबका जमीन पर दरियाँ बिछाकर एक ही जगह पर खाना खाने का बन्दोबस्त किया गया जो इस घर में गाहे-बगाहे ही होता था। नहीं तो सब लोग अपना-अपना खाना लेकर अपनी-अपनी जगह पर बैठकर खाते थे। कुछ और लेना होता था तो बर्तन साथ लेकर रसोई में पहुँचते थे और वांछित चीज लेकर फिर अपनी जगह पहुँच जाते थे। केवल पार्वती थी जो रसोई में बैठकर खाना खाती थी। घुटनों का दर्द उसे बार-बार उठने की इजाजत नहीं देता था।

खाना खाने के बाद सब लोग इकट्ठे बैठे तो शर्माजी ने सबका ध्यान अपनी तरफ आकर्षित किया।

''देखो भाई, यह बहुत अच्छी बात है कि परिवार के सब लोग यहाँ पर हैं। मैंने आप लोगों से एक जरूरी बात करनी है।''

सब लोगों ने उनकी बात सुनने के लिए श्रोताओं के चेहरे बना लिए।

"देखिए, चारों लड़कियाँ अपने-अपने घर में सुखी हैं। उनको कुछ कहने-सुनने की जरूरत नहीं है। रह गए बेटे और उनकी बहुएँ, मैं उनसे ही बात करना चाहता हूँ।"

शर्माजी ने एक नजर सब पर डाली। सब शान्त दिखाई दिए तो आगे बोले, "देखिए, मुझे इस घर की सख्त जरूरत है। मैं चाहता हूँ कि इसे खाली करके मुझे, सिर्फ मुझे दे दिया जाए।"

बलबीर ने कहा, "मैं समझा नहीं!"

शर्माजी ने कहा, "समझने को मैं कोई फारसी नहीं बोल रहा। मैं कह रहा हूँ, जिस घर में तुम रह रहे हो, मुझे उसकी जरूरत है, इसलिए यह घर मुझे खाली चाहिए!"

सुनते ही बलबीर आगबबूला हो गया, "क्यों, यहाँ आपने अपनी कबर बनानी है!"

"होट डुब्बपैना, केहीजेही बातें करता है। कब्र बने इनके दुश्मनों की। कोई अपने बाप को वी ऐदाँ कहता है।" लक्ष्मी की आँखों से अंगार बरसने लगे।

शर्माजी ने हाथ उठाकर लक्ष्मी को शान्त किया, "तुम चुप रहो, मुझे इससे बात करनी आती है।"

शर्माजी आगे बात करने लगे तो बलबीर उठकर अन्दर चला गया। शर्माजी ने ऊँची आवाज अन्दर तक पहुँचाकर कहा, "इस तरह अनसुनी करके तुम मेरे मकान पर कब्जा कायम नहीं रख सकते। मकान मेरा है, मैंने अपनी कमाई से बनवाया है, इस पर किसी का कोई हक नहीं है। यह कोई जद्दी जायदाद नहीं है कि आप लोग इस पर अपना हक जताएँ।" बोलते-बोलते शर्माजी का चेहरा लाल हो गया। बसन्त ने उनकी पीठ पर हाथ रखा। वे बसन्त को ही समझाने लगे, "देख लिया, उठकर अन्दर चला गया। समझता है कि इस तरह अन्दर जाकर वह मेरे मकान को हड़प कर लेगा। मुझे जरूरत है तो मैं कह रहा हूँ। आज तक नहीं कहा। अब जरूरत है तो इसे खाली करो। वरना..." शर्माजी को खाँसी छिड़ गई। उनको पीने के लिए पानी दिया गया। पानी पीकर वे थोड़ा शान्त हुए तो बसन्त अन्दर चला गया, चाचाजी को समझाने-बुझाने।

बाद में चन्द्रमोहनजी बोले, "बलबीर का यह व्यवहार मुझे भी पसन्द नहीं आया। शान्ति से बैठकर बात करनी चाहिए। कोई अनपढ़ तो नहीं है, बैंक में कैशियर है। समझदारी से पेश आना चाहिए। वह मकान अपने पास रखना चाहता है तो बात करे, इस तरह आगबबूला होकर अन्दर जाने का मतलब...?"

कृष्णा ने भी अपनी बात कही, "यह गलत है, बिलकुल गलत। कोई समस्या है तो घरवालों को बैठकर सुलझानी चाहिए। हमारा भी इस घर में आधा हिस्सा है। हम तो कुछ नहीं बोल रहे। पिताजी जो चाहते हैं सिर माथे। हम भी अगर

आग-बबूला होकर चण्डीगढ़ चले जाएँ तो कोई बात तो नहीं बनेगी। उलटे बात बिगड़ेगी।''

बोलते ही कृष्णा को बबलू का ध्यान आ गया, ''बबलू कहाँ है, बबलू? सब लोग अपनी-अपनी हाँक रहे हैं, उस बच्चे का भी ध्यान है किसी को?''

सुनते ही बलबीर की पत्नी बोली, ''वह अन्दर सो रहा है बहनजी। पंखे के नीचे सो रहा है आराम से।''

''अच्छा-अच्छा, सोने दो।'' कृष्णा ने इत्मीनान की साँस ली।

इसी समय बसन्त का हाथ पकड़कर बलबीर अन्दर चला आया और अपनी पहलेवाली जगह पर बैठ गया।

शर्माजी ने शान्त भाव से पूछा, ''तुम सुनना चाहते हो कि समस्या क्या है?''

बलबीर चुप रहा और जबड़े सख्त-नर्म करने लगा।

''मुझे अपने बुढ़ापे को सार्थक बनाने के लिए एक आश्रम खोलना है। अब आश्रम के लिए या तो इस घर को खाली कर दो या मुझे कोई खाली प्लाट लेकर दे दो, जहाँ आश्रम बनाया जा सके। बस।''

इस पर चन्द्रमोहन ने सख्ती से मुँह खोला, ''मुआफ करना पिताजी, आप किसी बने-बनाए आश्रम में क्यों नहीं चले जाते? माताजी को हम अपने पास रख लेंगे चण्डीगढ़ में।''

सुनते ही लक्ष्मी फिर चहक उठी, ''मैं किसी दे पास नहीं रहूँगी। जहाँ मेरे पति रहन गे वहीं मेरे लिए सुरग होगा।''

बलबीर ने दाँत पीसते हुए कहा, ''अब?''

''अब क्या, आश्रम तो नाभा में ही बनेगा, विवेकाश्रम। लक्ष्मी उस आश्रम में मेरे पास रहेगी।'' शर्माजी फिर थोड़ा आवेश में आ गए।

''देखो पिताजी, न तो आपको देने के लिए मेरे पास पैसे हैं और न ही मैं इस मकान को खाली करने की सहूलियत में हूँ।'' बलबीर ने दोटूक कह देना ही मुनासिब समझा।

''क्यों, जो पैसे तुम खानपुर की बगीची बेचकर लाए हो बो कहाँ गए?'' शर्माजी ने भी अब कुछ ज्यादा ही यथार्थवादी बनने में अपनी भलाई समझी।

सुनते ही बलबीर का चेहरा फक्क हो गया, ''कौन कहता है कि मैं खानपुर की बगीची बेचकर पैसे लाया हूँ?''

सबके चेहरों पर हैरानी के भाव चमक उठे। चन्द्रमोहन के मुख से निकला, ''बगीची बिक गई?'' लक्ष्मी के हाथ दिल पर चले गए, ''बो तो बहुत कीमती बगीची थी।'' बसन्त ने हैरान होकर पूछा, ''कौन-सी बगीची?'' रेणु ने छाती पर हाथ रखकर कहा, ''हाय, हमारा कोई गार्डन भी था।''

''हाँ, गार्डन था हमारा। उसी गार्डन को तुम्हारे महान चाचाजी ने अपने

दुश्मनों के हाथ बेच दिया।"

"मैंने नहीं बेचा। मैं कसम खाकर कहता हूँ मैंने नहीं बेचा।" बलबीर का काँपता हुआ हाथ अपने ही गालों को सहलाने लगा।

"वहाँ स्टाम के कागजों पर इसके दस्तखत हैं। बगीची की जगह अब पंचायत भवन बना है और हमारे घर की जगह गुरुद्वारा।" शर्माजी ने बात को और साफ किया।

"सब झूठ है। मुझे फँसाने की साजिश है। मेरे दस्तखतों की जगह जाली दस्तखत करके मुझे फँसाया जा रहा है।" बलबीर का सारा शरीर थर-थर काँपने लगा।

"इसमें क्या बात है? बाहर गाड़ी खड़ी है। सब चलकर देख लेते हैं कि सचाई क्या है।" चन्द्रमोहन ने अपना प्रस्ताव रखा।

"यस, इट विल वी वण्डरफुल, हम भी जाकर देख लेंगे कि दादाजी की मदरलैण्ड कैसी है।" यह रेणु की टिप्पणी थी।

"तो फिर चलें?" बसन्त जेब से कार की चाभी निकालकर खड़ा हो गया।

"मैं नहीं जा सकता। आप लोग जाएँ।" बलबीर भी खड़ा हो गया।

"क्यों, जब आप सच्चे हैं तो आपको चलने में क्या तकलीफ है?" चन्द्रमोहन ने तर्क किया।

"मैं सब जानता हूँ। आप लोग षड्यन्त्र रचकर मुझे घर से बेघर कर देना चाहते हैं। लेकिन आपके ये नापाक इरादे कामयाब नहीं होंगे। पैसे लेने हैं तो जाकर चाचे-तायों से लो, जिन्होंने स्टैम्प पेपर पर साइन किए हैं।"

"तुम्हें कैसे पता है कि चाचे-तायों ने स्टैम्प पेपर पर साइन किए हैं?" चन्द्रमोहन ने जलता हुआ सवाल जलते टायर की तरह बलबीर के गले में डाल दिया।

बलबीर तड़प उठा, "हाँ, मैंने पैसे लिए हैं। इस घर पर भी मैंने कब्जा कर रखा है। सारी बुराइयों की जड़ मैं हूँ। आप तो दूध के धुले हुए हैं। आप कर लो जो कुछ करना है।" बोलकर वह एक ही छलाँग में घर से बाहर निकल गया।

पीछे रह गई गहरी खामोशी, एक सन्नाटा, जिसने सबको साँप की तरह सूँघ लिया।

शाम होने से पहले ही चण्डीगढ़ का परिवार चण्डीगढ़ चला गया। समझ-सोचकर फैसला यही किया गया कि जब तक मकान खाली नहीं होता लक्ष्मी चण्डीगढ़ रहेगी और शर्माजी नाभा रहेंगे। जरूरत पड़ी तो पुलिस स्टेशन तक भी जाया जा सकता है। ऐसा हुआ तो बसन्त या चन्द्रमोहन मदद के लिए आ जाएँगे।

दिवाकर शर्मा अपने ही घर से बेघर होकर धर्मशाला के एक कमरे में जाकर टिक गए। धर्मशाला की देखरेख करनेवाला पण्डित उनका काफी गहरा परिचित था

इसलिए कोई परेशानी नहीं हुई।

महाकवि दिवाकर अपने ही घर को अपने जाबर बेटे से खाली करवाने के लिए वकीलों के दफ्तरों की खाक छानने लगे। कभी मोहन गुप्ता, कभी रामलाल सिंगला, कभी सुशील जायसवाल तो कभी विपिन बिहारी सेठ। जानपहचानवालों और धनी-जजमानों से भी राय ली गई। अन्ततः निचोड़ यही निकला कि मकान तो खाली हो जाएगा पर वक्त लगेगा। बगीची का पैसा नहीं मिलेगा, क्योंकि उसका कोई ठोस सबूत नहीं है। ठोस सबूत सरपंच साधु सिंह के पास है। वह गवाही दे दे तो लड़का चार सौ बीस के केस में धरा जा सकता है। पर साधु सिंह गवाही क्यों देगा? कौन निवेदन करेगा उससे जाकर?...

शर्माजी को समझ नहीं आ रहा था कि क्या करें। इनको भी अब धर्मशाला की छत पर खड़े होकर कुहरा दिखाई देने लगा था। पर कुहरे के आर-पार हिजड़े नहीं थे। सिर के बाल और दाढ़ी जरूर बढ़ रही थी। शीशे में अपना चेहरा देखते, कुछ-कुछ वे पागल बाबा की तरह के दिखाई देने लगे थे।

आखिर एक बेकार से रहनेवाले वकील ने हामी भरी कि पचास हजार रुपए लगेंगे। कुछ बदमाश बलबीर का सामान उठाकर सड़क पर फेंक देंगे, चाहो तो बलबीर की कुटाई भी हो जाएगी। मकान को ताला लगाकर चाभी आपके हवाले हो जाएगी। फिर आप जानो आपका काम।

हालाँकि यह काम शर्माजी को मसाहा में रात को गुपचुप चट्टान का अन्तिम भाग काटने जैसा लगा। जैसे को तैसा वाली कहावत भी उनको चरितार्थ होती दिखाई दी। पर पचास हजार की भारी रकम बीच में बाधक बन गई। ले-देकर उनके पल्ले पच्चीस हजार रुपए थे, और वे भी फिक्स डिपाजिट में। उन्हें खर्च कर दिया तो एक सहारा, एक मानसिक बल भी हाथ से जाता रहेगा।

एक प्रस्ताव और आया, मकान खाली हो जाएगा पर मकान के दो कमरे खाली करवानेवालों के हवाले करने पड़ेंगे। उनकी रजिस्ट्री भी करवानी पड़ेगी। रजिस्ट्री के पैसे खर्च करेंगे मकान खाली करवानेवाले।

लेकिन यह प्रस्ताव भी शर्माजी को अच्छा नहीं लगा। इस दूरदर्शिता के तहत कि जो लोग बलबीर से मकान खाली करवा सकते हैं, कुछ दिन बाद उनसे क्यों नहीं? अगर उनका डण्डा-डोली उठाकर सड़क पर फेंक दिया गया, जैसा कि बलबीर के साथ किए जाने की बात कही जा रही है तो वे क्या करेंगे?...नहीं-नहीं, इस तरह के किसी पचड़े में पड़ना खतरे से खाली नहीं है। गुण्डे लोगों की न तो दोस्ती अच्छी और न ही दुश्मनी। बुरे लोगों के मुँह लगने का मतलब है खुद बुरा बन जाना। एक कवि को, एक शरीफ कवि को ऐसा शोभा नहीं दे सकता, बिलकुल नहीं।...

फिर बलबीर लड़का तो अपना ही है, कोई दुश्मन तो नहीं। वह कोई पराया खून नहीं है कि कृष्ण की तरह इशारा करके भीम द्वारा दुर्योधन की जाँघें तुड़वा

दी जाएँ। बापों ने कब अपने बेटों के साथ वह सब किया है जो बेटों ने? नहीं, बाप कभी उतना क्रूर नहीं हो सकता जितना कि बेटा। अपने ही हाथ से अपना कलेजा निकालना आसान काम नहीं है। पता नहीं वो कैसे बाप होते हैं जो अपने ही बच्चे की बलि दे देते हैं। पशु होते हैं या इंसान?...

यह सब सोचते-सोचते पूरे दो महीने बीत गए। बलबीर कहीं रास्ते में दिखाई पड़ जाता तो तनकर निकल जाता, मानो कह रहा हो, देख लिया बेवकूफियों का नतीजा? अब भी घर चले आओ, खाओ-पीओ आराम करो। क्या रखा है आश्रमबाजी में? आश्रमबाजी तो महात्मा गांधी के साथ ही विदा हो गई।

आखिर वह दिन भी आया जब शर्माजी को कुहरे के आर-पार हिजड़े नाचते दिखाई देने लगे। राह चलते किसी ने उन्हें अपने आप से ही बातें करते देख कह दिया, ''कुदरत का खेल देखो, एक अच्छा-भला आदमी पागल हो गया।''

सुनकर उन्हें खुशी हुई। वह विवेक हो गया। पागल बाबा हो गया। पर विवेक जैसा हौंसला लाए कहाँ से? कहाँ है इस शहर में पहाड़ जिसकी चट्टान काटने का साहस दिखाए?...

एक दिन अकेले समाधों के तालाब की सीढ़ियों पर बैठे वे अपने आपमें ही हँस रहे थे कि ऊपर की सीढ़ी पर जाते आदमी ने रुककर पूछा, ''दिवाकरजी, क्यों हँस रहे हैं?''

शर्माजी ने जवाब दिया, ''अपनी ही कायरता पर हँस रहा हूँ।''

''क्यों, ऐसा क्या कर दिया आपने?''

''दुश्मन सामने खड़ा है, मैं उसे बेटा, अपना बेटा समझ रहा हूँ।''

''ठीक कहा आपने। अपने ही आदमी की कमजोरी का फायदा उठाते हैं।''

''कमजोरी का नहीं कायरता का। अपनत्व आदमी को कायर बना देता है। कायरता का दूसरा नाम है अपनत्व। महाभारत के युद्ध में अर्जुन को अपनत्व ने ही तो कायर बनाया था। उन्हें मिल गए कृष्ण उनकी कायरता का हरण करने के लिए। पर मेरे पास कौन है? कौन है जो मेरी कायरता का हरण करे? कोई कृष्ण जैसा नेता है हमारे पास? है कोई चाणक्य? सब जयचन्द हैं या विभीषण। कौन जीतेगा इनमें से हमारा विश्वास? कौन देगा इस अन्धकार में हमें दिशा? है कोई चाँद? है कोई सूरज? सब चमगादड़ हैं, रात के अँधेरे में शिकार करनेवाले। भुतहा हो गया है पूरा वातावरण। जिसमें मांस सड़ने की दुर्गन्ध भर गई है। साँस लेना मुहाल हो गया है। फिर भी हम जी रहे हैं केंचुओं की तरह। हम आदमी हैं? प्रेम हैं हम! भूत!'' इसके साथ ही शर्माजी जी एकदम चुप हो गए, जैसे टेपरिकार्डर की बिजली चली गई हो।

आदमी को दिवाकरजी का यह रूप समझ नहीं आया। समझ आया तो मात्र इतना कि अच्छा-भला आदमी पागल हो गया है। आदमी पूरे रास्ते गायत्री का मन्त्र

जपता रहा। मन्त्र जपने से आदमी भूत-प्रेतों से बचा रहता है। पता नहीं दिवाकरजी को कौन-से भूत ने आकर दबोच लिया है।...

आदमी को इस तरह जाता देख शर्माजी ठहाका मारकर हँस पड़े। ठहाका आदमी तक भी पहुँच गया। फिर तो पूरे शहर में शर्माजी के ठहाके मशहूर हो गए। शहर के वे लेखक और कवि खुश हुए जो दिवाकरजी की प्रतिभा से खार खाते थे। वे लोग दुःखी हुए जो उनकी कविता के प्रशंसक थे। लोग उनको आता देख ठिठक जाते। उनकी असलियत को जानने की कोशिश करते। अपनी असलियत को शर्माजी खुद भी नहीं जानते थे। हाँ, इतना जरूर जानते थे कि कुछ-कुछ अब वे विवेक की तरह के हो गए हैं। उनके अपनों ने ही उनकी मर्दानगी छीन ली है। उन्हें हिजड़ा बना दिया है। उन्हें भी हिजड़ों की एक फौज की जरूरत है। वेश्याओं के बच्चे चाहिए इस फौज के लिए।...

कभी-न-कभी उन्हें अपना मकान जरूर मिलेगा। जिसके पूरे छह कमरों में वे विवेकाश्रम खोलेंगे। एक कमरे का नाम होगा महात्मा गांधी कुटीर। दूसरे का नाम होगा जयप्रकाश नारायण कुटीर। तीसरे का नाम होगा भीमराव अम्बेडकर कुटीर और चौथे का नाम होगा मदर टेरेसा कुटीर। एक कमरा वे रसोई और खान-पान के लिए रखेंगे। और एक कमरा स्वयं अपने पास, जिसपर घुनखाई पट्टी पर लिखा होगा 'विवेकाश्रम'। कमरे के अन्दर वे ढीली दवैनवाली खाट पर सोएँगे। अपने पास एक पुरानी बन्दूक रखेंगे, दो दरातियाँ और एक कुल्हाड़ी। खुद पकाएँगे, खुद खाएँगे। फौज को निर्देश देंगे, "जो कुछ भी गलत है सब खत्म कर दो। आदेश मिलते ही गलत को खत्म कर देगी फौज। सब जगह सकून होगा, सब जगह शान्ति। जनता का राज होगा और कहीं नहीं होगी भ्रान्ति।"

अपने मन के कागज पर इस तरह की कविता लिखकर दिवाकर कवि अट्टहास कर उठा। वह चलते-चलते दिन और रात में अनेक बार ऐसी ही कविताएँ लिखता है और अट्टहास करता है। ऐसे शहर में गूँजता रहता है उसका अट्टहास जो उसका अपना है। जहाँ वह पराया नहीं है। इस अपने शहर में उसे मन के कागज पर एहसासों की स्याही से कविता लिखने और कविता लिखकर अट्टहास करने की कोई मनाही नहीं है।

एक शाम धर्मशाला की छत पर से दिखाई देनेवाले कुहरे के आर-पार उन्हें एक चेहरा दिखाई दिया। एक औरत का चेहरा। औरत हिजड़ों को कुछ बाँट रही थी। पैसे, कपड़े, मिठाई, उत्साह, मुस्कान, स्नेह, ऐसा ही कुछ। उस चेहरे को पहचानने में शर्माजी को देर नहीं लगी। यह वही औरत थी जो उन्हें जेल से छूटने के बाद कार की अगली सीट पर बिठाकर पटियाला ले गई थी।

धर्मशाला की छत से उतरकर शर्माजी के पैर पटियाला गेट की तरफ चल

पड़े। गेट पर पहुँचकर बस पकड़ी और कुछ ही समय में वे पटियाला की बारहदरी में जा धमके। उस कोठी को ढूँढ़ने में उन्हें ज्यादा देर नहीं लगी जहाँ उन्होंने बहुत से साथियों के साथ भोजन किया था।

काफी बड़ी जगह को काँटेदार तार से घेरा हुआ था। तार पर फूलोंवाली बेलें चढ़कर लटक रही थीं। कुछ पेड़ थे जिन पर अजीब पत्तियोंवाली बेलें लिपटी थीं। पेड़ों की छाया से बाहर क्यारियाँ बनी थीं जिनमें मौसमी फूल अपनी आभा फैला रहे थे। इन सबके मध्य एकमंजिली कोठी बनी थी, जिससे लेकर बाहर लगे बाँस के फाटक तक घास द्वारा मखमली बनाया गया रास्ता बना था। शर्माजी फाटक को धकेलकर अन्दर चले गए, जैसे कि पहले एक बार कोठी की मालकिन के साथ गए थे। कोठी का दरवाजा बन्द था। दाईं तरफ दीवार पर नेम प्लेट लगी थी। स्वर्णाक्षरों में लिखा था, 'नन्दिता राय'। बैल बने निशानवाले बटन पर उँगली रखी तो आसपास मीठे स्वरोंवाले पक्षी चहचहा उठे। साथ ही किसी छोटे कुत्ते के भौंकने की आवाज भी सुनाई दी। थोड़ी देर बाद एक महिला ने दरवाजा खोला, पूछा, ''किससे मिलना है आपको?''

''इस कोठी में जो महिला रहती हैं।'' शर्माजी ने जवाब दिया।

''यहाँ तो नन्दिताजी रहती हैं।'' महिला बाहर निकल आई।

''शायद उन्हीं से मिलना है।''

औरत ने हैरानी से उन्हें देखा और तल्ख शब्दों में पूछा, ''आपका नाम?''

''दिवाकर शर्मा।''

औरत फरफराती हुई अन्दर गई और कुछ देर बाद चेहरे पर कोमलता लेकर लौट आई, ''आइए, आप अन्दर बैठिए।''

शर्माजी को बिठाकर औरत फिर फरफराती हुई अन्दर चली गई।

शर्माजी को ड्राइंगरूम पूरी तरह से पहचाना हुआ लगा। एक-एक चीज वैसी ही और उसी जगह रखी थी जहाँ उन्होंने पहले देखी थी। सिर्फ एक पीतल की प्रतिमा नई थी। शिल्पी ने रवीन्द्रनाथ टैगोर के कन्धों तक के स्वरूप को बड़ी ही कुशलता और सौजन्यता के साथ ढाला था।

कुछ देर बाद नन्दिता राय आकर सामने खड़ी हो गई, ''दिवाकरजी आप? ये जटाएँ, यह दाढ़ी, क्या साधु हो गए हैं?''

शर्माजी उसे देखते रह गए। अन्तर करना मुश्किल हो गया कि यह पंजाबी गायिका शाज़िया है, जीतू की पत्नी जसबीर कौर है या विवेक की पत्नी शकुन्तला। उनके मुख से कुछ नहीं निकल सका।

नन्दिता राय उनके साथवाली कुर्सी पर बैठ गईं। इसी बीच फरफराती औरत फिर आई और उन्हें शीतल जल का गिलास देकर चली गई। पानी पीकर शर्माजी को कुछ शान्ति मिली। उन्होंने कहा, ''मैं आपके पास एक खास काम से

आया हूँ!''

''काम तो होते ही रहते हैं, पहले यह बताइए कि आपने कुछ नई कविताएँ लिखी हैं या नहीं?''

''काम बहुत जरूरी है, यह समझिए कि मेरे लिए बहुत ही जरूरी।''

नन्दिता ने हँसकर आसपास सुगन्धित फुलझड़ियाँ बिखेर दीं, ''अच्छा तो बताइए, क्या काम है?''

''मेरा छोटा बेटा है बलबीर, उसने मेरे मकान पर कब्जा कर रखा है। मैं चाहता हूँ कि वह छोड़े, पर वह छोड़ने के लिए तैयार नहीं है।''

''आपका बेटा, और फिर ऐसा, ताज्जुब होता है।''

''ताज्जुब की ही बात है।''

''मकान जद्दी है? मेरा मतलब है आपके बुजुर्गों का है या आपका अपना?''

''यह मकान मैंने खुद बनवाया है। अपनी कमाई से। रजिस्ट्री मेरे पास है।''

''आपको इस मकान की क्या जरूरत आ पड़ी?''

''मैंने इस मकान में अपना आश्रम बनांना है।''

''आश्रम!'' नन्दिता फिर सुगन्धित हँसी हँस पड़ी। ''खैर'' बोलकर उसने थोड़ी झुककर पास पड़ा मोबाइल फोन उठाया और नम्बर मिल जाने पर बोलीं, ''गौतमजी मैं नन्दिता राय बोल रही हूँ!...मैं बिलकुल ठीक हूँ। आप कैसे हैं?...एक बहुत छोटा सा काम आ पड़ा है आपसे...जी मेरे एक कवि मित्र हैं, उनका मकान उनके बेटे ने दबा रखा है, वह छोड़ता नहीं है...दबानेवाले बेटे का नाम है, नन्दिता ने शर्माजी की तरफ देखा, शर्माजी ने बताया बलबीर नन्दिता ने आगे बता दिया...जी मकान का नम्बर है, नन्दिता ने शर्माजी की मार्फत मकान का नम्बर और एडरैस बता दिया...जी बहुत-बहुत धन्यवाद।''

फोन बन्द करके नन्दिताजी बोलीं, ''आपका काम हो गया दिवाकरजी। कल सुबह जाकर आप एस.एच.ओ. साहब से मिल लीजिएगा। वे ही आपका काम करवा देंगे।''

शर्माजी के प्रफुल्लित मुख से निकला, ''धन्यवाद!''

''इसमें धन्यवाद की कोई बात नहीं है। लेकिन एक बात समझ नहीं आई कि आपको यह कैसे लगा कि मैं आपका यह काम करवां सकती हूँ।''

''मुझे सपना आया था।''

''क्या?'' नन्दिता अब खुलकर हँस पड़ीं। ''सपना और मेरा?''

''बिलकुल आपका। आप गरीब लोगों को कुछ बाँट रही थीं।''

नन्दिता गम्भीर हो गईं, ''क्या बाँट रही थीं?''

''मुस्कुराहट, हँसी, उत्साह, बगैरह-बगैरह।''

''आप तो कविता कर रहे हैं। खैर, बगैरह-बगैरह क्या?''

''स्नेह, प्यार!''

नन्दिता ने सिर झुका लिया। इसी समय पहलेवाली औरत ने पहले तिपाई रखी। फिर उसके ऊपर ताजे बने पकौड़े और उसके बाद काफी के दो प्याले रखकर चली गई। कुत्ता अन्दर बेचैनी की आवाज में भौंकने लगा, शायद नन्दिता के पास आना चाहता था पर बँधा होने के कारण नहीं आ सका था।

नन्दिता ने जैसे भर्राए हुए गले से आवाज लगाई, ''वन्दना!''

वन्दना आकर खड़ी हो गई, ''जी बी जी?''

''सुनयना को मेरे पास आने दो।''

पहलेवाली औरत यानी वन्दना चुपचाप चली गई। थोड़ी देर बाद एक अजीब नस्ल की बड़ी-बड़ी आँखोंवाली खूबसूरत कुतिया फुदकती हुई अन्दर चली आई और आते ही शर्माजी के पैर सूँघने लगी। नन्दिता ने रोका तो रुक गई और फिर इशारा पाते ही नन्दिता की गोद में जा बैठी।

नन्दिता ने पहले सुनयना को प्यार किया और फिर शर्माजी की तरफ ध्यान दिया, ''आप काफी लीजिए न।''

''जी, आप भी लीजिए।'' कहकर शर्माजी ने प्याला उठाकर होंठों से लगाया। नन्दिता ने भी प्याला उठा लिया। काफी खत्म हुई तो शर्माजी हाथ जोड़कर खड़े हो गए, ''अच्छा तो अब मैं चलता हूँ।''

नन्दिता भी सुनयना को लेकर खड़ी हो गईं, ''थोड़ी देर रुकिए, मैं आपको अपनी कुछ कविताएँ दिखाना चाहती हूँ।'' बोलकर नन्दिता सुनयना को साथ लेकर अन्दर चली गईं। थोड़ी देर बाद लौट भी आईं। शर्माजी उनको खड़े हुए ही मिले। ''आप बैठिए ना।''

शर्माजी बैठ गए।

अन्दर सुनयना बन्धन छुड़वाने की जिद कर रही थी। इधर नन्दिता अपनी कविताओं के बारे में शर्माजी को बता रही थीं। दोनों आवाजें आपस में घुल-मिल-सी रही थीं। नन्दिता बोल रही थीं, ''ये कविताएँ मैंने बहुत देर पहले लिखी थीं। ऐसी कुछ खास तो नहीं हैं, फिर भी आप देख लीजिएगा। अपनी बेबाक राय दीजिएगा। छपने लायक हुईं तो जरूर छपवाएँगे। राजकमलवाली सन्धूजी कई बार कह चुकी हैं रचनाएँ भेजने के लिए। मेरी ही हिम्मत नहीं पड़ती। आज की कविता बहुत आगे जा चुकी है। ये तो बहुत देर पहले की कतिवाएँ हैं। खैर, आप देख लीजिएगा।'' नन्दिता ने फाइल दिवाकरजी की तरफ बढ़ा दी।

दिवाकरजी ने फाइल लेकर बगल में दबा ली। खड़े होकर बोले, ''अच्छा तो अब मैं चलता हूँ।'' नन्दिता भी खड़ी हो गईं। ''इस फाइल पर मेरा फोन नम्बर भी लिखा हुआ है। काम होने में कोई अड़चन आए तो मुझे बताइएगा।''

''अच्छी बात है।''

"अरे हाँ, आपका एक गीत देखा था टीवी पर।"

"मेरा गीत?"

"दिवाकर शर्मा का लिखा हुआ बताया गया था। उस दिन कुछ सूखे फूलों को मैंने तुमको लौटाया था। इसके बाद आँखों में शीशों के पिघले टुकड़े होने का बहुत ही शानदार दृश्य था। क्या दिवाकर शर्मा कोई और भी पैदा हो गया है इस इलाके में?"

"नहीं, जीत सिंह की मेहरबानी से आ गया होगा यह गीत।"

"जीत सिंह कौन?"

"है एक सिरफिरा दोस्त। कभी आपको मिलवाऊँगा। अच्छा अब मैं चलता हूँ।"

"ठीक है। काम हो जाने पर फोन कीजिएगा।" नन्दिता दिवाकरजी को फूलोंवाले लॉन के बाहर लगे गेट तक छोड़ने आईं। शर्माजी ने फिर धन्यवाद किया और चल दिए।

आज उन्हें बारहदरी अच्छी लग रही थी। कई बार देखने का मौका लगा पर आज जैसी कभी नहीं लगी। एक विचार आया, विवेकाश्रम यहीं कहीं हो तो कैसा रहे, दिल हुआ कि अट्टहास करें पर मुस्कुराकर रह गए। योजना बनाने लगे कि अपने घर के, यानी कि विवेकाश्रम के हर कमरे को वे कैसे सजाएँगे। पहाड़ी ढंग से?...पंजाबी ढंग से?...या किसी और ढंग से?...और ढंग का मतलब? कहीं बंगाली ढंग तो नहीं? वाह-वाह क्या ढंग होता है बंगाली, फूल-ही-फूल। जीत सिंह को भी बुलाएँगे इसके उद्घाटन के अवसर पर। कितना पाजी है जीतू का बच्चा। आखिर मुझे गीतकार भी बना ही डाला, जो मैं कतई नहीं बनना चाहता था, कतई नहीं। मैं तो विवेक बनना चाहता हूँ। पत्थर का शिल्पी। हर छैनी की तराश पर चिन्गारियाँ निकलें, ऐसा शिल्पी।

रात शर्माजी ने भाषा विभाग पंजाब के शेराँवाले गेट के पास बने भाषा भवन में काटी। सुबह नहा-धोकर पास की दुकान से मशहूर छोले-भटूरे खाए और उसके बाद बस में बैठकर नाभा पहुँचे। पटियाला गेट से रिक्शा लेकर जब वे थाना पहुँचे तो बाहर ही उनकी भेंट बलबीर की पत्नी पार्वती और गोद लिये बेटे किशोर से हुई।

पार्वती उन्हें देखते ही पैरों पर हाथ रखकर रोने लगी और किशोर भी सुबकने लगा। पूछने पर पता चला कि बलबीर रात से ही हवालात में बन्द है। एस.एच. ओ. साहब कहते हैं कि जब तक आप उन्हें नहीं कहेंगे तब तक छोड़े नहीं जाएँगे।

"आप लोग बैठिए, मैं देखता हूँ।" बोलकर शर्माजी एस.एच.ओ. केहर सिंह के सामने पेश हुए, "जी, मैं दिवाकर शर्मा हूँ।"

"आओ शर्माजी, आओ, जी आइयाँ नू। लौ कुर्सी लौ। तुहाडा पुत्तर हवालात

विच्च बन्द है।'' वे गर्दन हिलाते हुए मूँछों में ही मुस्कुराने लगे।

''जी मैंने ऐसा तो नहीं चाहा था।''

''होर की चाहूया सी सुसीं?'' केहर सिंह की तेज नजर शर्माजी की भोली आँखों में जा धँसी।

''यही कि मेरा घर मुझे मिल जाए।''

''घर एदाँइं थोड़ा मिल देने। कब्जा एदाई थोड़ा छड्ड दिन्दाए कोई। तद छड्डदः जद नासां विच्चों धुआं निक्कलदः, समझे?''

''हाँ जी समझ गया। फिर भी...''

''फिर भी की?''

''अगर नरमी से ही काम निकल जाए तो...''

''चंगा, बेखदे हाँ। तुहाडा कपुत्तर की आखदा है बेखदे हाँ। ओ कड्डके ल्या ओए शर्माजी दे सपुत्तर नूँ!''

''जी साब जी!'' एक हवलदार चाभियाँ लेकर अन्दर गया और हवालात का ताला खोलकर बलबीर शर्मा को निकाल लाया।

बलबीर अकड़ा-अकड़ाया सामने आकर खड़ा हो गया।

''हाँ बई बलबीर बाबू, कदों छड्डनः जी अपने पिताजी दा दब्बया होया घर?''

''आप मुझे इस तरह से हवालात में बन्द नहीं कर सकते। मैं भी कानून जानता हूँ और नायब तहसीलदार साहब का जीजा लगता हूँ।''

''ओ हो हो हो, हुन समझ विच्च आया कि जनाब कानून जानदे होए वी कानून दी उल्लंघना क्यों करदे हन। नैब तसीलदार साब दे जीजे हो। हुन जरा अपने साले साब दा ना दस्सन दी वी किरपालता करो जी महाराज!''

''रोशनलाल शर्मा।''

''अच्छया-अच्छया, धूरी लग्गया होया है रोशनलाल शर्मा। पर दस्स ओए, तसीलदार साहब ने दूसरे दे घर उत्ते कब्जा करना सखाया है तैनू?''

''दूसरे का घर कहाँ, मेरे पिता का घर है।''

''ओ पिता, जेड़ा धर्मशाला विच्च दिन कट्ट रिहा है। जेड़ा अपना हक्क पान वास्ते घर-घर जुत्ती घिसौंदा फिरदा है। जेड़ा इक्क शरीफ कवि हुन्दया होया अज्ज मेरे सामने बैठ्या है?''

''अपने पैदा किए बेटे के लिए भी इनका कुछ फर्ज बनता है।''

''तू एदां नी समझेगा। ए घर आपजी दे पिता दा अपनी कमाई दे नाल बनवाया होया घर है ना?''

''हाँ!''

''ए कोई जद्दी जैदाद ता नी?''

''नहीं।''

"पिता कहन्दा है कि मेरे ऐस घर विच्च कोई दूसरा नी जी रै सकदा।"

"पर नायब तहसीलदार साहब..."

"औ नैब तसीलदार की करेगा? डी.सी. साहब दा सीधा आडर है जे। गुण्डा अगर मकान खाली नी जी करदा ओस उत्ते केस बनाके मजिस्ट्रैट साब के सामने पेश करो अते जेल भेजो। समझया कि नहीं?"

बलबीर चुप्प रहा।

"हुन तू सोच, घर छड्डनः कि अन्दर होनः। पर जल्दी तों जल्दी। सानू होर वी कम्म हन। इक्क होर नू वी सीधा करना है सवेरे-सवेरे।"

"मैं अपने पिताजी के साथ अकेले में बात करना चाहता हूँ।"

"ओ अकेले में की, साडे सामने बात कर। हमको ऊपर से आडर है, आर जा पार।" केहर सिंह की आँखों से निर्दयता बरसने लगी।

"पिताजी मुझे मुआफ कर दें। मैं आपको हीरा बागवाले प्लाटों में से एक प्लाट खरीद कर दे देता हूँ। आप वहाँ अपना आश्रम बना लें। इसके बावजूद घर आपका ही रहेगा। मुझे घर से बेघर न करें। मैं जेल में रहूँगा तो मेरी नौकरी पर भी आँच आएगी। बैंकवाले मेरे पर थू-थू करेंगे। इस बार मुझे मुआफ करें, आगे से कोई गलती नहीं होगी।" बलबीर ने शर्माजी के पैरों में हाथ रख दिए।

"पर उस प्लाट में झुग्गियाँ कौन बनाके देगा?" शर्माजी ने बात साफ करनी चाही।

"कितने की बनेंगी झुग्गियाँ?"

"मुझे नहीं मालूम।"

"सर आप ही बता दें, कितने की बनेंगी झुग्गियाँ?" बलबीर केहर सिंह की तरफ मुखातिब हुआ।

"ओए हम कोई झुग्गी-झोंपड़ियों में रहते हैं जो कीमत बताएँगे। जाके किसी सिकलीगर से पूछ।" केहर सिंह का हाथ कमर में बँधी सरकारी पिस्तौल पर चला गया।

"ठीक है, चाहे मुझे अपने बैंक से कितना भी लोन क्यों न लेना पड़े, झुग्गियाँ भी मैं ही बनाके दूँगा।"

"अच्छा तो जनाब बैंक विच्च नौकरी करदे हन। केड़े बैंक विच्च?" केहर सिंह का हाथ टेबल पर चला आया।

"है एक सरकारी बैंक।"

"दस्सन को शरम आती है। बुरे कम्म करदे होए शरम नी जी भोरा वी औंदी।" केहर सिंह जैसे बनावटी मुस्कुराहट मुस्कुराए।

एस.एच.ओ. साहब को मुस्कुराता देख जसबीर ने भी हाथ जोड़कर इजाजत माँगी, "अच्छा तो अब मैं चलूँ?"

"ओ पुत्तर जानदा!" साब की मुस्कुराहट एकदम गायब हो गई। "ए सब कागज ते लिखके दे। ये भी लिखके दे कि सारे कम्म (एस.एच.ओ. साहब शर्माजी की तरफ मुखातिब हुए) कितने दिन दित्ते जान शर्माजी?"

शर्माजी जो अब तक की नौटंकी से आजिज आ चुके थे, एकदम उनकी ऊँघ टूटी। वे बोले, "एक हफ्ता, ज्यादा-से-ज्यादा पन्द्रह दिन।"

"हाँ...सब कम्म इक्क हफ्ते विच्च पूरा कर दित्ता जावेगा। अते जदों तिक ए कम्म पूरा नी हुन्दा शर्माजी अपने घर विच्च इज्जत ते मान नाल रहन दे हकदार होनगे। अते बाद विच्च वी इक्क कमरा ऐना दे कब्जे विच्च रहेगा। समझया? लिखके दे।"

फँसा क्या न करता? बलबीर ने जैसा एस.एच.ओ. साहब ने चाहा वैसा लिख दिया। लिखे पर एक इज्जतदार आदमी और बलबीर की पत्नी को बुलाकर उन्होंने समझौते के नाम पर गवाही भी करवा दी। इसके बाद कागज शर्माजी के हवाले कर दिया।

बलबीर ने शर्माजी के पैरों में फिर हाथ लगाए। एस.एच.ओ. साहब को यकीन दिलाया कि उन्हें कोई शिकायत नहीं आएगी। यही नहीं, उसने घर पहुँचकर शर्माजी के लिए सजा-सजाया कमरा रिजर्व कर दिया और साथ ही अपने बैंक को लोन लेने के लिए अर्जी भी दे दी।

समझौता हो जाने की खबर पाते ही चन्द्रमोहन ने पूरी रिपोर्ट लाने के लिए बसन्त को नाभा भेजा। बसन्त जब नाभा पहुँचा तो शर्माजी सजे-धजे कमरे में सोफे पर लेटे एक कविता की किताब में खोए थे। उन्हें पता ही नहीं चला कि बसन्त की कार कब बाहर आकर रुकी और वह कब आकर बगल की कुर्सी पर बैठ गया। पता चला तो उठ बैठे और पूछा, "कब आए?"

"बस, अभी-अभी।" बसन्त ने पैर छूकर जवाब दिया।

"साहिबजादे ने तो वादा किया था कि अगर पुलिस केस बना तो मदद के लिए आएँगे?"

"तो क्या पुलिस केस बना था?"

"और नहीं तो क्या। समझौता ऐसे ही थोड़ा हो गया फोकट में।"

"लेकिन आपने हमें सूचना ही नहीं दी।"

"सोचा, पुलिस से जनाब डर न जाएँ।"

"क्यों, मैं क्यों डरता पुलिस से?"

"पुलिस से हर शरीफ आदमी डरता है।"

"मैं उतना शरीफ नहीं हूँ जितना कि आप समझते हैं।"

"तो कितने शरीफ हैं?" शर्माजी आँखों-ही-आँखों में मुस्कुराने लगे।

"जितना होने से काम चल जाए बस उतना ही।" बसन्त भी मुस्कुराने लगा।

"क्या मतलब?" शर्माजी की भवें थोड़ी ऊपर उठ गईं।

"शराफत का जमाना नहीं है दादाजी, वह सिर्फ दिखाने की चीज रह गई है। बस उतनी दिखाइए जिससे देखनेवाले को यह वहम न हो जाए कि हम मूर्ख हैं।"

शर्माजी हँसने लगे, "बहुत समझदारी से चल रहा है हमारा पोता।" शर्माजी ने आगे खिसककर बसन्त की पीठ पर हाथ रखा।

बसन्त समझ गया कि दादाजी इस फिजूल की बहस को यहीं खत्म करना चाहते हैं। उसने भी अपने दिमाग की उत्तेजना को कुछ देर शान्त रहकर शान्त किया, फिर पूछा, "क्यों समझौता हुआ है दादाजी?"

शर्माजी बसन्त के चेहरे को पढ़ने की कोशिश करते हुए बोले, "बस विवेकाश्रम तैयार हो जाएगा।"

"कहाँ?"

"पटियाला गेट के बाहर। यूँ समझो कि हीरा महल के आसपास।"

"वहाँ कोई बनी-बनाई जगह खरीदी जाएगी?"

"प्लाट खरीदा जाएगा, उसमें कुटीर हम खुद बनाएँगे।"

"कुटीर?"

"तुम नहीं समझोगे। जब बन जाएगा तब देख लेना।"

इसी समय किशोर दो प्यालों में चाय और प्लेट में कुछ खाने का सामान ले आया। सबकुछ टेबल पर रखकर वह बसन्त से बोला, "भइया आपकी कार को बच्चे छेड़ रहे हैं।"

बसन्त ने बाहर आकर देखा तो बन्दर सेना कार के पुर्जे-पुर्जे को जाँचने में लगी थी। कोई कार की मालिश कर रहा था, कोई नब्ज देख रहा था और कोई हाथों में कल्पना का स्टेयरिंग बनाकर उसकी आवाज की नकल कर रहा था। बसन्त ने उन्हें फटकारा तो सब भाग खड़े। पार्वती उनको भागते देख हँसने लगी। उस बच्चे ने तो बसन्त को भी हँसा दिया, भागने में जिसकी निकर उतर गई और वह फिर भी लँगड़े घोड़े की तरह भागा चला जा रहा था।

अब कार की तरफ की खिड़की खोल दी गई ताकि नजर रखी जा सके और लगभग ठण्डी हो गई चाय का सहपान किया जाने लगा।

शर्माजी ने बिस्किट का टुकड़ा दाँतों से तोड़ने के बाद पूछा, "चन्द्रमोहन ने क्या समझा था कि क्या समझौता हुआ होगा?"

"कम-से-कम ऐसा तो नहीं समझा था।"

"तो फिर कैसा समझा था?"

"समझा था कि मकान के तीन कमरे आपको दे दिए जाएँगे और उनको आपके ढंग से इस्तेमाल करने की इजाजत भी दे दी जाएगी, बस।"

"तो फिर चन्द्रमोहन ने अभी मुझे समझा ही नहीं है।"

"इसमें क्या शक है।"

"तुमने समझ लिया है अपने दादा को?"

"बहुत हद तक।"

"क्या समझा है?"

"बहुत मुश्किल सवाल है।"

"फिर भी!"

"दादाजी, आप एक सिद्धान्तवादी आदमी हैं। सारी दुनिया को अपने सिद्धान्तों पर खरा देखना चाहते हैं। चाहते हैं कि केवल अपने शब्दों से ही नहीं बल्कि अपनी देह से भी, अपने आचरण से भी अपने सिद्धान्तों का प्रचार करें।"

"बिलकुल ठीक, लेकिन सिद्धान्त क्या हैं जिनका मैं प्रचार करना चाहता हूँ?"

"यह बताना मेरी ताकत के बाहर है। महसूस जरूर करता हूँ पर उसको शब्दों में बाँधना मेरे बस में नहीं है।"

"तुम यूँ समझो कि स्कूल के बच्चों की क्लास ले रहे हो। बच्चों को अपने दादा के सिद्धान्तों के बारे में बता रहे हो।"

"मुआफ करना दादाजी, जिस देश ने महात्मा गांधी को गोली मार दी, जहाँ गुरुदत्त जैसे अभिनेता ने आत्महत्या कर ली, जहाँ मकबूल हुसैन और खुशवन्त सिंह जैसे लोग मीडिया के बेताज बादशाह हैं, उस जंगल से आप क्या उम्मीद करते हैं?"

"मेरे सिद्धान्तों के बारे में अपनी जानकारी दो!" शर्माजी थोड़ा कड़क हो उठे।

बसन्त ने एक बार शर्माजी की आँखों में देखा, फिर बोला, "मेरे दादाजी इस दुनिया को एक आदर्श कवि की तरह भावुक होकर देखते हैं। वे चाहते हैं कि सब लोग सच्चे, ईमानदार, परिश्रमी, दयालु और समतामूलक विचारों का पालन करनेवाले हों। जो ऐसा न हो उसे दण्ड के काबिल समझा जाए। यहाँ तक कि पशु या दानव किस्म के इंसानों को मानवाधिकार से वंचित किया जाए। ऐसे लोगों के प्रति बरती जानेवाली क्रूरता को क्रूरता न समझा जाए, बिलकुल वैसे ही जैसे पागल हो गए कुत्ते, जहरीले साँप या बिच्छू के प्रति बरती जानेवाली क्रूरता को क्रूरता नहीं समझा जाता। उनका जीने का अधिकार भी छीन लिया जाना चाहिए ताकि इस धरती की पवित्रता और स्वच्छता की रक्षा की जा सके।"

बसन्त के चुप होते ही थोड़ी देर सन्नाटा रहा। फिर शर्माजी ने माथे पर रखे अपने हाथ हटाए और गले की सीलन को गुटककर बोले, "तुम्हें मेरे विचार कहाँ मिले?"

बसन्त ने तुरन्त उत्तर दिया, "आपकी कविताओं से।"

"कविताएँ?"

"आपके दोनों कविता संग्रह मेरे पास हैं दादाजी। पंजाब बुक सेंटर से मिल गए थे। मेरे सभी दोस्तों ने उन्हें पढ़ा है और उन पर बहस भी होती रहती है। आपकी पत्र-पत्रिकाओं में छपी बहुत-सी कविताएँ भी मेरे पास हैं। साथ ही वे सारी समीक्षाएँ भी जो आपके जेल जाने के बाद आपकी कविताओं को लेकर लिखी गई थीं।"

शर्माजी लम्बी साँस खींचकर बोले, "अब मैं निश्चिन्त हुआ।"

"आपको क्या चिन्ता थी दादाजी?"

"यही कि मेरे बाद मेरे सिद्धान्तों का क्या होगा?"

इसी समय आँगन में एक छाया दिखाई दी और उसके साथ ही बलबीर अन्दर आकर सम्मान में खड़े हो गए बसन्त से लिपट गया। साँस नार्मल करके बोला, "एक प्लाट का सौदा लगभग तय हो गया है पिताजी, आप जाकर देख लेते तो अच्छा होता।"

"कहाँ, किसका प्लाट है?"

"पटियाला गेट के बाहर जो मन्दिर हैं, उनके सामने अग्रवाल परिवार का एक बाग है, उसी बाग के प्लाट काटकर बेचे जा रहे हैं।"

"लेकिन क्यों? उनको बाग बेचने की ऐसी क्या जरूरत आ पड़ी?"

"देवानन्द अग्रवाल और महेश्वर अग्रवाल, दोनों भाइयों ने सोलन में एक बहुत बड़ा होटल बनवाया है। उस होटल में बिजी होने की बजह से वे यहाँ की जायदाद की देखभाल नहीं कर सकते, इसीलिए बेच रहे हैं।"

"तुम्हें यह सब कैसे पता चला?" शर्माजी ने बलबीर को धूप के जले की तरह देखा।

"महेश्वर अग्रवाल का एक दोस्त मेरा कुलीग है। उसी ने यह सौदा करवाया है।"

शर्माजी ने कुछ देर सोचा, फिर बोले, "ठीक है, चलकर देख लेते हैं।"

सुनते ही बलबीर का चेहरा खिल गया, जैसे कोई मुराद पूरी हो गई हो, भस्मासुर को मिल गया हो शंकर का वरदान।

थोड़ी देर बाद ही शर्माजी बसन्त और बलबीर के साथ प्लाट देखने चले। कार में बैठते ही सबसे पहले उन्हें विवेकजी याद आए। उसके बाद मेधावी। जीत की भी याद आई। फिर इस याद का प्रवाह पटियाला की बारहदरी पर जाकर रुक गया। उन्हें लगा बारहदरी में उनकी सबसे बड़ी ताकत बसती है। नारी की ओजस्विता, कोमलता और संवेदनात्मकता से परिपूर्ण अद्भुत शक्ति।

शर्माजी ने अपनी देखरेख में बाग के प्लाट में फिलहाल चार झोंपड़ियाँ बनवाईं।

दरवाजों पर जालियाँ लगवाईं ताकि मच्छर अन्दर न आ सकें। चारों के नामकरण निश्चित योजना के अनुसार महापुरुषों के नाम पर रखे। एक का नाम महात्मा गाँधी कुटीर। दूसरी का जयप्रकाश नारायण कुटीर। तीसरी का भीमराव अम्बेडकर कुटीर और चौथी का मदर टेरेसा कुटीर। सब तैयार हो जाने के बाद लक्ष्मी को अपने पास बुला लिया। अब अखबारों में इश्तिहार दिया गया कि हर तरह के उपेक्षित बच्चों के लिए विवेक आश्रम देखभाल और पालन-पोषण के साथ शिक्षा का प्रबन्ध निःशुल्क करेगा और वह भी बाल-मनोविज्ञान को ध्यान में रखते हुए।

दूसरे ही दिन पहला बच्चा आ गया। गुलाब के फूल की तरह खिला हुआ आकर्षक बच्चा। आधुनिक ढंग से सजी-धजी माँ उसे स्कूटर पर लेकर आई थी। किसी बैंक में आफिसर थी इसलिए अंग्रेजी भी बोलती थी। पति अध्यापक था। शर्माजी ने समझाया, "हम ऐसे बच्चे नहीं रखते जो आत्मनिर्भर परिवारों के हों।" लक्ष्मी ने कहा, "रखेंगे।"

लक्ष्मी ने बच्चे को उठाया तो बच्चा माँ की तरफ हाथ उठाकर रोने लगा। लक्ष्मी ने उसे एक-दो बार चूमकर दुलार दिया तो चुप हो गया। माँ को बहुत जरूरी मीटिंग में जाना था। इसके अलावा शर्माजी को वह देखते ही पहचान गई थी। शर्माजी का अकाउण्ट और एफ.डी. इन्हीं के बैंक में थी। लक्ष्मी भी उसे एक ममतामयी आया की तरह लगी। लिहाजा फार्म आदि भरने का काम वह मोबाईल फोन पर अपने पति को सौंप स्कूटर स्टार्ट कर चलती बनी।

शर्माजी का मन उदास हो गया। सर मुँडाते ही ओले पड़े। लोगों ने आश्रम का मतलब ही गलत समझा था। उन्होंने आश्रम का मतलब क्रैच समझा। समझा कि दूध पीते बच्चों की देखभाल के लिए नया स्कूल खुला है। लगा कि ऐसे स्कूल की इस शहर को सख्त जरूरत थी।

पन्द्रह दिन के अन्दर-अन्दर विवेक आश्रम में पन्द्रह बच्चे भरती हो गए। लक्ष्मी उन्हें खुशी-खुशी दाखिल करती रही। फीस के नाम धर जो किसी ने दिया ले लिया। इस धन से बच्चों की देखभाल के लिए दो औरतें ही नहीं रखी गईं बल्कि खिलौने भी आ गए। सारा तामझाम लक्ष्मी ही सँभालती। बच्चों के बीच उसे लगता जैसे उसका भी बचपन लौट आया है। वह बच्चों के साथ बच्चों की तरह मचलती, तुतलाती, उनके झगड़े निपटाती और ठीक से उठना-बैठना सिखाती। किसी सलाह की जरूरत होती तो शर्माजी से बोलती, "एजी सुनो, इमकाना कम्म किसत्राँ होगा? ढिमकाना सवाल किसत्राँ हल होगा?" उसको जी कहती देख बोलनेवाले बच्चे भी शर्माजी को 'जी' कहने लगे। दिवाकरजी, शर्माजी से 'जी' हो गए।

एक मास बाद शर्माजी ने विवेक को चिट्ठी लिखी—

"प्रिय विवेक, शहर के बाहर एक प्लाट लेकर चार झोंपड़ियोंवाला विवेकाश्रम बनवाया था। उपेक्षित बच्चों की भरती के लिए अखबार में इश्तिहार भी दिया था।

पर यहाँ तो कामकाजी महिलाओं के बच्चों की भीड़ लग गई। शायद इसलिए कि मेरे इस इलाके में न तो हिजड़े पैदा होते हैं और न उपेक्षित बच्चे। वेश्याओं का तो सवाल ही पैदा नहीं होता। खाते-पीते लोग हैं, अपनी बाहर की ख्वाहिशें कॉलगर्ल्ज से पूरी कर लेते हैं और कॉलगर्ल्ज को यह पता है कि अबार्शन नाम की भी कोई चीज है। और फिर अब तो नारियों के लिए भी निरोध बाजार में हैं।

मुझे लगता है कि दुनिया बहुत बदल गई है। इसके साथ बदले हुए तरीके से ही व्यवहार करना उचित होगा। देखते हैं आगे क्या होता है। आपकी योजनाएँ कहाँ तक पहुँची हैं, लिखना।

उस रात जब हम चट्टान पर अन्तिम प्रहार कर रहे थे तब आदरणीया शकुन्तलाजी का किया जा रहा आपके साथ व्यवहार भी यही साबित करता है कि देह के सिवा भी मनुष्य सम्बन्धों में बहुत कुछ है। आदमी का बचपन इसका सबसे बड़ा सबूत पेश करता है। बचपन में लैंगिकता लगभग नहीं होती। फिर भी उस वक्त की यादें आदमी के जीवन की सबसे ज्यादा मजबूत बुनियादें होती हैं।

बाकी आप मेरे से कहीं ज्यादा समझदार हैं आपके अनुभव भी मेरे से कहीं ज्यादा सम्पन्न हैं।

शकुन्तलाजी को प्रणाम! मेधावीजी को प्यार और सब साथियों को यथायोग्य।

गहरे प्यार के साथ आपका, दिवाकर शर्मा।

इस पत्र के पोस्ट होने के लगभग पन्द्रह दिन बाद विवेक का उत्तर मिला :

मान्य श्री दिवाकरजी, विवेक आश्रम की जगह आपने जो बाल फुलवारी शुरू की है उसके लिए हार्दिक बधाई। आपने ठीक लिखा है, मेरे विवेक को भी शायद इसी तरह के यथार्थ का सामना करना पड़ेगा। आपका पत्र पाकर मुझे लग रहा है कि हिजड़ों की ज्यादती के कारण जो कुण्ठा और आत्महीनता मेरे अन्दर पैदा हुई है उसी ने 'विवेकाश्रम' की इस योजना को आकार दिया है। एक गुस्सा है जो इस रास्ते प्रकट होना चाहता है। पर केवल गुस्से से तो कोई बात नहीं बनती। उसके साथ शान्त विवेचन और दूरदर्शिता की भी आवश्यकता होती है। मेरे पास ये दोनों चीजें शायद तब आएँगी जब मुझे भी आपकी तरह कठोर यथार्थ से टकराना पड़ेगा। फिलहाल तो मेरे पास मैं स्वयं हूँ और उसके साथ मेधावी है। शायद आपको पता नहीं कि मेधावी जन्मजात हिजड़ा है। इसे मैं अपने साथ मुम्बई से उठा लाया हूँ। उन लोगों के बीच से जिन्होंने अच्छे-खासे मर्दों को नामर्द बनाने का साहस अर्जित किया है। इस लड़के से मैं साबित करूँगा कि पैदाइशी हिजड़े केवल तालियाँ बजाकर मनोरंजन करने के लिए ही नहीं होते, वे प्रतिभासम्पन्न नागरिक की तरह दूसरे काम करने में भी सक्षम होते हैं। आपने जिस तरफ गम्भीर इशारा किया है, उसका जवाब यही है प्यारे मित्र कि इस जन्म में मेरी सन्तान मेधावी है। आप इसे चाहे कुछ भी कहें लेकिन मेरे बाद मेरे परिष्कृत गुस्से को यही आगे बढ़ाएगा।

एक अच्छी बात यह है कि यहाँ के लोग मेधावी को बाहर का आदमी नहीं मानते। उन्होंने कभी भी मेधावी को आहत होने का मौका नहीं दिया जैसा कि एक बार नहीं कई बार आपको दिया है। यह सब अन्धसंस्कारों का परिणाम है। सुरक्षा के लिए पलायन है। इन्हें बदलना या तोड़ना होगा। आपकी फुलवारी भी यह काम बखूबी सम्पन्न कर सकती है।

विश्वास है कि आप पत्र-व्यवहार बनाए रखेंगे। घर में सबको यथायोग्य। सादर आपका, पागल बाबा।

मेधावी की शारीरिक वास्तविकता जानकर शर्माजी का दिमाग जैसे सुन्न हो गया। कुछ पलों के लिए तो कुछ भी सोचने की शक्ति उनमें नहीं रही। उन्होंने कल्पना भी नहीं की थी इतना सभ्य और सलोने मुखारविन्दवाला लड़का भी समाज के विकृत तिरस्कार के दायरे में हो सकता है। उनके अन्तर्मन में पीड़ा की एक लहर उठी, यह सोचकर कि अच्छे-से-अच्छे घर में पैदा होनेवाले ऐसे बच्चों की हिजड़ों के संसर्ग में जाकर ऐसी दुर्गति हो जाती है। कैसे बर्दाश्त करते होंगे सम्पन्न और इज्जतदार माँ-बाप अपने कलेजे के टुकड़े की इस प्रकार की दुर्गति को?

उन्हें कुछ राहत भी मिली, अखबारों के उन समाचारों को याद करके जिनमें हिजड़ों को इलैक्शन लड़ने के अधिकार दिए गए हैं और कई जगह हिजड़े किन्नरों के बैनर तले इलैक्शन जीते भी हैं।

खैर, उन्होंने फैसला किया कि वे इस सम्बन्ध में किसी अनुभवी वकील से कानूनी पहलू की जानकारी हासिल करेंगे और किसी समझदार हिजड़े से मिलकर भी इस समस्या के आन्तरिक पहलू की जानकारी हासिल करेंगे।

इसी समय लक्ष्मी की आवाज कानों के साथ टकराई, "सुनो जी, आप चा दे नाल क्या लेंगे?"

उनके मुख से निकला, "कुछ भी।"

लक्ष्मी शरारत के मूड में थी। बोली, कुछ भी तो अज्ज घर में नहीं है।"

शर्माजी के होंठों पर गहरी मुस्कान खेलने लगी।

"कहो ताँ नमकीन पूड़ा बना दूँ?"

"हाँ, यही बनाओ। मैं भी तुम्हें कहनेवाला था।"

पति के इस स्नेह-वाक्य ने लक्ष्मी को उत्फुल्लित कर दिया और वह पुलकित होकर रसोई की तरफ चल दी।

बहुत ही आकर्षक वातावरण था इस आश्रम का। घने पेड़, जिनमें से छनकर जमीन पर चित्रकारी करती धूप। पूरे बाग को घेरती हुई काँटेदार तार। उसकी अगल-बगल खिले हुए जंगली फूल। एक किनारे कुआँ और कुएँ पर लगे ट्यूबवैल के साथ-साथ हैण्डपम्प। किसी-किसी पेड़ पर लटकते हुए मौसमी फल। उन पर से हाँका देकर

पक्षियों को उड़ाता माली या माली की चंचल पत्नी। कोमल टहनियों में सरसराती शीतल पवन। कभी-कभी जमीन पर गिरे सूखे पत्तों को इधर-से-उधर उड़ाता अल्हड़ हवा का तेज झोंका। इन सबके बीच बनी आश्रम की चार झुग्गियाँ। झुग्गियों के साथ रसोईघर और थोड़ा आगे जाकर सैप्टिक टैंकवाला छोटा सा लैटरीन-कम-बाथरूम।

सुबह से दोपहर तक जब यहाँ बच्चे रहते हैं तो लगता है जैसे भिन्न-भिन्न किस्म के फूल कूदते-फाँदते, आपस में बतियाते बाग में घूम रहे हैं। बिलकुल साकार हो जाती है उस समय परियों की दुनिया। सड़क पर चलता शायद ही कोई राही होता होगा जो इस सब पर खड़ा होकर एक नजर डालने के लिए मजबूर न हो जाए। बसों और कारों में गुजरते लोग भी इस सबको मुग्ध भाव से देखकर ही आगे बढ़ पाते हैं। और फिर इन फूलों के बीच लम्बी दाढ़ी और बालोंवाला एक सात्त्विक-सा व्यक्तित्व शर्माजी। उससे भी बढ़कर ममता और दया की मूरत लक्ष्मी देवी। अध्यापिकाएँ भी इस वातावरण में आकर मानो नए लोक की हो जाती हैं। चारों तरफ प्यार ही प्यार। कहीं कोई म्लानता नहीं, कठोरता नहीं, बच्चे भी यहाँ आकर अपने माँ-बाप और दादी-नानी को भूल जाते हैं। नाभा जैसे छोटे से शहर में अभूतपूर्व है यह बच्चों का स्कूल। इसी कारण इसकी चर्चा हर जुबान पर है। पढ़े-लिखे लोग तो इसे मिनी शान्तिनिकेतन कहते हैं और चाहते हैं कि इसका विस्तार हो।

शर्माजी भी न चाहते हुए भी इसमें रुचि लेने लगे हैं। यह सोचकर कि जब तक असली विवेकाश्रम की नींव नहीं डलती तब तक यही सही। कभी वे नन्हे बच्चों में फूलों का गुलदस्ता बनाने की प्रतियोगिता का आयोजन करते हैं, कभी पेड़ की टहनियों को जमीन में रोपने की प्रतियोगिता का। माता-पिता दोपहर में बच्चों को लेने आते हैं तो उन्हें उनके लाड़लों और लाड़लियों की करामातें दिखाकर विभोर करते हैं। माँ-बाप मुग्ध होकर चुम्बनों से अपने बच्चों के माथे और गाल लाल कर देते हैं। बच्चों के उत्साहित चेहरे उस वक्त देखते ही बनते हैं। नई जनरेशन के ये बच्चे वैसे तो स्वभावतः ही तेज दिमाग हैं पर यहाँ का वातावरण उनकी बुद्धि को सही दिशा में खिलने का अवसर देता है।

एक दिन एक सेठ आए। रंग-रोगन से बिलकुल अंग्रेजों जैसे। बाहर के बड़े शहरों में चल रही कई मिलों के मालिक। बाहर अपनी बड़ी-सी कार खड़ी करके ड्राइवर के साथ अन्दर आए। नमस्कार करके बोले, ''मैं आपसे एक जरूरी बात करने आया हूँ।''

शर्माजी ने कहा, ''कहिए!''

सेठ साहब ड्राइवर को वहीं छोड़ शर्माजी को बाग की पगडण्डी पर ले चले। थोड़ा आगे जाकर बोले, ''अगर आप इस आश्रम का नाम बदलने के लिए तैयार हो जाएँ तो मैं इन झोंपड़ियों को पक्के कमरों में तब्दील कर सकता हूँ।''

शर्माजी ने पूछा, "क्या नाम रखना चाहेंगे आप?"

सेठ साहब ने फरमाया, "सुगनचन्द जैन आश्रम।"

शर्माजी ने थोड़ा सोचकर पूछा, "अगर केवल सुगनचन्द आश्रम रख दिया जाए तो आपका काम चल जाएगा?"

सेठ साहब ने फरमाया, "नहीं, जैन शब्द नाम के साथ जरूरी है।"

शर्माजी ने एक-दो दिन सोचने के लिए माँगे। सेठ साहब ने हफ्ता-भर दे दिया। गाड़ी तो चली गई पर शर्माजी के दिमाग में पेट्रोल की गन्ध भर गई। झोंपड़ियों की जगह पर उन्हें अच्छी-खासी पक्की बिल्डिंग दिखाई देने लगी। सोच में भी परिवर्तन होता दिखाई देने लगा। लगने लगा कि विवेकाश्रम भी अगर अपने मूल उद्देश्यों को साथ लेकर इस तरह की पक्की बिल्डिंगों में चले तो किस विचार की पवित्रता पर कुठाराघात हो सकता है?

उत्तर मिला, 'अगर संचालन की बागडोर सही हाथों में हो तो किसी पर भी नहीं।'

नया सवाल आया, 'नए किस्म के आश्रम के लिए संचालन की शैक्षणिक योग्यता भी जरूरी होती होगी?'

उत्तर था, 'सेठ अपनी बड़ी-बड़ी मिलों का संचालन करते हैं, नेता इतने बड़े देश का संचालन करते हैं, उनकी शैक्षणिक योग्यता तो कोई जरूरी नहीं होती।'

'तो फिर हिजड़ों और वेश्याओं के उपेक्षित बच्चों का क्या होगा?'

उत्तर था, 'ये दोनों ही अब कहाँ हैं? होते तो अखबार का इश्तिहार पढ़कर चले न आते! इश्तिहार में साफ लिखा गया था कि यह आश्रम किनके लिए हैं।'

उन्हें लगा कि विवेक ने ठीक ही लिखा है। बच्चों की इस फुलवारी से भी रचनात्मक कार्य किया जा सकता है। देहकर्म का अर्थ है रचनात्मक कर्म, इसलिए प्राथमिकता रचनात्मक कर्म को ही दी जानी चाहिए। अगर इस कर्म में पैसा बलबीर के लोन का लग सकता है तो सेठों की कमाई का क्यों नहीं? नाम में क्या रखा है? असल बात तो नतीजा है। ज्यादा ध्यान नतीजे की तरफ ही दिया जाना चाहिए।

फिर भी शर्माजी ने अपनों से सलाह-मशविरा करने के लिए चण्डीगढ़ से बसन्त और चन्द्रमोहन को बुलाने का फैसला किया। इसके बाद उन्हें नन्दिता राय याद आईं। आज रात को ही उन्होंने नन्दिता राय की कविताएँ पढ़ने का निर्णय लिया। लेकिन सबसे पहले वे चण्डीगढ़ को फोन करने के लिए पेट्रोल पम्प की एस. टी.डी. की तरफ चल दिए।

इस बार भी पहले की ही तरह फोन पाते ही चण्डीगढ़ का पूरा परिवार अगले दिन दोपहर तक नाभा पहुँच गया। पहले की तरह ही दोपहर का भोजन करते ही शर्माजी के कमरे में कुछ और कुर्सियाँ लगाकर मीटिंग शुरू हुई। बबलू का अड़ंगा इसलिए

नहीं था क्योंकि वह पहले की तरह ही थक-हारकर सो गया था।

शर्माजी ने पहले की तरह ही बिना किसी भूमिका के बोलना शुरू किया, "मुझे बड़ी खुशी है कि मेरा फोन पाते ही चण्डीगढ़ का परिवार फौरन चला आया। बहुत जरूरी बात आपसे करनी है, नहीं तो मैं आपको जहमत न देता।"

सब लोगों ने पहले की तरह ही श्रोताओं का चेहरा बना लिया।

सबको शान्त देखकर शर्माजी ने कहा, "आप जानते ही होंगे कि चाहे बदली हुई शक्ल में ही सही विवेकाश्रम अच्छा चल रहा है और इसको चलाने में लक्ष्मी का बहुत बड़ा हाथ है।"

लक्ष्मी स्वभावतः अपनी खुशी को छुपाने का प्रयास करती हुई बोली, "मैं क्या चीज हाँ जी, सब ऊपरवाले दी मेहर दा फल है। शर्माजी दी सूझबूझ दा नतीजा है।"...

"अब एक नया प्रस्ताव आया है।" शर्माजी ने थोड़ा ऊँचा बोलकर मानो लक्ष्मी को अपना भाषण यहीं तक रखने के लिए कहा। "एक सेठ ने कहा है कि अगर हम आश्रम का नाम बदल दें तो वह झोंपड़ियों की जगह हमें पक्के कमरे बनाकर दे सकता है।"

"नाम सेठ अपने या अपने खानदान के नाम पर रखना चाहता होगा।" बोलकर बसन्त ने अपनी सिक्स्थ सैंस का परिचय दिया।

"ठीक है, अगर यह भी है तो इसमें क्या हर्ज है?" चन्द्रमोहनजी ने सेठ के पक्ष में मत दे दिया।

"हाँ-हाँ, सेठ नाम के भूखे होते हैं। इनकी भूख को मिटाकर अगर बड़ी डोनेशन मिल जाती है तो और क्या चाहिए?" कृष्णा ने पति का समर्थन कर दिया।

"पर दादाजी, आपका एम्बीशन तो कुछ और ही था। आई मीन आप तो आश्रम किसी और परपज से चलाना चाहते थे।" रेणु ने दादाजी को याद दिलाया।

"रेणु ठीक कह रही है दादाजी, आप सेठों के चक्कर में न पड़ें। इनका हर काम सिर्फ एक बिजनेस होता है। हो सकता है आपके मशहूर हो गए आश्रम को भी यह सेठ अपने किसी स्वार्थ में इस्तेमाल करने की योजना बना रहा हो।" बसन्त ने सावधान करने के लहजे में कहा।

"मुझे ये सेठ क्या एक्सप्लाएट करेंगे। नंगी क्या धोएगी क्या निचोड़ेगी।" बोलकर शर्माजी मूँछों में ही मुस्कुराने लगे।

"मेरा कैना जे है जी असीं स्कूल को इसी हालत में रखना चाहिए। बाल-गोपाल जिस्त्रां आते हैं उसीत्राँ आन्दे रहें। की करनः पक्कियाँ कोठियाँ बनाके। मैंनू तो ऐसे लगता है जैसे गंगा मैया के कनारे हरद्वार विच्च रह रही हूँ।" यह लक्ष्मी की इच्छा थी।

अब शर्माजी मुँह लटकाकर चोरों की तरह बैठे बलबीर की तरफ मुड़े, "क्यों

बलबीर? तुम क्या कहते हो?''

''आप ठीक कह रहे हैं पिताजी। बिलकुल ठीक कह रहे हैं।'' बोलकर बलबीर ने गर्दन और भी ज्यादा झुका ली।

शर्माजी उसकी तरफ ज्यादा ही मुड़ गए, ''मैंने तो अभी कुछ भी नहीं कहा, मेरे ठीक होने पर तुमने कैसे राय जाहिर कर दी?''

पर बलबीर ने इसका कोई जवाब नहीं दिया। शर्माजी समझे कि उसके दिल में अभी तक हवालात में रहने का मलाल है, इसलिए उन्होंने चन्द्रमोहन के परिवार को ही काफी समझकर नया सवाल उठाया, ''फर्ज कीजिए यह आश्रम उठाकर हमें कहीं और जाना पड़े तो कहाँ जाएँगे?''

अब बलबीर के कान खड़े हुए, ''क्यों, उठाना क्यों पड़ेगा?''

''फर्ज करो, फर्ज करने में तो कोई हर्ज नहीं है।'' शर्माजी ने और जोर देकर कहा।

''हम कोई और प्लाट ले लेंगे, इसमें क्या बात है।'' बलबीर ने ऐसे कह दिया जैसे प्लाट नहीं कोई कच्छा खरीदना हो, जिसे कभी भी बदला जा सकता है।

शर्माजी समझ गए कि उनकी इस समस्या में किसी की कोई दिलचस्पी नहीं है। पैसा बलबीर का लगा है, आश्रम पिताजी का है, जाता है तो जाए रहता है तो रहे, किसी का कुछ नहीं बिगड़ता।

शर्माजी ने मुँह फिराया तो सभी ने आश्रम देखने में उतावली दिखाई। योजना बनने में देर नहीं लगी कि चण्डीगढ़ का परिवार आश्रम देखकर उसी तरफ से निकल जाएगा। लक्ष्मी भी आश्रम तक उनके साथ जाएगी। वहाँ चाय-पानी का इन्तजाम लक्ष्मी ही करेगी।

लक्ष्मी चण्डीगढ़ परिवार के साथ आश्रम चली गई। इधर शर्माजी ने बाजार जाकर नन्दिताजी को फोन किया। नन्दिताजी ने उन्हें दूसरे दिन दोपहर के भोजन पर मिलने का समय दिया और साथ ही यह भी निवेदन किया कि अगर कविताएँ पढ़ ली हों तो उन्हें भी साथ लेते आएँ।

शर्माजी नन्दिता से होनेवाली सम्मानजनक मुलाकात को लेकर रात-भर बेचैन रहे। उन्हें लगता रहा कि कहीं-न-कहीं वे अपनी आत्मा को धोखा दे रहे हैं और नन्दिता इस धोखे का एक-एक अक्षर पढ़ लेंगी।

कई बार उन्होंने यह भी सोचा कि कोई-न-कोई बहाना बनाकर इस मुलाकात को मुल्तवी कर दें, पर हिम्मत नहीं पड़ी। यहाँ भी यही लगता रहा कि ऐसा करने पर वे मुल्तवी करने के असल मकसद को भी जरूर समझ जाएँगी।

उन्होंने एक बार नहीं कई बार अपने आपसे पूछा, 'आखिर तुम डर किस बात से रहे हो? अभी तो केवल विचार है, उसे व्यवहार में तो नहीं बदला, फिर

डर कैसा?'

उत्तर था, 'बुरे आचरण का विचार भी उतना ही ज्यादा संकटदायक होता है। निश्चित ही सेठ का प्रस्ताव जो ऊपर से देखने पर इतना सीधा लगता है, वह उतना सीधा है नहीं, उस पर गम्भीरता से विचार करने की जरूरत है।'

'यही करने तो जा रहा हूँ नन्दिता के पास।' उन्होंने अपने-आपसे कहा।

'जा जरूर रहे हो पर निर्णय तो तुम पहले ही कर चुके हो। नन्दिता को तो केवल सूचना देने जा रहे हो, संकट इसी बात का है।' अपने-आपने उनकी पोल खोली।

'हो सकता है तुम्हारी खोज सही हो, पर इस बात का डर कैसा? नन्दिता मेरी क्या लगती है कि उसके सामने झूठ का बाना पहनकर जाने से डरूँगा?' शर्माजी ने अपने-आपके सामने तर्क रखा।

'नन्दिता को तुम अपना समझते हो। अपनत्व ही तो है जो आदमी को डराकर रखता है।' उनके अपने-आप ने उनके कलेजे पर हाथ रख दिया।

'तो?' शर्माजी भर्राई हुई आवाज में बोले।

'तो क्या, अपनी समस्या को नन्दिता के सामने वैसे ही रख देना चाहिए जैसे बलबीर के मकान पर कब्जे की रखी थी। बिलकुल वैसे ही जैसे अबोध बच्चा अपनी सर्वगुण सम्पन्न माँ के सामने रखता है।'

शर्माजी के हाथ अपने कलेजे पर रखे हाथ पर चले गए। उनके होंठों ने फुसफुसाया, "माँ!" शब्द के साथ ही उनके सामने एक साथ कई चेहरे नाचने लगे। शान्ति का चेहरा, शाजिया का चेहरा, जसबीर कौन का चेहरा, शकुन्तला का चेहरा और फिर अन्त में नन्दिता का चेहरा। आखिर में इन सब चेहरों से मिलकर बना उनकी जन्मदात्री माँ का चेहरा।

आखिर कशमकश खत्म हुई और फाइल बगल में दबाकर लक्ष्मी को कहने का समय आ गया कि, "मैं जरा पटियाला जा रहा हूँ एक जरूरी काम से। शाम तक न आ सका तो तुम पार्वती के पास चली जाना।"

लक्ष्मी पति को विदा करने के लिए खड़ी हो गई। उसे खड़ी देख शर्माजी के मन में सवाल आया, 'इस महालक्ष्मी का तुम्हारे जीवन में क्या स्थान है?'

इसका जवाब पाए बिना ही शर्माजी आश्रम से बाहर हो गए।

अब उनके दिमाग में सिर्फ एक ही दृश्य बचा था, पटियाला में बारहदरी और उस बारहदरी में नन्दिता की कोठी और कोठी में रहनेवाली नन्दिता का दृश्य।

पेड़ों के नीचे रंग-बिरंगी छतरी लगी है और छतरी के नीचे दूधिया बिछावनवाला टेबल। टेबल पर लंच की तैयारी का सामान सजा है। सामान का उपयोग करनेवाले हैं नन्दिता और शर्माजी और परोसनेवाली है वन्दना।

सुनयना आज एक कुर्सी पर लेटी ऊँघ रही है। कभी-कभी पास ही काँटेदार तारों पर फुदकती कलगीवाली चितकबरी चिड़ियों की आवाज उसे चौंका देती है, पर एक बार जायजा लेकर वह फिर ऊँघने लगती है।

कुछ दूरी पर रानी रंग का बोगनवैलिया इस हद तक खिला हुआ है कि पूरा पौधा एक महाफूल लग रहा है। शर्माजी कुदरत के इस करिश्मे पर मुग्ध हैं, खासकर इस आधार पर कि कभी-कभी कुदरत किसी पादप का इस तरह का सिंगार करती है कि उस पर पत्तों की जगह फूल-ही-फूल दिखाई देते हैं। उन्होंने जरा ध्यान से देखा तो पौधे के सामने एक महिला खड़ी दिखाई दी जो मेल खाते हुए साड़ी के रंग के कारण फूलों के पास फूल ही लग रही थी।

महिला हिली तो शर्माजी को उसकी पृष्ठ देहयष्टि जानी-पहचानी लगी। एक बड़ी तितली उड़ी तो उसका नजर से पीछा करती महिला मुड़ी तो उसकी दृष्टि चुपचाप खड़े शर्माजी पर पड़ी। महिला धीरे-धीरे चलकर शर्माजी के सामने आ खड़ी हुई। निकट से देखते ही शर्माजी उसे पहचान गए। इसे विचित्र महासंयोग ही कहा जाना चाहिए कि यह वही नारी थी जिससे उनकी नैनीताल यात्रा के समय रेल के डिब्बे में मुलाकात हुई थी।

महिला ने पहले तो अपने दिमाग को अपनी आँखों के शीशों में उतारा और फिर पहचान से आश्वस्त होकर कठोर वाणी में बोली, "आप और यहाँ?"

"जी, मुझे नन्दिताजी ने बुलाया है!" शर्माजी ने विनम्र वाणी में कहा।

"नन्दिताजी ने?" महिला के चेहरे पर आश्चर्य का भाव पुत गया।

"जी, नन्दिताजी ने।" शर्माजी महिला के आश्चर्य को पढ़ने की कोशिश करने लगे।

महिला ने एक बार शर्माजी को तिरस्कार-भरी नजरों से ऊपर से लेकर नीचे तक देखा और फिर अहंकार भरे स्वर में बोली, "बिलकुल गलत, नन्दिताजी आप जैसे लोगों को कभी नहीं बुला सकतीं!"

"क्यों, ऐसी क्या खराबी है मुझमें?"

"अच्छाई ही क्या है? जो आदमी एक महिला और उसके बच्चों की तकलीफ को भी न समझ सके मैं उसे जानवर से ज्यादा कुछ नहीं मानती।"

"और जो औरत गरीब मजदूरों की तकलीफ को न समझती हो, उसके बारे में क्या खयाल है आपका?"...

"यही, कि वह एक समझदार औरत है, किसी भी करुणा बटोरनेवाले पाखण्डी के झाँसे में नहीं आती।"...

"ऐसी समझदार औरत को मेरा दूर से ही प्रणाम!"

"शैटप!" बोलकर महिला गुस्से में थर-थर काँपने लगी। फिर शायद ऐसों के मुँह न लगने की बात सोचकर तेजी से मुड़ी और अन्धड़ की तरह किवाड़

धड़धड़ाकर कोठी में प्रवेश कर गई।

शर्माजी कुछ पल तो गुमसुम खड़े रहे और फिर काँटेदार तार के पास जाकर एक-एक काँटे पर तर्जनी उँगली रखकर मानो तनी हुई तार को वीणा के तार की तरह बजाने लगे। एक तीखा काँटा पोर में आ चुभा तो पोर को मुँह में दबाकर पीछे हट गए। चिड़ियाँ जो उनसे डरकर पेड़ पर जा बैठी थीं, कुछ ज्यादा ही चहचहा रही थीं मानो शर्माजी के साथ घटे तमाशे को लेकर खिलखिलाकर हँस रही थीं।

इधर सुनयना इस अभद्र संवाद से विचलित होकर कुर्सी से नीचे उतर भौंचक्की होकर देख रही थी। उसे समझ ही नहीं आ रहा था कि वह क्या करे—पहले से ही नन्दिताजी के साथ देखे गए शर्माजी के पीछे पड़कर कोठी से बाहर भगाए या कोठी के अन्दर से किसी के आने तक इसी प्रकार चुपचाप खड़ी रहे। अचानक एक चिड़िया आई और सुनयना के सिर पर अपनी चोंच का भरपूर वार करके भाग निकली। सुनयना छलाँग लगाकर उस चिड़िया का पीछा करती कोठी के पीछे चली गई। वहाँ से उसके भौंकने की आवाज आने लगी। शायद चिड़िया किसी पेड़ पर बैठकर उसे चिढ़ा रही थी और सुनयना चिढ़कर उसकी तरफ उछल-उछलकर भौंक रही थी।

इसी समय कोठी का पाट खुला और बंगाली परिधान में सजी नन्दिता ने गाढ़ी मुस्कान के साथ शर्माजी का अभिवादन किया। इसके साथ ही नन्दिता ने भौंकती हुई सुनयना को आवाज दी। सुनयना मचलती हुई उसके सामने आ खड़ी हुई। नन्दिता ने कपाट खोलकर सुनयना को कोठी के अन्दर किया और फिर शर्माजी को बैठने के लिए कहकर बोलीं, "बहुत ही सैंसटिव है हमारी यह सुनयना, किसी की भी थोड़ी-सी भी छेड़छाड़ पसन्द नहीं करती।"

शर्माजी समझ गए कि जाली के अन्दर से चिड़िया की छेड़छाड़ को देख लिया होगा। उन्होंने खड़े-खड़े ही "यह महिला कौन है?" नन्दिताजी से सवाल किया।

"कौन महिला? अर्चिता? वह मेरे छोटे भाई की पत्नी है, यानी कि मेरी भाभी।"

बोलते हुए नन्दिता के स्वाभाविक तौर पर लालिमा से भरे, भरे-भरे होंठों पर एक शरारती मुस्कान खेलने लगी।

"लेकिन वह तो नैनीताल..."

"नैनीताल में उसके मायके हैं। इसके परिवारवाले नैनीताल की एक हस्ती हैं। बहुत बड़ा कारोबार है इन लोगों का नैनीताल क्षेत्र में।"

सुनकर शर्माजी माथे को उँगलियों से सहलाने लगे और उसके बाद नन्दिता के चेहरे पर उगे शरारत के अंकुरों को समझने की कोशिश करते हुए सिमटकर कुर्सी पर बैठ गए।

"मैं अर्चिता से आपका परिचय कराती हूँ।" बोलकर नन्दिता ने कोठी की

तरफ मुँह किया पर शर्माजी ने खड़े होकर उन्हें रोका, ''नहीं-नहीं, इसकी जरूरत नहीं है।''

''क्यों, आप मिल चुके हैं क्या उसे?''

''जी, मिल चुका हूँ।'' शर्माजी फूलों के साथ शरारत करती बुलबुलों को देखने लगे।

''कहाँ?'' नन्दिता से अपनी हँसी दबाए नहीं दब रही थी।

''नैनीताल जाते समय रेल के कम्पार्टमेंट में। वहाँ श्रीमती अर्चिताजी एक मजदूर के साथ ऐसे पेश आ रही थीं जैसे...''

''जैसे?'' नन्दिता के नेत्र-कँवल पूरे खुल गए।

''जैसे कोई भूखी बाघिन हिरण के साथ पेश आती है।''

सुनते ही नन्दिता के चेहरे पर गम्भीरता पुत गई। पहले उसने साड़ी के लड़ से हँसी दबाने के कारण आँखों के कोरों में आई नमी को पोंछा, फिर बोलीं, ''जब अपने लाड़ले बच्चों पर कोई संकट दिखाई देता है तो शाकाहारी औरत भी भूखी शेरनी बन जाती है।''

''लेकिन वहाँ तो कोई ऐसा संकट नहीं था?...''

''था, औरत के मन में छुपकर बैठा उसकी असुरक्षा का संकट। असुरक्षा के अहसास ने आदमी को केवल अभद्रता ही नहीं दी बल्कि जानवरपन की हद तक हिंसा भी दी है। फिर अर्चिता तो...'' बोलते-बोलते नन्दिताजी उँगलियों में उँगलियाँ फँसाकर दोनों हाथों को एक मुट्ठी में कसते हुए आगे बढ़ने से थोड़ा हिचकिचाने लगी।

शर्माजी ने थोड़ा आगे आकर उन्हें उकसाया, ''हाँ-हाँ कह डालिए, जो कुछ भी है सब कह डालिए।''

नन्दिता ने बँधे हुए हाथ वक्ष के बीच रख लिए और मन्द ध्वनि में बोलीं, ''अर्चिता तो ऐसी औरत है जिसने आदम जात का बुरा-से-बुरा चेहरा देखा है।''

''मतलब?''...

मतलब कहना इतना आसान नहीं था और उस आदमी से छुपाना भी उचित नहीं था जिसे नारी एक सम्मानित ही नहीं बल्कि स्नेहशील व्यक्ति के रूप में भी देखती हो। पल-भर सोचने के बाद नन्दिता ने अपने दोनों हाथ खोल दिए और बहुत ही ज्यादा खुली भाषा में बोली, ''एक साल पहले ही अर्चिता के छोटे भाई को राजनीतिज्ञों द्वारा पोषित गुण्डों ने किडनेप कर लिया और छोड़ने के बदले दस करोड़ रुपयों की माँग की। किसी-न-किसी तरह सबकुछ गिरवी रखकर रुपयों का इन्तजाम भी किया गया लेकिन इसमें दी गई समय-सीमा का उल्लंघन हो गया और इसका परिणाम यह निकला कि उस बेचारे मासूम लड़के को...''

आगे का रिक्त स्थान शर्माजी ने पूरा किया, ''जान से हाथ धोना पड़ा।''

"जान से हाथ?...उसकी देह के छोटे-छोटे टुकड़े करके, उफ..." नन्दिता दोनों हाथों से मुँह ढाँपकर बैठ गई।

शर्माजी उसे पत्थर का बुत बनकर देखने लगे। सारा वातावरण ऐसे निस्पन्द हो गया जैसे समय का चक्र अचानक बिखरकर थम गया हो। चिड़ियाँ भी उड़कर किसी अनजानी दिशा की तरफ चली गईं। सूरज के सामने बादल का एक बड़ा सा टुकड़ा आ गया। पेड़-पौधे भी ऐसे निस्पन्द जैसे वे जलकर ठूँठ हो गए हों।...

फिर अचानक शान्त तालाब में पत्थर गिरने की तरह छपाक से एक आवाज ने शान्ति भंग की, "आप कहें तो सूप सर्व करूँ बीबीजी?"

देखा तो वही कलफ लगे सफेद कपड़ों में वन्दना खड़ी थी।

"हाँ, ले आओ!" बोलकर नन्दिता जैसे बाँहों को पंखों कीं तरह खोलकर उठी और बिना कुछ बोले हाथ धोने के लिए बाहर के वाशबेसन की तरफ चली। शर्माजी ने उसका अनुसरण किया। नन्दिता के हटने पर जब वे शीशे के सामने आए तो देखा, द्वार की ओट में खड़ी अर्चिता का आधा शरीर बिलकुल वैसे ही दिखाई दे रहा था जैसे शिकार की टोह में खड़ी बाघिन का आधा शरीर झाड़ियों में से दिखाई देता है। लेकिन यहाँ शिकार कौन है? शर्माजी के दिमाग में अचानक यह सवाल कौंधा। साथ ही उनको याद आया कि रेल के डिब्बे में इस बाघिन के दो बच्चे भी तो थे?...पर उन्होंने अपनी इस याद को याद ही रहने दिया।

खाना खा लेने के बाद सारा सामान उठ गया और मेजपोश भी बदल दिया गया तो अब गरमागरम कॉफी की बारी आई। कॉफी पीते समय जैसा कि स्वाभाविक ही था नन्दिता के रचना-कर्म पर बात चली। कविताओं की फाइल के कुछ पन्ने पलटकर शर्माजी ने एक कविता को सामने रखकर उसे पढ़ना जरूरी समझा। शायद इसलिए कि निष्कर्ष को ठोस आधार दिया जा सके और प्रमाण के रूप में भी कुछ-न-कुछ बिलकुल सामने दिखाई दे सके। शर्माजी कविता पढ़ने लगे तो नन्दिता सिर झुकाकर उसे सुनने लगीं :

कुछ बोलो नहीं
सिर्फ होंठ हिलाओ
मैं सुन लूँगा
तुम्हारे कहने की बात

तुम समुद्र तट पर
आओ
और चली जाओ

मैं हवा की नमी में
फैली खुशबू से
तुम्हें पहचान लूँगा

तुम छाया में
दूब पर लेटे
अपनी साँसों से
हरीतिमा स्पर्श करो
मैं जगह की गर्मी से
तुम्हारा सान्निध्य
पा लूँगा

ओ मेरे अतीत के साथी
मैं तुम्हारी याद में
न भी होऊँ
तुम मेरी रगों में
खून की तरह बहते हो
जब तक जिन्दा हूँ
तुम्हें लेकर जीना
मेरी मजबूरी है।

कविता समाप्त हो जाने के बाद शर्माजी ने कुछ देर तर्जनी से नीचे का होंठ सहलाते हुए थोड़ा सोचा और फिर धीरे से कहा, ''आपकी ज्यादातर कविताएँ ऐसी ही हैं। इनके अहसासों में बारीकी है और अभिव्यक्ति-कौशल में ताजगी है। लेकिन ये कविताएँ नारी के नहीं, पुरुष के अहसासों से उपजी जान पड़ती हैं...।''

नन्दिता ने भी मन्द-मन्द मुस्कुराते हुए थोड़ी देर सोचा और फिर माथे पर बल डालकर धीमी आवाज में कहा, ''क्षमा कीजिए, इस सवाल के उठने से सहमत हो पाने में मुझे दिक्कत पेश आ रही है। एक नारी से अपेक्षा ही क्यों की जाती है कि वह नारी के अहसासों को आधार बनाकर ही कविता रचे।''

शर्माजी का कहना है, ''नारी अपने अनुभवों के आधार पर ही सच्ची और ईमानदार कविता रच सकती है। उसे मर्द बनकर या मर्द की तरफदारी करते हुए कविता रचने की कोई जरूरत नहीं है।''

नन्दिता का निवेदन है, ''अहसास या अनुभव को नारी या पुरुष में विभाजित नहीं किया जा सकता। यह विभाजन एक छल है। इस छल से अब कविता-आलोचना

को मुक्ति पा लेनी चाहिए।''

शर्माजी को लगा है कि बहस ही विचित्र शुरू हो गई है, इसलिए उन्होंने तुरन्त ही नन्दिता के इस अन्तिम कथन से सहमति जताई है और कहा है, ''यद्यपि आपकी कविताओं पर रोमेंटिक बोध की छाया बहुत गहरी है लेकिन फिर भी ये कविताएँ परिपक्व कलम की उपज लगती हैं। अगर ये कविताएँ किसी अच्छे प्रकाशक से आ जाती हैं तो निश्चित ही प्रबुद्ध पाठकों और गम्भीर आलोचकों का ध्यान आकर्षित करेंगी। लेकिन इस क्षेत्र में अभी आपको बहुत कुछ करना है, खासतौर पर इस तरफ ध्यान देने की ज्यादा जरूरत है।''...

नन्दिताजी शर्माजी की राय से बहुत प्रसन्न हुई हैं। एक मुँहफट और साफगोई के लिए मशहूर कवि से उन्हें इस तरह के शब्दों की कतई उम्मीद नहीं थी। यह भी सच था कि जो कविता आधार के रूप में पढ़ने के लिए चुनी गई थी वह नन्दिता को भी बहुत ज्यादा प्रिय थी। यहाँ तक कि अनेक बार दोहराने के बाद भी इस कविता का प्रभाव या आनन्द उनके लिए फीका नहीं पड़ा था।

कॉफी समाप्त हो जाने के साथ ही मानो चल रही साहित्यिक बहस भी समाप्त हो गई। थोड़ी देर चुप रहने के बाद अब शर्माजी ने अपनी निजी समस्या नन्दिताजी के सामने रखी। बहुत ही नपे-तुले शब्दों में, बिना किसी दुराव या छुपाव के, अबोध बच्चे की तरह बिलकुल साफ मन से, जिसकी पतंग किसी पेड़ पर अटक गई हो और वह विवशता भरी नजरों से उसे निहार रहा हो।

नन्दिता ने बहुत ही विनम्रता के साथ शर्माजी को अपनी स्पष्ट राय दी, ''ईश्वर ने आपको जिस काम के लिए पैदा किया है, आप अगर उसी में लगे रहें तो ज्यादा बेहतर होगा। यह जरूरी नहीं है कि हर आदमी देहकर्म करने की क्षमता रखता हो। एक कृषि-मजदूर सारा दिन फावड़ा चला सकता है, उसे अभ्यास होता है, लेकिन हम लोग पन्द्रह मिनट भी नहीं चला सकते।''...

शर्माजी ने पतंगवाला बच्चा बनकर ही सवाल किया, ''क्या कृषि-मजदूर को बौद्धिक लोगों जैसी सुविधा से भरी जिन्दगी जीने का कोई अधिकार नहीं है? मेरा मतलब है कि विज्ञान द्वारा पैदा की हुई सम्पूर्ण सुविधाएँ केवल बौद्धिकों के लिए हैं?...''

नन्दिता ने पहले शर्माजी की निष्पाप आँखों में देखा और रोशनी में दमकते या छुपे कासनी आकाश पर निगाह डाली, फिर उन्होंने नेपकिन से होंठ साफ करते हुए कहा, ''क्यों नहीं है, हर गरीब आदमी को अमीरी भोगने का पूरा अधिकार है, लेकिन हमें उनके लिए खज्जल-ख्वार नहीं होना चाहिए। हर आदमी अपनी क्षमता के मुताबिक जरूर पा लेता है, क्षमताहीन सिर्फ झूठा प्रलाप करते हैं और क्षमता-सम्पन्न चुपचाप अपनी क्षमताओं का इस्तेमाल करते हुए आगे बढ़ते रहते हैं।''

शर्माजी चुपचाप नेपकिन की रगड़ से और भी ज्यादा सुर्ख हो गए नन्दिता

के अधरों की तरफ देखने लगे।

शर्माजी को चुप देख नन्दिता ने आगे कहा, "देखो जी, साफ कहूँ तो मेरा तो यह मानना है कि हर प्राणी को कुदरत किसी विशेष योजना के तहत विशेष कर्म के लिए पैदा करती है, उसकी साफ झलक प्राणी को जीवन की शुरुआत में ही अपने कार्यकलाप में मिल जाती है। बस, कुदरत द्वारा दिए अपने उत्तरदायित्व को निभाना ही मनुष्य का सबसे बड़ा धर्म है और इसी से उसका भी भला है और उससे ताल्लुक रखनेवाले समाज का भी...।"

शर्माजी अपनी पतंग को स्वयं पेड़ पर चढ़कर उतारने की इच्छा के दबाव में बोले, "तो आप कहती हैं कि कुदरत ने मुझे कविता लिखने के लिए पैदा किया है और मुझे अपनी सारी क्षमता को सिर्फ कविता रचने में लगाना चाहिए?..."

"आफ कोर्स!" औरत मर्द के लिए सात्विक प्रेरणा का रूप बन गई। "आपको जो कुछ करना है कविता के रास्ते कीजिए। आपमें इतनी पोटेंसिलिटी है, आपको इसका पूरा इस्तेमाल करना चाहिए। कर ही रहे हैं, वरना क्या जरूरत पड़ी थी कि व्यवस्था आपको जेल में डालती।"

शर्माजी अब चुपचाप खाली पड़े कॉफी के मग की तरफ देखने लगे। इस अन्दाज में मानो मग पर कविता लिखने की सोच रहे हों। नन्दिता ने अपने पर्स से निकालकर उन्हें पान-मसाला दिया। मसाला मुँह में जाते ही वे पिपरमिंट की ठण्डक का आनन्द लेने लगे। अब शर्माजी अपनत्व भाव से बोले, "कुछ अपने परिवार के बारे में बताइए!"

पहले नन्दिताजी मन्द-मन्द मुस्कुराईं। फिर बोलीं, "कुछ ऐसा खास नहीं है जो बताया जाए। पति केन्द्रीय सरकार में कमिश्नर थे जिनका एक हवाई हादसे में निधन हो गया। यह कोठी उन्हीं की है और राजपुरा रोड पर दो फैक्टरियाँ हैं जिन्हें मुझे देखना होता है। पिता पश्चिमी बंगाल की कम्युनिस्ट पार्टी में सीनियर नेता हैं और एक भाई वहीं की सरकार में मन्त्री हैं। एक बहन और एक भाई अमरीकी नागरिक हैं और माँ का निधन हो चुका है। बच्चों के नाम पर सुनयना है।" सुनयना ने अपना नाम सुनकर आँखें खोलीं। उसे देखकर नन्दिता ने उसे समझाया, "कोई बात नहीं है, इन्हें बता रही थी आपके बारे में!" मानो नन्दिता की बात समझकर सुनयना ने फिर आँखें बन्द कर लीं।

इसके साथ ही नन्दिता चुप हो गई। शर्माजी भी कुछ नहीं बोले। काफी देर तक दोनों एक-दूसरे की मूक संगत करते रहे।

अन्ततः नन्दिता ने बाहर के गेट तक पिछली बार की तरह शर्माजी को छोड़ा। अपना फोन नम्बर याद दिलाया। इसके बाद शर्माजी अपनी भावी योजनाओं पर विचार करते पटियाला के एक कवि-मित्र से मिलने रिक्शा लेकर राघोमाजरा की तरफ निकल पड़े।

एक सप्ताह बाद सेठ सुगनचन्द तो नहीं पहुँचे अलबत्ता बगीचे के बाहर एक बोर्ड जरूर लग गया। बोर्ड पर अंग्रेजी में लिखा था, ''साईट फार सुगनचन्द जैन पब्लिक स्कूल।''

शर्माजी ने सोचा, बोर्ड बाकी के बाग के सामने लगा है। हमारे आश्रम से इसका कोई वास्ता नहीं है। इसलिए हम एतराज नहीं उठा सकते। सेठ साहब आएँगे तो पूछेंगे कि यह क्या बात है। वे अपने आश्रम में मस्त रहे। पर एक कील-सी उनके दिमाग में गड़ गई जरूर।

सेठ साहब अब भी नहीं आए, जैसा कि उनका वादा था, उलटे आरे, कुल्हाड़ियाँ और कुछ कहियाँ लेकर बहुत से मजदूर जरूर आ धमके और लगे हरे-भरे पेड़ काटने।

शर्माजी ने मजदूरों से जाकर पूछा, ''यह क्या कर रहे हो भाई?''

''देख तो रहे हो क्या कर रहे हैं।'' मजदूरों की देखरेख कर रहे एक मुंशी से लग रहे आदमी ने जवाब दिया।

''हाँ, देख तो रहा हूँ क्या कर रहे हो, पर क्यों कर रहे हो?'' शर्माजी के हाथ उनकी कमर पर चले गए।

''मालिक का हुक्म है।'' मुंशी ने बीड़ी सुलगा ली।

''क्यों हुक्म है मालिक का? कितने अच्छे पेड़ हैं, इनको कटवाकर क्या करेंगे यहाँ?''

''ये बाहर एक बोर्ड लगा हुआ तो है।''

''यह तो अग्रवाल परिवार का बाग है?''

''था कभी, अब यह लाला सुगनचन्द जैन का बाग है।''

''क्यों, उन्होंने खरीद लिया क्या?''

''हाँ, खरीद लिया।''

''पर मेरा आश्रम?'' शर्माजी का गला भर आया।

''उसको कोई हाथ लगा रहा है क्या?''

''नहीं।''

''तो?''

शर्माजी को लगा, आसपास ऑक्सीजन की कमी हो गई है। अचानक उनका मुँह सूखने लगा और दिल बच्चों की तरह घबरा उठा। वे झट से कुटीर में चले आए और शैया पर लेटकर लक्ष्मी को आवाज दी, ''लक्ष्मी!''

लक्ष्मी आकर सामने खड़ी हो गई, ''जी?''

''जरा पानी पिलाओ!''

लक्ष्मी ने पानी दिया। उसे पीकर शर्माजी ने थोड़ी राहत महसूस की।

अब लक्ष्मी ने सवाल किया, ''जे पेड़ क्यों कट्ट रहे हैं?''

"पता नहीं।" शर्माजी ने आँखें बन्द कर लीं।

"मैं जाके पता करूँ?"

"तुम सिर्फ अपने आश्रम से मतलब रखो।" खिसियानी बिल्ली ने खम्भा नोचा।

लक्ष्मी चुपचाप चली गई।

शाम को कटे पेड़ ट्रॉलियों में भर-भरकर किसी जगह को जाने लगे, शर्माजी देखते रहे। मजदूरों के जाने के बाद बची-खुची टहनियों को इकट्ठा कर ले जानेवाली सिकलीगरों की औरतें भी पहुँच गईं, शर्माजी देखते रहो। अपने लुटे घोंसलों की खोज में पक्षी चीख-चीखकर आसमान पर मँडराने लगे, शर्माजी देखते रहे। सड़क पर कटते पेड़ देखने तमाशबीनों की भीड़ जमा होने लगी, शर्माजी देखते रहे। हर रोज यही होने लगा। और फिर अन्ततः पेड़ों की जड़ें भी खोदकर बाहर निकाली जाने लगीं ताकि वे दोबारा न उगें, इसे केवल शर्माजी ही नहीं, लक्ष्मी, अध्यापिकाएँ और बच्चे भी हैरानी और जिज्ञासा से देखने लगे।...

पेड़ पर आरा चलता और वह चीख-सी मारकर एक दिशा में गिर जाता। उसके गिरने से आश्रम तक की धरती काँप उठती। आश्रम के बच्चे भूकम्प में फँसे बच्चों की तरह दहल जाते। हालाँकि यह अत्याचार अब खत्म हो चुका था लेकिन आश्रम के सब लोग इसे अब भी महसूस कर रहे थे। अचानक उन्हें लगता कि किसी पेड़ की चीख है। अध्यापिकाएँ बच्चों की आँखों में दहशत देख बाहर निकलतीं, पर वहाँ कुछ न होता। वह बच्चों को समझातीं, सब खत्म हो गया, अब कुछ नहीं है, आप लोग अपने काम में ध्यान लगाएँ। पर बच्चे घोंसला उजड़े पक्षियों की तरह देखते रहते।

आखिर वह दिन भी आया जब आसपास का सबकुछ समाप्त हो गया और माली के रहने का पक्का कमरा भी ईंट-ईंट होकर वहाँ से हट गया। पूरे बाग में सिर्फ विवेकाश्रम की झुग्गियाँ रह गईं, सपाट रेगिस्तान में जैसे बड़े आकार के कुछ ऊँट बैठे हों। शर्माजी का दिल रो उठा। लक्ष्मी के भी चेहरे का रंग बदल गया। आखिर शर्माजी ने सेठ से मिलने का फैसला किया। स्वाभिमान हनन के जहर को गुटककर उन्होंने जमीन खरीद की रसीद जेब में डाली और चल दिए सुगनचन्द जैन की हवेली की तरफ।

शहर में एक तंग गली के अन्तिम छोर पर जाकर जब एक बहुत बड़ी तिमंजिला हवेली को सुगनचन्द की हवेली बताया गया तो उन्हें याद आया कि इस हवेली में तो एक धनी परिवार का लड़का पतंग उड़ाने का शौक रखता था। नाभा के आकाश पर जब उस लड़के का बड़ा सा गुड्डा या तुक्कल उड़ती थी तो पतंगबाजी के शौकीन लोग उसका नजारा लेने के लिए छतों पर चढ़ जाते थे। छोटी-मोटी गरीब पतंगों को तो वह जोरदार बड़ी पतंग चुटकी में ही धरती का मुँह

दिखा देती थी। किसी दूसरी जाबर पतंग के साथ उसका पेच लड़ जाता था तो आँखों से ओझल होने तक भी इसकी डोर की चरखी खुली घूमती रहती थी। नतीजा न निकलता देख वह लड़का अपनी डोर को चरखी के पास से ब्लेड से काट आजाद कर देता था ताकि हार से बचा जा सके और फिर से नई पतंग उड़ाता था। कटी हुई डोर को पूरा शहर लूटता था, एक रईस की पतंगबाजी के नमकीन किस्सों के साथ। पूछने पर जब पता चला कि वही लड़का अब सुगनचन्द जैन है तो शर्माजी की आधी आशा तो यहीं फाख्ता हो गई। फिर भी चूँकि लालाजी के साथ बात हुई थी और बात करने के लिए वे खुद चलकर आए थे, इसलिए मिल लेने को ही अपनी तरफ का कर्तव्य समझ वे हवेली में घुस गए।

उनका सबसे पहला टाकरा तो एक खाकी वर्दीवाले बन्दूकधारी से हुआ। पता चला कि सेठ साहब तो बाहर गए हुए हैं। उनकी जगह शर्माजी बाईं तरफ के कमरे में बैठे बड़े मुनीम से मिल सकते हैं।

दूसरा मुनीम शर्माजी को हिन्दी फिल्मों के कन्हैयालाल जैसा लगा। उससे जो जानकारी मिली उसने तो शर्माजी को पूरी तरह से हिला दिया।

बिलकुल वैसा ही हादसा था जैसा खानपुर में पण्डितों की बगीची को लेकर हुआ था। आश्रम का प्लाट बलबीर ने शर्माजी के नाम नहीं अपने नाम से खरीदा था। शर्माजी की जेब में जो रसीद थी उस पर राशि और प्लाट के जिक्र के साथ बड़ी चालाकी से बी. शर्मा लिखा हुआ था जिसे दिवाकरजी डी. शर्मा समझ रहे थे। पिता के नाम की जगह पूरा दिवाकर शर्मा लिखा हुआ था, बस उसी अपने पूरे नाम को लेकर शर्माजी मुगालते और अलगर्जी की वजह से समझ रहे थे कि प्लाट उन्हीं के नाम से खरीदा गया है।

खतरनाक बात तो यह थी कि अब बलबीर अपनी इस जमीन को भी सुगनचन्द के पास तीन गुना ज्यादा दाम पर बेच चुका था। यहाँ भी स्टाम्प पेपर पर बलबीर शर्मा के हस्ताक्षर मौजूद थे, जैसा कि खानपुर में था।

शर्माजी ने बाहर निकलकर आँखों के सामने अँधेरा महसूस किया तो उन्हें बिजली के खम्भे का सहारा लेना पड़ा। अपनी डगमगाती चाल से चलकर वे अभी बाजार तक ही पहुँचे थे कि चक्कर खाकर नाली में जा गिरे। कुछ जाननेवालों ने उन्हें तरस खाकर हनुमान मन्दिर के पासवाले सरकारी हस्पताल में पहुँचाया। शहर में खबर फैल गई कि शहर के प्रसिद्ध कवि दिवाकर शर्मा का हार्ट फेल हो गया। शहर के संवाददाताओं ने भी पाँच-सात पंक्तियों की खबर भेजने की उदारता दिखाई लेकिन मृत्यु की नहीं, हार्ट अटैक के बाद हस्पताल में अचेत अवस्था में पड़े होने की।

पतझड़ के मौसम में झड़ रहे हैं पीले आदमी

जनरल वार्ड के एक बेड पर दिवाकर शर्मा निढाल लेटे हैं। बसन्त के एक क्लासफेलो मित्र के डॉक्टर पिता की सिफारिश पर उन्हें सरकारी हस्पताल में भर्ती कर लिया गया है। बारी आने पर उनकी एंजोग्राफी होनी है।

उनके बेड के पास ही दरी बिछाकर धर्मपत्नी लक्ष्मी ने अपने लिए जगह बनाई है। मरीज की देखभाल के लिए इसी तरह बेड के पास मरीज का एक रिश्तेदार रह सकता है। चाय-पानी के सहारे यह संख्या बढ़ाई भी जा सकती है लेकिन हस्पताल की तरफ से खाना सिर्फ एक ही मेम्बर को मिलेगा, बाकी के लोगों को भोजन बाहर करना होगा, ठेकेदार के ढाबे पर।

हस्पताल में सिर्फ बीमारी बताकर दवाइयाँ लिख दी जाती हैं, जिन्हें मरीज दुकानों से खुद खरीदते हैं। जरूरी हुआ तो टेस्ट या ऑपरेशन किया जाता है लेकिन इस सबके लिए जरूरी इंजेक्शन और सामान आदि का प्रबन्ध मरीज या उसके रिश्तेदारों को खुद ही करना होता है।

सबसे पहले शर्माजी के कुछ टेस्ट होंगे, फास्ट ब्लड टेस्ट, पीपी ब्लड टेस्ट, यूरिन टेस्ट, ईको टेस्ट, ई.सी.जी. टेस्ट और छाती का एक्स-रे आदि। इसके लिए लक्ष्मी को चुपचाप रिश्वत देनी पड़ी, नहीं तो पता नहीं कितने दिन और ऐसे ही पड़े रहना पड़ता। इसके बाद एंजोग्राफी की डेट फिक्स करने के लिए पैसों की डिमाण्ड आई। डिमाण्ड पूरी होने पर डेट फिक्स हुई कि आज एंजोग्राफी होनी है। शर्माजी को ऑपरेशन थिएटर के सामने अपने पूरे सामान के साथ हाजिर रहना होगा। आवाज पड़ते ही उन्हें अन्दर जाने की इजाजत दी जाएगी और उसके बाद सर्जन जाने या मरीज जाने, बाहर से सम्बन्ध पूरी तरह से खत्म।

शर्माजी जिस दिन से हस्पताल में आए थे, उनके अपने वार्ड में कम-से-कम चार आदमी मर चुके थे। बहुत से दूसरे पीले चेहरे लिये पीले पत्तों की तरह पतपता

रहे थे। कई से तो चला भी नहीं जाता था, उनके अपने लोग बेड पर ही उन्हें टट्टी या पेशाब करवाते थे। फिर भी उनमें जीने की लालसा साफ दिखाई दे रही थी। घरवाले भी उनको बचाने के लिए जी-जान से जुटे थे। लेकिन शर्माजी का इस बारे में सोचना थोड़ा मुख्तलिफ था। उनके विचार में ऑपरेशन टेबल पर बेहोशी की हाल में दम तोड़ने जैसी सुखद मृत्यु कोई दूसरी नहीं हो सकती। एड़ियाँ घिसट-घिसटकर मरना भी कोई मरना है क्या? या आदमी को संघर्ष करते समय मानसिक उत्तेजना में मरना चाहिए। उत्तेजना में दिल की धड़कन बन्द होने का पता ही नहीं चलता। इस लिहाज से वे युद्ध में लड़ते समय होनेवाली फौजियों की मृत्यु को एक आदर्श मृत्यु मानते थे। उन्हें मृत्यु के ख्याल से कभी भी डर नहीं लगता था, हाँ, उससे पैदा होनेवाली पीड़ा से वे भी घबराते थे।

शर्माजी बार-बार कहते रहे कि उन्हें कुछ नहीं करवाना है, वे बिलकुल ठीक हैं, पर बसन्त और लक्ष्मी ने उनकी एक नहीं चलने दी। उन्होंने सरकारी हस्पताल को रैफर करनेवाले नाभा के डॉक्टर की इस रिपोर्ट को ज्यादा ही महत्त्व दे दिया कि दिवाकर शर्मा को हल्का-सा हार्ट अटैक हुआ है, इसका सबसे बड़ा प्रमाण है बेहोशी की हालत में उनको उल्टी आना, लिहाजा उनकी आर्टरी और हार्ट की हालत का पता करने के लिए ईको और एंजोग्राफी टेस्ट होना निहायत जरूरी है और ये टेस्ट सिर्फ चण्डीगढ़ के बड़े हस्पताल में ही हो सकते हैं। इस रिपोर्ट के आधार पर शर्माजी को घर की कार में बिठाकर चण्डीगढ़ लाया गया था और अब शर्माजी जिन्दगी में शायद पहली बार हस्पताल की गिरफ्त में थे।

लक्ष्मी के पास नए दाखल हुए बच्चों की फीस थी। सारा खर्च उसी से चल रहा था। इसके अलावा लक्ष्मी के पास सोने की कुछ चूड़ियाँ भी थीं, जरूरत पड़ने पर उन्हें बेचा जा सकता था। बसन्त पूरी भागदौड़ कर रहा था और रेणु भी यथासम्भव सहायता कर रही थी। पर यह संसार उनके अनुभव का नहीं था, लग रहा था कि किसी दूसरे ही लोक में आ गए हैं जहाँ सब लोग दीमकों की तरह फैले हैं पर किसी को दूसरे से बात करने की फुर्सत नहीं है। डॉक्टरों और नर्सों से भी कुछ पूछा जाता है तो वे जैसे भागते हुए केवल 'इन्क्वायरी' शब्द बोल देते हैं। मतलब, जो भी जानना चाहते हों इन्क्वायरी से जानो। इधर इन्क्वायरी के सामने लम्बी लाइन लगी होती है और कई बार तो बतानेवाला आदमी ही चुपचाप नदारद हो जाता है जो लाइन भंग हो जाने के बाद ही लौटता है। पूछने पर पता चलता है कि सरकारी दफ्तरों में ऐसा ही होता है। हस्पताल को भी लोग सरकारी दफ्तर समझते हैं जहाँ चुप रहने के सिवा दूसरा कोई चारा नहीं है।

चन्द्रमोहन और कृष्णा केवल चक्कर लगा जाते हैं। सरकारी हस्पतालों की अव्यवस्था का उन्हें ज्ञान है। एंजोग्राफी हो जाने के बाद देखेंगे क्या करना है। समझदार लोगों की तरह उन्होंने समझदारी से फैसला लिया है। बलबीर ने और भी

ज्यादा समझदारी से काम लिया है। वह नाभा शहर से ही गायब हो गया है। बैंक से सिक लीव लेकर किसी अज्ञात स्थान को चला गया है।

आखिर वह घड़ी आ ही गई जब शर्माजी को आवाज पड़ी। लक्ष्मी से हाथ छुड़ाकर उन्होंने बसन्त और रेणु के सिरों पर हाथ फिराया मानो शहीद होने जा रहे हों। खिड़की के पास खड़े होकर एक नजर आसमान देखा, पता नहीं फिर यह आसमान देखने को मिलेगा या कि नहीं। फिर धीरे-धीरे चलकर वे दरवाजा पार कर गए। उनके अन्दर होते ही दरवाजा खटाक से बन्द हो गया, जैसा कि बार-बार बन्द हो रहा था। एक अजीब-सी दुर्गन्ध से उन्हें मतली होने को हुई पर उन्होंने अपने आपको सँभाला। मुँह पर पट्टी लगे एक सफेदपोश ने आगे बढ़कर उनके हाथ से झोला ले लिया, जिसमें तीन-चार हजार रुपए का सामान था। सीडी, विशेष तार, ग्लूकोज की बोतलें आदि। उन्हें एक बेंच पर बैठने के लिए कहा गया। उनके पीछे गलियारे में तीन-चार पहियोंवाली ट्रॉलियों पर मरीज पड़े हुए थे, जिनका शायद ऑपरेशन हो चुका था। अन्दर ऑपरेशन टेबल पर किसी का ऑपरेशन चल रहा था जो शर्माजी को साफ दिखाई दे रहा था। दिखाई उनको कम्प्यूटर की स्क्रीन भी दे रही थी पर उसका चित्र समझ में नहीं आ रहा था। आखिर मशीन की व्हिसल बजनी बन्द हुई तो अन्दर का मरीज जब बाहर लाया जा रहा था तो एक नर्स ने इशारा करके उन्हें अन्दर बुलाया।

शर्माजी अन्दर गए तो एक मुँह पर पट्टी बाँधे सफेदपोश ने उन्हें टेबल पर लेटने के लिए कहा। पर टेबल पर बहुत सारा गाढ़ा खून साफ दिखाई दे रहा था जैसे अभी-अभी कोई बकरा बलि चढ़ाया गया हो। शर्माजी ने हिम्मत करके सवाल उठाया, "लेकिन यह ब्लड?" आदमी ने झट से फर्श पर पड़ा पोलिथीन का लिफाफा उठाकर खून पर रख दिया, "आप जल्दी करें और भी बहुत से मरीज हैं!"

शर्माजी को लगा जैसे प्राइवेट बस का कोई क्लीनर जल्दी से बस में चढ़ जाने के लिए कह रहा है। गाड़ी लेट हो जाएगी तो आगे की सवारियाँ कोई दूसरी बस उठा लेगी। उनका दिल हुआ कि बिना कुछ करवाए ही वे वापस चले जाएँ, पर बाहर का दरवाजा बन्द था, अन्दर जाकर शायद बिना कुछ करवाए बाहर निकलना आसान नहीं था। लिहाजा जैसा कहा गया था वे आदमी का सहारा लेकर टेबल पर लेट गए और आगे की कार्रवाई पर ध्यान देने लगे।

उन्हें हुक्म हुआ, "नाड़ा खोलकर पाजामा नीचे कर लो!"

शर्माजी ने झट तामील की।

दूसरा हुक्म हुआ, "अपना दायाँ हाथ बाहर निकालो।"

शर्माजी ने हाथ निकाल दिया।

उनके हाथ की पीठ पर थोड़ी जाँच-पड़ताल करने के बाद एक सूई गड़ा दी

गई और उसको तब तक ठीक किया जाता रहा जब तक ग्लूकोज की बोतल से तरल ठीक ढंग से जाना शुरू नहीं हो गया।

इसके बाद उनकी जाँघों पर एक ठण्डा तरल पदार्थ लगाया गया। इसके साथ ही हुक्म देनेवाली आवाज भी बदल गई। एक दूसरी लेकिन कोमल आवाज ने कहा, ''आपकी जाँघ के ऊपर के हिस्से को सुन्न करने के लिए एक छोटी सी सूई लगाई जा रही है जनाब!''

यकीनन सुई छोटी सी ही थी।

इसके साथ ही बाईं तरफ लगे कम्प्यूटर से अजीब किस्म की व्हिसल की आवाज आने लगी। स्क्रीन पर उनके धड़कते दिल का चित्र उभर आया। उन्होंने घबराकर आँखें बन्द कर लीं।

अभी तीन-चार मिनट ही हुए थे कि शर्माजी को लगा कि जैसे कोई अनहोनी घटना घट गई है। उनका काम बीच में ही बन्द कर दिया गया और पहलेवाले आदमी का हुक्म आया, ''आप जल्दी से इस स्ट्रेचर पर आ जाएँ, हरी अप!''

शर्माजी ने पूछा, ''क्यों, क्या हो गया है?''

उत्तर में उन्हें एक झिड़की मिली, ''कुछ नहीं हुआ, इस स्ट्रेचर आ जाइए जल्दी।''

शर्माजी ने अपने आपको समेटकर पासवाले स्ट्रेचर पर धकेल दिया।

उनके गिरते ही स्ट्रेचर बाहर कर दिया गया और उनकी जगह फौरन से पेश्तर ऑपरेशन टेबल पर सफेद चादर में लिपटा एक दूसरा मरीज लाया गया। शायद इस बड़े हस्पताल में आधुनिकतम मशीन से सुसज्जित ऑपरेशन टेबल मात्र एक ही था जिसे अमरजेंसी का उत्तरदायित्व दूसरे मरीजों को हटाकर निभाना पड़ता था।

शर्माजी देख रहे थे कि सभी नर्सों और डॉक्टरों में भगदड़-सी मच गई है। कम्प्यूटर की व्हिसल चीख रही है। कोई भागकर कोई चीज लेने जा रहा है तो कोई इधर-उधर की अलमारियों में कुछ खोज रहा है। एक डॉक्टर टेबल पर पड़े मरीज की छाती पर हथेली और उस पर मुट्ठी रखकर उसके दिल की धड़कन को वापस लाने के लिए एक विशेष विधि से दबा रहा है। वह थक जाता है तो उसकी जगह दूसरा लग जाता है। चूँकि शर्माजी का पहियोंवाला स्ट्रैचर बिलकुल सामने था इसलिए यह सब उन्हें साफ नजर आ रहा था।

अचानक शर्माजी को लगा जैसे उनको नींद आ रही है। उन्होंने उस जगह पर हाथ लगाकर देखा जहाँ तार डालने के लिए कट लगाया गया था, उस पर रखा काटन का बड़ा सा टुकड़ा पूरी तरह से खून से भीग गया था और उनकी उँगलियाँ भी खून से लथपथ हो गईं। उन्होंने चीखकर कहा, ''मेरा खून बह रहा है, मैं बेहोश होने जा रहा हूँ, मेहरबानी करके मेरी तरफ तवज्जोह दो!''

सुनकर एक बिना पट्टीवाला युवक आया और कपड़ा हटाकर देखते ही बोला,

"इसे तो बन्द करना ही भूल गए!" उसने खून से तरबतर काटन का टुकड़ा हटाकर उसकी जगह दूसरा रख दिया और साथ ही एक इंजेक्शन का नाम लेकर दूसरे से पूछा, "यार, इसको यह इंजेक्शन कहीं दोबारा तो नहीं लगा दिया?"

दूसरे ने जवाब दिया, "मेरे को नहीं पता।" और भागता हुआ कोई चीज लेने नीचे चला गया।

उपचार में लगा युवक बड़बड़ाया, "इसका खून बन्द नहीं हो रहा। शायद इसको डबल इंजेक्शन दे दिया गया।"

इसके बाद शर्माजी को जैसे नींद-सी आने लगी। शायद नींद में ही उन्होंने सुना, "सब खत्म!" दूसरे ने कहा, "इस औरत की किस्मत ही ऐसी है।" इसके साथ ही मरी हुई औरत को दूसरे स्ट्रैचर पर बदलकर बाहर निकाला गया और उसकी जगह लाया गया शर्माजी को। शर्माजी बिलकुल भी इस हालत में नहीं थे कि ऑपरेशन टेबल पर पड़े गाढ़े खून को देख सकें।

इसके बाद दिवास्वप्न में ही उनकी दूसरी जाँघ पर दूसरा कट लगाया गया क्योंकि पहले कट पर क्लाट पड़ गया था। पता नहीं किसने और कब उनकी एंजोग्राफी की जोकि ऑपरेशन थिएटर में आज की डेट का अन्तिम काम था। पूरी चेतना उन्हें तब आई जब उनकी निगाह आँखें बन्द किए पाठ करती लक्ष्मी पर पड़ी। बसन्त उनके सिरहाने बैठा मुस्कुरा रहा था, "आपका टेस्ट पूरी तरह से ठीक रहा दादाजी, कल इसकी रिपोर्ट मिल जाएगी और तभी तय करेंगे कि आगे क्या करना है।" साथ ही उनको कम-से-कम पाँच घण्टे सीधा लेटे रहने की हिदायत भी दी गई।

तभी किसी ने कहा, "आज की तारीख में इस हस्पताल में पूरे अठारह आदमी मरे हैं। खुदा का शुक्र है यह बूढ़ा आदमी ठीकठाक है।"

औरत शायद खास ही थी इसीलिए उसके मरने की घोषणा रात के दो बजे की गई। घोषणा होते ही औरत के कुछ जाट रिश्तेदार लाठियाँ और सरिए लेकर ड्यूटीवाले सर्जनों को ढूँढ़ते रहे। नहीं मिले तो उन्होंने दूसरे डॉक्टरों और नर्सों को अपने आक्रोश का निशाना बनाया। परिणाम यह निकला कि सुबह होते ही डॉक्टरों और नर्सों की हड़ताल हो गई और बहुत-से ग्रामीण जाट हस्पताल के सामने इकट्ठे हो गए। इससे नए मरीज तो परेशानी में घिरे ही साथ ही शर्माजी जैसे बहुत से मरीजों को डिस्चार्ज करने में भी रुकावट पैदा हो गई।

इस सबके बीच शर्माजी को सरकारी हस्पताल की वास्तविकता को निकट से देखने का अवसर मिला। उन्होंने वे बाथरूम और लैटरीनें देखीं जहाँ शायद ही कोई ऐसी बीमारी होगी जिसके कीटाणु और विषाणु मौजूद न हों। उन्होंने हस्पताल के पिछवाड़े में कूड़े के ऐसे ढेर देखे जहाँ से उठनेवाली सड़ाँध से सारा हस्पताल

प्रदूषित था। उन्होंने मरीजों का खाना पकानेवाली वह जगह देखी जहाँ स्वच्छता नाममात्र को भी नहीं थी। उन्होंने स्टोर में दवाइयों के इस तरह के ढेर देखे जैसे वे कबाड़ी की दुकान में पड़ी हों। सबसे बड़ी बात तो उन्होंने मरीजों को मिलनेवाले पानी के माध्यम देखे, जिनमें और सीवरेज के पाइपों में बहुत ज्यादा अन्तर नहीं था। उन्होंने दर्द से चीखते बच्चे और कराहते बूढ़े देखे, जिनके प्रति हमदर्दी रखनेवाला कोई नहीं था। उन्होंने पीड़ितों को और भी ज्यादा मुश्किल में डाल देनेवाले दलाल देखे और दलालों के भी सिर पर बैठे महादलाल देखे। उन्होंने पूरे हस्पताल में एक खास किस्म की राजनीति देखी और उसी राजनीति के तहत प्रतिष्ठित सर्जनों और डॉक्टरों को हाथ जोड़कर टके के लोगों के सामने मुआफी माँगते देखा। कुल मिलाकर उन्हें हर जगह अनार्की ही दिखी जिसके चलते साधारण आदमी को बेबस और मजबूर पाया। हाँ, कुछ संवेदनशील और गरिमावान नर्सें और डॉक्टर भी जरूर दिखे लेकिन आटे में नमक की तरह बहुत कम।

डॉक्टरों और जाटों का झगड़ा खत्म हुआ तो एक नई समस्या पैदा हो गई। इस अफरातफरी में शर्माजी के केस की फाइल कहीं गुम हो गई। फाइल के बिना उनका डिस्चार्ज होना और भी असम्भव हो गया। पता नहीं किसने होठों पर उँगलियाँ रखकर कहा, "फाइल भी पहुँच गई होगी सामान के साथ बाहर के कैमिस्ट के पास। वहाँ जाकर देखो तो जरूर मिल जाएगी।" पर वहाँ जाए कौन? कौन कहे आ बैल मुझे मार? आखिर बहुत ही मिन्नत-खुशामद और गीदड़-भभकियों की बदौलत सर्जन ने एस.एम.ओ. से स्पेशल परमीशन ली और तब कहीं जाकर शर्माजी की नई बनाई गई डिस्चार्ज फाइल कम्पलीट हुई और वे सरकारी हस्पताल के रूप में बने एक अजीब किस्म के जेलखाने से मुक्त हुए।

बाहर आकर शर्माजी को लगा जैसे पुनर्जन्म हुआ है। चण्डीगढ़ की सड़कों, बिल्डिंगों और पेड़ों को वे ऐसे देख रहे थे जैसे दूधमुँहा बच्चा सबकुछ जिज्ञासा और हैरत से देखता है। दिल और दिमाग के एक कोने में वे सोच रहे थे कि जिस तरह के हालात थे वे जिन्दा लौटे कैसे? पहली बार उन्होंने महसूस किया कि उनका शरीर कैक्टस जैसा है जो इस तरह के पथरीले वातावरण में भी जिन्दा रहा। इसके लिए उन्होंने मन-ही-मन अपनी माँ को धन्यवाद दिया जो खुद भी एक खास किस्म के कैक्टस जैसी थी। जो बच्चे को जनने के वक्त अकेली अन्दर का कुण्डा बन्द करके बैठ जाती थी और तभी खोलती थी जब सब काम खत्म हो चुका होता था और दाई के लिए सिर्फ बधाई देनी ही शेष रह जाती थी। बच्चे की नाल काटने की बात चलती तो वह साग काटने की दराती दिखाकर कहती, "इससे!"

माँ की याद के साथ ही उन्हें कश्मीर की औरत भी याद आई जो शायद माँ से भी कहीं ज्यादा सख्तजान और बहादुर है। अफगानिस्तान की औरत को भी उन्होंने मन-ही-मन नमस्कार किया जिसने मजहब की कट्टरता की आग में झुलसकर

भी अपने वजूद को बचाए रखने में कामयाबी हासिल की। अचानक उनका दिमाग इस्लामिक आतंकवाद और इस सरकारी हस्पताल के आन्तरिक आतंक की तुलना करने लगा। सवाल उठा कि जो लोग इस्लामिक कट्टरता के आतंक की निन्दा करते नहीं अघाते उनकी नजर इस देश के सरकारी संस्थानों के आन्तरिक आतंक की तरफ क्यों नहीं जाती? क्योंकि वे इस तरफ से आँख मूँदकर अपने आपको सुरक्षित समझ रहे हैं?...

इसी वक्त उनका ध्यान आश्रम की तरफ भी गया। अपनी मूर्खताओं और अलगर्जियों को याद कर उनका मन आत्मग्लानि से आहत हो उठा। उनके काँपते हुए हाथ उनकी आँखों पर चले गए और माथा थोड़ा आगे बढ़कर अगली सीट के साथ जा लगा।

पिछली सीट पर उनकी बगल में बैठी रेणु ने उनके कन्धे पर हाथ रखकर पूछा, "क्या सोच रहे हो दादाजी?"

अब शर्माजी का बौद्धिक बहाव टूटा, अरे, वे तो अपने परिवार के साथ गाड़ी में बैठे हैं। वे सँभलकर बैठ गए, "नहीं, कुछ नहीं!"

"कुछ तो सोच जरूर रहे हैं। अपनी डॉटर से क्या छुपाना!"

"सोचने की शक्ति अब मेरे पास कहाँ बची है बिटिया रानी।"

"सब आ जाएगी। थोड़े दिन वीकनेस फील होगी, उसके बाद सब नार्मल हो जाएगा।" रेणु ने उन्हें ढाढस दिया।

"हम तो बर्बाद हो गए बेटा, बलबीर ने हमें कहीं का नहीं छोड़ा।"

"डोंट वरी। इस तरह के हादसे सबके साथ होते हैं। जितना बड़ा संकट होता है अनुभव भी उतना ही बड़ा होता है।"

शर्माजी चौकस होकर बैठ गए, "यह तुमने कहाँ से सीखा?"

"आपकी कविता से। आपके निष्कर्ष काव्य में यह भी एक निष्कर्ष है।"

"हाँ, मैं तो भूल ही गया था। अपनी ही कही हुई बात मुझे खुद याद नहीं रही। मुझे खुशी है कि मेरे बच्चे मुझे मेरी बातें याद दिलाने के काबिल हो गए हैं।" शर्माजी ने रेणु का हाथ पकड़कर हाथ की पीठ पर अपने होंठ रख दिए।

रेणु ने भी अपनी गालें उनके कन्धे पर टिका लीं। थोड़ी देर मूक संगत के बाद दोनों ने बसन्त की आवाज सुनी, "लो, घर आ गया।"

साथ ही गाड़ी गेट पर खड़ी होकर हार्न देने लगी।

कृष्णा ने आकर गेट खोला। चन्द्रमोहन और बबलू भी पीछे-पीछे आ गए। शर्माजी कार से उतरे तो 'वैलकम होम!' कहकर कृष्णा ने उनके चरण स्पर्श किए। इसके बाद कृष्णा ने सास के भी पैर छुए। चन्द्रमोहन ने भी पिता और माता के चरण स्पर्श कर आशीर्वाद लिया। बबलू भी पिता की नकल में दादी के पैरों में पड़ा तो लक्ष्मी ने उसे पकड़कर गोद में उठाकर चूम लिया। शर्माजी को पहली बार लगा

कि वे नितान्त अपनों में है। कुम्भीपाक नरक को भोगकर आए वे अब स्वर्ग में थे।

दूसरे दिन रविवार था। लक्ष्मी ने विशेष रूप से पति की पसन्द का ब्रेकफास्ट बनाया। आलू के परांठे, दही की बूँदी, पुदीने की चटनी आदि। सबने पेट भरकर खाया और लक्ष्मी के पाक-हुनर की तारीफ की। लेकिन शर्माजी ने केवल चखा। वह भी लक्ष्मी का मन रखने के लिए। दिमाग कहीं और उलझा हो तो खाना-पीना सब अय्याशी जैसा लगता है। शर्माजी को भी कुछ ऐसा ही लग रहा था। लग रहा था कि समझदार आदमी को शरीर के लिए खाना चाहिए, जीभ के स्वाद के लिए नहीं। और इस वक्त तो उनको जीभ अपना स्वाद ही नहीं बता रही थी। साँस की हवा भी कुछ-कुछ कसैली लग रही थी।

बसन्त कहीं जाने को तैयार हुआ तो शर्माजी ने उसे रोक लिया, "तुम कहीं जा रहे हो?"

"जी दादाजी।" बसन्त ने सहज जवाब दिया।

"कब लौटोगे?"

"कुछ कह नहीं सकता। कहिए, कोई काम है आपको?"

"मैं किसी वकील से मिलना चाहता था।"

"मैं तो किसी वकील को नहीं जानता दादाजी, आप जानते हों तो बताइए!"

"एक सोमदत्त भसीन है। पहले वह भाषा विभाग पंजाब का सहायक निदेशक था। सुना है अब चण्डीगढ़ में वकालत करता है।"

"सोमदत्त भसीन।" बसन्त ने थोड़ा दिमाग पर जोर डाला। "ठीक है, डायरेक्टरी में उसका फोन नम्बर देख लेते हैं।"

बसन्त फोन के पास से डायरेक्टरी उठा लाया। थोड़ी छानबीन करने के बाद ही सोमदत्त भसीन का नाम मिल गया। बसन्त पूछा, "सर, आप पहले भाषा विभाग पंजाब में थे?" उत्तर हाँ में मिला। फिर बसन्त ने पूछा, "सर, आप वकील हैं?" उत्तर हाँ में देकर वकील ने पूछा, "बात क्या है?" बसन्त ने जवाब दिया, "सर आपको एक हिन्दी के कवि दिवाकर शर्मा मिलना चाहते हैं। आप कोई समय दे सकें तो बड़ी मेहरबानी होगी।" उत्तर आया, "मैं उनको जानता हूँ। उन्हें मिलकर मुझे खुशी होगी।" भसीन साहब ने तुरन्त बुला लिया और बसन्त अपना पहले का कार्यक्रम कैंसिल कर दादाजी को साथ लेकर वकील से मिलने चल दिया। शर्माजी भी उस कागज को साथ लेना नहीं भूले जो नाभा के थाने में बलबीर ने उनको लिखकर दिया था।

शर्माजी और बसन्त तो चले गए पीछे घरवालों की बैठक बैठी।

चन्द्रमोहन का विचार था, "पिताजी को बलवीर पर मुकदमा दायर कर देना

चाहिए। कचहरी के चक्कर और लोकलाज से डरकर वह पिताजी का मकान खाली कर देगा। इसके बाद मकान को गिरवी रखकर पिताजी पैसा हासिल कर सकेंगे और आराम से एस्कार्ट में उनका बाईपास ऑपरेशन हो जाएगा।''

कृष्णा अपने पति से पूरी तरह से सहमत थीं।

रेणु ने पिता से निवेदन किया, ''आप खुद दादाजी के हाउस को अपने पास मॉर्टगेज रख लें डैडी। लिटिगेशन में उलझने की हालत नहीं है उनकी। बसन्त केस को लड़ता रहेगा, और जैसा कि श्योर है, केस जीत जाने के बाद मकान आपको मिल जाएगा।''

चन्द्रमोहन ने रेणु की आँखों में आँखें डालकर पढ़ना चाहा कि यह नए जमाने की लड़की सिंसीयर राय दे रही है या अपने पैदा करनेवाले बाप से मजाक कर रही है। आश्वस्त होने के बाद उन्होंने जवाब दिया, ''पहले तो अव्वल दर्जे के स्वाभिमानी पिताजी इसके लिए तैयार नहीं होंगे, दूसरे हमारे पास इतने पैसे कहाँ हैं जो मकान गिरवी रखकर मुकदमा भी लड़ें और पिताजी का ऑपरेशन भी करवाएँ।''

रेणु ने छूटते ही कहा, ''लोन ले लीजिए। आजकल तो लोन आवाजें दे-देकर बाँट रहे हैं फाइनेंसर।''

सुनते ही चन्द्रमोहन के माथे पर बल पड़ गए, ''तुम्हारा मतलब है यह कोठी गिरवी रखकर मैं लोन लूँ?''

''आफ कोर्स! आपके डैडी हैं, उनकी जान बचाना आपका पहला फर्ज होना चाहिए!''

''दिमाग तो खराब नहीं हो गया है तुम्हारा! कल तेरी शादी करनी है, उसके लिए पैसा...''

''मेरी शादी की फिक्र मत करें आप!'' रेणु ने पिता की बात पूरी नहीं होने दी, ''उनकी जान की फिक्र करें जिन्होंने आपको पाल-पोसकर बड़ा किया है।''

''ओहो, आपस विच्च क्यों लड़ रहे हैं आप लोग। उन्होंने ताँ आप नू नहीं आख्या की मेरा अप्रेशन कराओ। क्यों उनके नाम पर खे बंड रहे हैं आप? जो होबेगा हम खुद देख लेंगे, तुमको आपस विच्च अपना खून जलान दी जरूरत नी है।'' बोलकर लक्ष्मी अपनी चुन्नी को सिर पर ठीक करती हुई उठकर रेणु के कमरे में चली गई।

चन्द्रमोहन भी उठकर अपने कमरे में चले गए।

अचानक कृष्णा को बबलू की याद आ गई, ''बबलू कहाँ है?'' उसने रेणु से पूछा।

''होगा यहीं कहीं!'' बोलकर रेणु ने मुँह फिरा लिया।

कृष्णा आवाजें मारती हुई बबलू को ढूँढ़ने निकली। वह बाहर गमलों के पास बैठा एक पौधे की जड़ें खोदकर देख रहा था कि वहाँ क्या होता है।

कृष्णा ने जाते ही उसके सिर पर थप्पड़ जमाया, "ये क्या कर रहे हो तुम! सारे पौधे का सत्यानाश कर दिया। शर्म नहीं आती तुम्हें?"

बबलू ने स्वीकृति सूचक सिर हिलाया कि नहीं आती। वह आँखें फाड़कर माँ के क्रोधित रूप को अवाक् देखता रह गया। उसकी समझ में नहीं आया कि आखिर उसने ऐसा क्या कर दिया है जो माँ ने उसको इतना बड़ा दण्ड दिया है।

कृष्णा ने पौधे को फिर से गमले में लगाया। उसको पानी दिया। अब कल सुबह तक देखना होगा कि वह फिर से हरा-भरा होता है या कि सूखकर लटक जाता है।

बबलू ने माँ से एक नया गुर सीखा। उखड़ गए पौधे को फिर से लगाने का। कल वह माँ की गैरहाजिरी में ऐसा ही करेगा। पहले पौधे को उखाड़ेगा और उसके बाद दोबारा लगाकर पानी डालेगा। अचानक उसकी आँखों में शरारत खेलने लगी और उसने परेशान माँ की पीठ पर चढ़कर उसके गले में बाँहें डाल दीं।

कृष्णा दुलार में बड़बड़ाई, "मत तंग कर मुझे। तू तो सत्यानाशी है सत्यानाशी।"

बबलू ने माँ का गला और भी कस लिया। कृष्णा ने उसे पकड़कर गोद में डाल लिया और पेट पर गुदगुदी करके उसे खिलखिलाने लगी।

भसीन साहब ने शर्माजी को गले से लगाकर उनका स्वागत किया। आदरपूर्वक उनको चाय पिलाई, ध्यानपूर्वक उनकी समस्या सुनी और पूरे ध्यान से उनका दिया समझौते का कागज पढ़ा। सबकुछ तसल्लीबख्श तरीके से कर चुकने के बाद उन्होंने अपनी बातों को नम्बरों में बाँटकर शर्माजी को समझाया :

एक : "मैं इनकमटैक्स का वकील हूँ लेकिन आपका केस दीवानी या फौजदारी है। मैं इस केस को नहीं ले सकता अलबत्ता अपनी समझ के मुताबिक राय जरूर दे सकता हूँ।"

दो : "चूँकि आपका मकान आपने खुद बनवाया है, इसलिए उसको खाली कराने का आपको पूरा हक है। वह खाली जरूर होगा लेकिन इस काम को वक्त लगेगा। इसके लिए आपको नाभा या पटियाला की अदालत में मुकदमा दायर करना होगा। यह मुकदमा चण्डीगढ़ की अदालत में नहीं चलेगा।"

तीन : "आश्रम की जमीन आपको नहीं मिल सकती। पहले वह आपके बेटे बलबीर की थी और अब सेठ सुगनचन्द की है। इस जमीन को कोई भी न्यायालय आपको नहीं दिला सकता। फिर सेठ, सेठ होते हैं और कवि, कवि होते हैं, यह अन्तर इस देश में छोटा नहीं है।"

चार : "जहाँ तक इस समझौते के कागज का सवाल है, पुलिस की इन्वाल्वमेंट का इसमें कहीं जिक्र नहीं है। ज्यादा अच्छा होता अगर उस समय पुलिस के रोजनामचे में एफ.आई.आर. दर्ज होती और उसकी एक कापी आपके पास होती।

अब यह कागज सिर्फ आपके केस को मजबूत करने के काम आ सकता है एक गवाह की तरह। इसके अलावा इसका कोई खास महत्त्व नहीं है।''

पाँच : ''हर बूढ़ा बाप या बूढ़ी माँ, जिसकी इनकम का कोई सोर्स नहीं है, अपने कमाऊ बेटे या बेटी से अपने गुजारे के लिए खर्च की माँग कर सकता है। लेकिन इसके लिए केस दायर करना होता है। अदालत फैसला करती है कि बेटा या बेटी की स्थायी इनकम क्या है और उसमें से कितने पैसे माँ-बाप को दिए जाने चाहिए।''

यह कानून सुनते ही बसन्त उत्तेजना में आ गया और गर्दन तानकर बोला, ''यह बहुत अच्छी बात है। दादाजी, आपके तो दोनों बेटे कमाऊ हैं, आप उनसे अपने और दादीजी के गुजारे की माँग कर सकते हैं।''

''आप सुनिए!'' भसीन साहब ने बसन्त को टोका।

छह : ''हालाँकि मैं वकील हूँ। कोई भी वकील अपने पेशे के खिलाफ बयान नहीं देता। चूँकि आप कवि हैं, इस नाते मैं आपकी इज्जत करता हूँ, इसलिए कहना चाहता हूँ कि भारत जैसे देश में न्याय की आशा करते हुए कचहरियों के चक्कर में पड़ना समझदारी नहीं है। बेहतर यही होगा कि घर की समस्याएँ घर में बैठकर सुलझाएँ। इस देश में न्याय बहुत महँगा है और साथ ही बहुत देर से मिलता है। अधिकांश वकील तो तारीख यानी कि मुकदमे लटकाने की कमाई खाते हैं।''

सात : ''मुकदमा तभी लड़ो जब दूसरी तरफ से किया जाए। अपनी तरफ से कभी नहीं करना चाहिए। ज्यादातर मुकदमों में समझौता होता है। ऐसी हालत में वही नुकसान में रहता है जिसने मुकदमा किया होता है।''

''मेरी तो यही राय है। इसके अलावा आपके पास कोई सवाल हो तो उसका स्वागत है।''

शर्माजी ने कागज लेकर उसे तहों में लपेटा और कहा, ''नहीं, कोई सवाल नहीं है। आपने सभी सवालों का जवाब अपने आप दे दिया। इसके लिए धन्यवाद और बताइए कि आपकी क्या सेवा की जाए।'' शर्माजी ने जेब से पर्स निकाला और उसमें से नोट निकालकर बैठ गए।

''कैसी बात करते हैं आप।'' भसीन साहब हँसने लगे। ''यह क्या कम है कि इस बहाने मेरे गरीबखाने पर आपके चरण पड़े। जब भी जरूरत हो फोन कर सकते हैं आप।''

''अच्छा तो इजाजत। पुनः धन्यवाद।'' बोलकर शर्माजी ने हाथ मिलाया। अभिभूत बसन्त ने भसीन साहब के चरण स्पर्श किए। भसीन साहब दोनों को गेट तक छोड़ने आए और तब तक रुके रहे जब तक दोनों स्कूटर पर सवार नहीं हो गए।

घर पहुँचकर अभी स्कूटर खड़ा ही किया था कि रेणु ने बाहर आकर बसन्त से पूछा, "क्या कहा वकील ने?"

बसन्त ने जवाब दिया, "कहा है कि दादाजी अपने ऑपरेशन के लिए पैसे अपने कमाऊ बेटों से लेने का कानूनन हक रखते हैं।"

"क्या?" रेणु की आँखें चौड़ी हो गईं।

"क्यों, मैं कोई संस्कृत बोल रहा हूँ?" आगे उसने आवाज बिगाड़कर कहा, "क्या?"

रेणु बिलकुल नहीं चिढ़ी, "ऐसा कोई लॉ है क्या?"

"पक्का लॉ है। हर माँ-बाप अपने कमाऊ बेटे या बेटी से अदालत के जरिए गुजारा वसूल कर सकते हैं।"

"तब तो बात बन गई।" रेणु के चेहरे ने रंगत बदली।

"क्या बात बन गई?" बसन्त ने रेणु की अक्ल की थाह लेनी चाही।

"अब डैडी और अंकल बलबीर को दादाजी का ऑपरेशन करवाना ही पड़ेगा।"

"आप भूलती हैं मैडम। वो दादाजी हैं कोई भिखमंगे नहीं। मरते मर जाएँगे पर किसी के सामने हाथ नहीं पसारेंगे।"

"इसमें हाथ पसारने की क्या बात है? अपना हक माँगना है। हक माँगना हाथ पसारना कैसे हुआ?"

इसी समय चन्द्रमोहनजी आ गए, "क्या बहस हो रही है भाई?"

दोनों चुप लगाकर मुस्कुराने लगे।

चन्द्रमोहनजी चिढ़ गए, "क्यों मुस्कुरा रहे हो? आखिर बात क्या है?"

"मैं बताता हूँ।" बोलकर शर्माजी हाथ में पानी का गिलास लिये बाहर आ गए। "वकील ने कहा है मेरा कुछ नहीं हो सकता। जैसा बलबीर चाहेगा मुझे वैसा ही जीना पड़ेगा।"

"बिलकुल गलत। वकील ऐसा नहीं कह सकता।" चन्द्रमोहन ने प्रतिवाद किया।

ऊँची आवाज सुनकर कृष्णा और लक्ष्मी भी बाहर आ गईं। कृष्णा ने पूछा, "क्या नहीं हो सकता?"

"यही कि पिताजी बलबीर का कुछ नहीं बिगाड़ सकते।" चन्द्रमोहन ने कृष्णा को जवाब दिया।

"क्यों पिताजी!" कृष्णा ने शर्माजी की तरफ दुःख-भरी निगाहों से देखा।

शर्माजी हँसने लगे। हँसते-हँसते ही बोले, "जब हम चाहते ही नहीं कुछ बिगाड़ना तो कैसे बिगाड़ सकेंगे?"

"क्यों नहीं चाहते आप? वह दुष्ट है, दुष्ट को दण्ड मिलना ही चाहिए!" यह

रेणु की उत्तेजना थी।

"प्रकृति के सामने दुष्ट वही है जिसको दण्ड मिल रहा होता है। इस समय तो दुष्ट मैं ही हूँ।" शर्माजी ने कवियों जैसा जवाब दिया।

"आपने ताँ दुष्ट होना ही सी, क्योंकि आपने दुष्ट पुत्तर नूँ जन्म दित्ता। इस लिहाज नाल मैं वी दुष्ट हाँ, दुष्ट दी माँ होके।" लक्ष्मी ने भी अपना दुःख प्रकट किया।

"आप लोग यूँही व्यर्थ के चक्करों में क्या पड़ रहे हैं, आगे सोचिए अब क्या करना है।" चन्द्रमोहन ने अपनी प्रोफेसरी झाड़ी।

"हाँ दादाजी! आप बताइए, अब आगे क्या करना है।" यह बसन्त की आवाज थी।

"मुझे तो बस एक ही फिक्र है।" शर्माजी खाली हुए गिलास को रखने की जगह ढूँढ़ने लगे।

"किस बात की फिकर है?" लक्ष्मी ने उनके हाथ से गिलास ले लिया।

"क्या सोच रहे होंगे आश्रम के बच्चे और उनके माँ-बाप। उनसे क्षमा-याचना कर उनकी फीस लौटाने की फिक्र है।"

"ये लो!" लक्ष्मी ने हथेली से माथा पीट लिया। बसन्त और रेणु भी हँस पड़े। चन्द्रमोहन और कृष्णा भी खिसियानी हँसी हँसने लगे।

अबकी बार बबलू की याद लक्ष्मी को आई, "बबलू कहाँ है? बबलू! बबलू!!"...

"दादी माँ, मैं यहाँ हूँ!" उसकी आवाज गमलों के पास से आई। वह सचमुच में कल का इरादा इस समय पूरा कर रहा था। उसे पता था कि घर के बड़े लोग जब आपस में उलझते हैं तो बच्चों से भी बदतर हो जाते हैं और ऐसे समय में उन्हें किसी की भी सुध नहीं रहती।

शर्माजी का खुराफाती मन और उस पर पूरी तरह से अनुकूल परिस्थितियाँ, भाग्य ने ऐसा चक्कर डाला कि एक सुबह वे लोकल बस में बैठकर सरकारी हस्पताल पहुँच गए। संयोग देखिए कि उनकी पहली नजर उस बच्चे पर पड़ी जो माँ की गोद में बैठा पानी-पानी चिल्ला रहा था और बीमार माँ उसके लिए पानी का प्रबन्ध करने की हैसियत में नहीं थी।

शर्माजी तेज चलकर कोकाकोला और जूस बेचनेवाले की दुकान पर पहुँचे, "एक गिलास पानी देना भाई!"

दुकानदार ने बिना देखे ही बोल दिया, "पानी नहीं है।"

"एक बच्चा प्यास के मारे बिलबिला रहा है भाई, उसे पानी चाहिए।"

दुकानदार ने अब शर्माजी की तरफ गुस्सैल आँखों से देखा, "उसे मुसम्मी का जूस या लिम्का पिलाओ!"

शर्माजी आगे बढ़कर ढाबेवाले के पास पहुँचे। इसी तरह निवेदन किया तो उसने एक गिलास पानी दे दिया।

शर्माजी ने पानी का गिलास ले जाकर बच्चे की माँ के हाथ में थमा दिया। पहले प्यासी माँ ने दो घूँट भरे और उसके बाद उसने सारा पानी बच्चे को पिला दिया। पानी पीकर बच्चा चुप हो गया और टुकर-टुकर शर्माजी की तरफ ताकने लगा।

बाद में कार्ड बनवाने गए औरत के पति ने आते ही हाथ जोड़कर जो कृतज्ञता जताई वह शर्माजी के लिए इंसानियत का सबसे बड़ा उपहार बन गई। इसके बाद का दृश्य तो शर्माजी के दिमाग के साथ सिलकर रह गया। वह बलवान पति बेकार हो गई टाँगोंवाली अपनी पत्नी को बच्चे समेत बाँहों में उठाकर हस्पताल के अन्दर ले गया। सब यह दृश्य देखते तो रहे पर किसी ने भी उस गरीब की मदद करने क़ी नहीं सोची।

इस प्रेरणादायक घटना के बाद काफी देर तक शर्माजी हस्पताल में घूमते रहे। ऐसे ही किसी जरूरतमन्द की सहायता करने के लिए। इस घूमने में जो आनन्द उन्हें मिला, जो मानसिक तृप्ति उन्होंने अनुभव की वह उन्हें अभूतपूर्व लगी।

घर आकर शर्माजी इसी आनन्द और तृप्ति के बारे में सोचते रहे। सोचते रहे कि विवेकाश्रम और इस आश्रम में क्या अन्तर है। निष्कर्ष यही निकला कि कोई अन्तर नहीं है। यहाँ भी बच्चे की प्यास बुझी है और वहाँ भी बच्चों की प्यास बुझाने की कोशिश की जाती थी। भीमताल के मसाहा गाँव के पागल बाबा ने भी तो खेतों की प्यास बुझाने के लिए ही संघर्ष किया था।

उन्होंने निष्कर्ष निकाला कि इस धरती का हर आदमी प्यासा है। वह अपने रक्त में प्यास लेकर ही पैदा होता है। खासकर स्नेह, प्यार और अपनत्व की प्यास। प्राणिमात्र की प्यास बुझाने की कोशिश करना ही सच्चा मानव धर्म है। इस धर्म का पालन करने से ही आदम जात दुःख और अशान्ति से राहत पा सकती है। रात को सपने में भी शर्माजी प्यासे लोगों की प्यास बुझाते रहे। सुबह उठे और बस पकड़कर फिर हस्पताल पहुँच गए।

इस बार वे पास के ग्यारह सेक्टर की मार्किट से दो प्लास्टिक की बाल्टियाँ, एक मग और दो काँच के गिलास खरीद लाए। एक बाल्टी में स्वच्छ पानी भरा और दूसरी में गिलास धोने का बसीला बनाकर वे प्यासों को पानी पिलाने निकल पड़े। कुछ ने पानी पिया कुछ ने नहीं। अपरिचित चेहरों पर विश्वास करने का समय नहीं है। लोग बेहोशी की दवा पिलाकर लूट लेते हैं। दूसरे उनकी दाढ़ी और सिर के लम्बे-लम्बे बाल। कई लोग तो प्यास होने के बावजूद उनसे गिलास नहीं पकड़ते थे।

तीसरे दिन मेन गेट के सामने ठेके पर ली गई जूस और कोल्ड ड्रिक्स की

दुकान के मालिक ने उन्हें टोका, "आप क्या कर रहे हैं बाबा?"

"प्यासों को पानी पिला रहा हूँ।" शर्माजी ने जवाब दिया।

"यहाँ यह सब करना मना है, आपको पता नहीं है?"

"क्यों, क्यों मना है?" शर्माजी ने बाल्टियाँ जमीन पर रख दीं।

"इसलिए मना है कि हमने ठण्डा और जूस पिलाने का ठेका ले रखा है। हम पैसे देते हैं सरकार को।"

"लेकिन आप पानी तो नहीं पिलाते। पानी के प्यासे को कोकाकोला या पेप्सी थमा देते हैं। पानी के प्यासे गरीब आदमी कहाँ जाएँगे इस हस्पताल के?"

"कुछ भी हो तुम यहाँ पानी नहीं पिला सकते।" दुकानदार ने आस्तीनें चढ़ा लीं।

"देखता हूँ आप मुझे कैसे रोकते हैं!" शर्माजी पानी का गिलास भरकर उसके लिए चुनौती बनकर खड़े हो गए।

इस झगड़े को देखने वहाँ निठल्ले किस्म के लोग इकट्ठे हो गए। जिनमें कुछ प्यासे रिक्शावाले और बड़े मालिकों के छोटे कार ड्राइवर भी थे। वे सब शर्माजी का पक्ष लेने लगे। एक प्यासे ने शर्माजी के हाथ से गिलास लेकर गटागट पानी पी लिया, मानो दुकानदार के मुँह पर तमाचा जड़ दिया हो। फिर तो प्यास न होने पर भी लोगों ने पानी पिया। बाल्टी खाली हो गई तो एक युवा रिक्शाचालक ने उसे डफली की तरह बजाना शुरू कर दिया। दुकानदार दाँत पीसता हुआ, फिर समझेंगे के अन्दाज में चला गया।

यह घटना सारे हस्पताल में वर्षा की नमी की तरह पहुँच गई। दिवाकर शर्मा एक परिचित समाज सेवक हो गए और उनके प्यासों की प्यास बुझाने के कर्म की प्रशंसा होने लगी।

शर्माजी के मानव धर्म में अब पानी पिलाने के साथ-साथ कुछ दूसरे कर्म भी सम्मिलित हो गए। काफी समय से हस्पताल के संसर्ग में रहने की वजह से कौन सा विभाग कहाँ और किस मंजिल पर है, उस विभाग के प्रतिष्ठित डॉक्टर कौन-कौन से हैं, इसकी पूरी जानकारी उनको कण्ठस्थ हो गई। बहुत सी नर्सों और फार्मासिस्टों के ही नहीं फोर्थ क्लास कर्मचारियों के भी उनको नाम याद हो गए और उनके साथ अपनत्व का भाव बन गया। यही नहीं, कौन सा टेस्ट कहाँ और कैसे होता है, इसकी जानकारी भी उन्हें अच्छी तरह हो गई। कोई सामने पड़ता तो शर्माजी नमस्कार करते और हालचाल पूछना भी कभी न भूलते। इनकी निस्वार्थ सेवा से प्रभावित लोग इनसे बात करना पसन्द करते और ऐसे डॉक्टर जो अपनी आँखें नीची करके निकल जाना ही बेहतर समझते थे इनके अभिवादन को जरूर स्वीकार करते। कुछ लोग तो अपनी घरेलू समस्याएँ भी इनके सामने खोलकर रख देते। ये उनको घर के बुजुर्ग की तरह

ही समझाते। निश्चित ही इनका समझाना उनको राहत देता।

अब शर्माजी ने एक और काम किया, बिना बाँहों और खुले गलेवाले सफेद कपड़े के दो चोगे बनवाए। उन पर लाल स्याही से आगे और पीछे हिन्दी और अंग्रेजी में यह इबारत लिखवाई, "कृपया मुझे किसी भी प्रकार की सहायता के लिए कहिए।", "प्लीज आस्क मी फॉर एनी काइण्ड ऑफ हैल्प।" नीचे लिखवाया, आपका सेवक दिवाकर शर्मा। एक-दो दिन तो देखनेवाले उन्हें इस नए रूप में देखकर हँसते रहे और फिर पानी पिलानेवाले की तरह ही लोगों ने इनका यह रूप भी स्वीकार कर लिया। लोग इन्क्वायरी पर लाइन में लगने की बजाय छोटी-छोटी जानकारी उन्हीं से लेने लगे। वे भी उन्हें प्यार-सने शब्दों में समझाते। समझाते समय इनके दोनों हाथों के जो आकार बनते वे देखने ही लायक होते।

मसलन :

"शर्माजी, इ.एन.टी. के डॉक्टर शुक्ला आज क्या नहीं आएँगे?"

"जी नहीं, उनकी बेटी की शादी है। वे चार दिन की छुट्टी पर हैं। आप डॉ. सेठ को दिखाइए। वे भी बहुत अच्छे डॉक्टर हैं और नेक भी हैं।"

"भाई साब, दिल की बीमारी का डॉक्टर कहाँ बैठता है?"

"दूसरी मंजिल पर। इस विभाग को कार्डियालोजी विभाग कहते हैं। चलो मैं आपको बताता हूँ।" अपनी पानी की बाल्टी ढकंकर वे औरत के साथ चल दिए और औरत मरीज को ठीक जगह छोड़कर लौट आए।

"दिवाकरजी, मुझे डॉक्टर ने एण्डोस्कोपी टेस्ट के लिए कहा है। यह क्या झमेला होता है?"

"समझा, आपके पेट में दर्द रहता है।"

"जी, बहुत दर्द रहता है। बर्दाश्त नहीं होता।"

"कोई बात नहीं, बिलकुल ठीक हो जाओगे। एण्डोस्कोपी में कोई झमेला नहीं है। बिलकुल भी दर्द नहीं होता। एक तार के साथ बहुत ही छोटा सा कैमरा जुड़ा होता है। डॉक्टर कहेगा, इसे निगलो। आप उसे एक बड़ी गोली की तरह आसानी से निगल लेते हैं। कैमरे से कम्प्यूटर पर आपके पेट की तस्वीर आ जाती है और पता चल जाता है कि क्या गड़बड़ है। उस गड़बड़ को दवाइयों से ठीक कर दिया जाता है।"

"इस मर्ज के मरीज ठीक हो जाते हैं ना? मेरा तो मन करता है कि आत्महत्या कर लूँ।"

"बिलकुल ठीक हो जाते हैं। मैंने बहुतों को ठीक होते देखा है। और आत्महत्या के बारे में सोचना तो सबसे बड़ी बुजदिली है। मरना ही है तो दुश्मनों के साथ लड़के मरो, आत्महत्या का मतलब?"

शर्माजी की बातों से दुःखी मरीज के चेहरे पर रंगत आ जाती है और वह

उनके सामने झुककर चला जाता है।

किसी ने टी.एम.टी. के बारे में पूछा तो वे इस तरह से जवाब देते थे। "यह दिल की ताकत का पता लगाने के लिए एक टेस्ट होता है। मरीज की छाती पर कुछ तारें चिपका दी जाती हैं। उन तारों का सम्बन्ध एक कम्प्यूटर से होता है। मरीज को एक मशीन के चलते हुए पट्टे पर चलाया जाता है। पहले धीरे-धीरे, फिर थोड़ा तेज। इससे कम्प्यूटर बता देता है कि मरीज का दिल कितनी अग्जर्शन यानी कि मशक्कत सह सकता है। यह बिलकुल सीधा-सादा टेस्ट है, इसमें मरीज को कोई तकलीफ नहीं होती। जहाँ यह टेस्ट होता है आपको छोड़कर आऊँ?

इसी तरह अगर किसी ने लैरिंगोस्कोपी के बारे में पूछा तो शर्माजी कहेंगे, "कुछ नहीं होता इस टेस्ट में। मरीज को बेहोश कर लिया जाता है। इसके बाद गले में एक नर्म डण्डे जैसा इस्ट्रूमेंट डाला जाता है। उस इन्सट्रूमेंट से पता लगाया जाता है कि गले में क्या खराबी है। अगर कोई गाँठ होती है तो इसका मामूली-सा टुकड़ा ले लिया जाता है, यह पता करने के लिए कहीं गले का कैंसर तो नहीं है। कैंसर की बात बहुत कम होती है। वैसे तो आजकल कैंसर का भी इलाज होने लगा है। होश में आने के बाद आदमी को पता भी नहीं चलता कि उसके गले में क्या किया गया है।"

अगर किसी ने ऐसा सवाल कर दिया जिसका जवाब शर्माजी के पास नहीं होता तो वे मरीज को लेकर किसी सीनियर नर्स या जूनियर डॉक्टर के पास ले जाते हैं। क्योंकि मरीज शर्माजी के साथ आया होता है इसलिए वे मरीज को खुशी-खुशी समझा देते हैं।

एक बार एक बूढ़े मरीज को साथ लेकर उसके घरवालों ने पूछ लिया, "शर्माजी, यह बाईपास ऑपरेशन कैसा होता है?"

सुनकर शर्माजी का हाथ अपने दिल पर चला गया। उनको इस ऑपरेशन का बहुत ज्यादा ज्ञान नहीं था। हाँ, जानना जरूर चाहते थे क्योंकि कभी-कभी उनको लगता था कि आज नहीं तो कल उनको भी इस रास्ते जरूर गुजरना होगा।

शर्माजी उन लोगों को एक ऐसी नर्स के पास ले गए जिसने ऐसे कई ऑपरेशनों में सहायक के तौर पर काम किया था।

नर्स ने समझाया, "वैरी-वैरी सिम्पल। मरीज को पता भी नहीं चलता कि कब ऑपरेशन हो गया। क्योंकि ऑपरेशन बेहोशी की हालत में होता है और जब मरीज को होश आता है तब तक वह नया आदमी बन चुका होता है।"

"लेकिन यह ऑपरेशन होता कैसे है सिस्टर?" शर्माजी ने स्वयं सवाल किया।

नर्स हँस पड़ी और इसमें स्वयं शर्माजी की रुचि देखकर बारीकी से समझाने लगी। वह अपनी छाती के मध्य अपने दाएँ हाथ की उँगलियाँ रखकर बोली, "यह जो बीच की हड्डी है ना, इसे बीच से चीरकर छाती को ऐसे (उसने दोनों हाथों

की हथेलियों को मिलाकर और फिर अँगूठों की तरफ से खोलकर दिखाया) ओपन कर लिया जाता है। हार्ट यानी दिल को ब्लड देने का काम एक मशीन के हवाले कर दिया जाता है। फिर मरीज के बाजू और टाँग से नस लेकर हार्ट की उन नसों को बाईपास कर दिया जाता है जो सिकुड़ी हुई होती हैं या चर्बी से ब्लाक हो चुकी होती हैं।''

''बाईपास क्या?'' मरीज के बेटे ने पूछा।

''देखो!'' नर्स ने अपनी बाँह पर उँगली रखकर दिखाया। ''फर्ज कर लो इस जगह नस बन्द है। दूसरी नस का एक सिरा यहाँ लगाकर दूसरा सिरा यहाँ लगा दिया जाता है। जिससे खून नई नस से होकर ब्लाक से आगे दिल तक जानेवाली नस तक आराम से पहुँच जाता है। इसी को बाईपास कहते हैं। आजकल तो यह सर्जरी हण्डरेड परसेंट सक्सैसफुल है। कुछ महीनों में मरीज की छाती की हड्डी पहले जैसी हो जाती है और मरीज भला-चंगा होकर शानदार जिन्दगी व्यतीत करता है।''

शर्माजी ने नर्स को धन्यवाद दिया और दूसरे लोगों ने भी धन्यवाद दिया। लगा कि इस ऑपरेशन के नाम से ही दहशत में आया बूढ़ा मरीज भी अब इस ऑपरेशन के लिए पूरी तरह से तैयार है।

एक दिन एक अप्रत्याशित घटना घटी। एक बूढ़े लेकिन चुस्त-दुरुस्त आदमी ने आकर शर्माजी के चरणों में हाथ लगाए और कहा, ''शर्माजी, मैं भी आपके साथ काम करना चाहता हूँ।''

''यह कोई काम नहीं है भाई, यह तो सेवा है, सिर्फ सेवा।'' शर्माजी ने कहा।

''जी हाँ, मैं सेवा ही करना चाहता हूँ।'' आदमी के शब्दों में दृढ़ता थी।

''इससे पहले क्या करते थे?''

''पंजाब नेशनल बैंक में कैशियर था, पिछले साल रिटायर हुआ हूँ। मैं कुछ करना चाहता हूँ पर समझ नहीं आ रहा था कि क्या करूँ। यहाँ आपको चार-पाँच रोज से इस तरह से लोगों की निःस्वार्थ सेवा करते देख रहा हूँ। मुझे आपकी यह लगन बहुत अच्छी लगी और मेरे दिल में भी आया कि मैं भी यहाँ आपकी देखरेख में लोगों की सेवा करूँ।'' आदमी एक ही साँस में बोल गया, बीच में शर्माजी को नया सवाल करने का मौका ही नहीं दिया।

''अच्छा!'' शर्माजी तर्जनी उँगली होंठों पर रखकर सोचने लगे। थोड़ा सोचकर बोले, ''आपके घरवाले तो नाराज नहीं होंगे कि कैसा काम ले बैठे?''

''जी नहीं, वे खुश होंगे कि मैंने अच्छा काम ढूँढ़ लिया है।''

''यह चोगा जो मैंने पहन रखा है, आपको पहनते शर्म तो नहीं आएगी?''

''जी नहीं। आप उतारिए, मैं आपकी जगह इसे पहनकर अभी लोगों को पानी पिलाने चल देता हूँ।''

''ठीक है।'' शर्माजी ने अपना चोगा उतारा और उस आदमी को पहना दिया।

आदमी बाल्टियाँ, मग और गिलास उठाकर खुशी-खुशी पानी पीनेवालों को ढूँढ़ने चल दिया।

शर्माजी ने उसे रोका, ''प्यारे मित्र, अपना नाम तो बता जाओ!''

''जी मेरा नाम भीमसेन है।''

''बहुत अच्छा नाम है। जब दिल भर जाए तो, मैं यहाँ न मिलूँ तो चोगा और बाल्टियाँ वो सामनेवाले कैमिस्ट के पास रखकर आप खुशी से जा सकेंगे।''

''जी नहीं, दिल नहीं भरेगा।'' भीमसेन ने कैमिस्ट की तरफ देखा तक नहीं।

''अच्छी बात है।'' शर्माजी ने उसकी पीठ पर स्नेह का हाथ रखा। भीमसेन की आँखें आनन्द में डूबकर बन्द हो गईं। और सचमुच में भीमसेन शर्माजी का बढ़िया साथी बन गया। ऐसा साथी कि पानी का पूरा काम उसने सँभाल लिया और शर्माजी अपनी हस्पताल सम्बन्धी जानकारी को मरीजों और उनके अभिभावकों में बिना किसी अड़चन के बाँटने लगे।

मिलिट्री का एक बड़ा अफसर अपनी अफसरी पोशाक में चमचमाती गाड़ी पर अक्सर बड़े ही रोबदाब के साथ आता और चला जाता। गाड़ी वह ऐसी जगह खड़ी करता जहाँ कोई नहीं कर सकता था। क्योंकि जनतन्त्र सेना और पुलिस की छाया में पलता है इसलिए सरकारी डॉक्टर भी उसे प्राथमिकता देकर अटेण्ड करते। पर उस अफसर के चेहरे पर निराशा साफ झलकती। लग रहा था उसे कोई असाध्य रोग है। मिलिट्री हास्पिटल में इलाज इसलिए नहीं करवाता होगा कि बीमारी का राज न खुल जाए और इस आधार पर कहीं नौकरी से ही ना हाथ धोना पड़े।

एक दिन शर्माजी ने हिम्मत करके पूछ ही लिया, ''माफ कीजिए, आपसे बात कर सकता हूँ?''

अफसर ने बेरुखी से कहा, ''कहिए!''

''आपको क्या परेशानी है?''

''तुम कोई डॉक्टर हो?'' थूक के छीटों की तरह शब्द शर्माजी के मुँह पर फेंककर वह गाड़ी में बैठा और ड्राइवर को गाड़ी चलाने का इशारा करके वहाँ से चला गया।

चार-पाँच दिन बाद जब गाड़ी फिर आई तो अफसर के अन्दर चले जाने के बाद शर्माजी ने ड्राइवर से पूछा, ''आपके साहब को क्या तकलीफ है?''

ड्राइवर चूँकि बाहर खड़ा रहकर शर्माजी को लोगों की समस्याएँ हल करते देखा करता था इसलिए बोला, ''इनको गले की बीमारी है।''

''क्या?''

''इनको लगता रहता है कि जैसे गले में कपड़ा फँसा हुआ है। वह निगला भी नहीं जाता। साल-भर हो गया है इलाज करवाते, कभी किसी हस्पताल में तो

कभी किसी में। कोई लाभ नहीं हुआ। उलटे लगातार एनटीबायटिक खाने से कब्ज ने धर लिया। बहुत परेशान है बेचारा, रात को नींद भी नहीं आती। लगता है डिप्रेशन का शिकार हो गया है, इसीलिए आपके साथ..."

शर्माजी समझ गए कि क्या समस्या है। उनके एक कवि मित्र को भी ऐसा ही हो गया था। दुनिया-भर के इलाज करवाने के बाद भी उनको कोई राहत नहीं मिली थी। क्योंकि कवि लोग बहुत नाजुक मिजाज होते हैं इसलिए वह इस बीमारी की वजह से ऐसा डिप्रेशन में आया था कि आत्महत्या करने के विचारों से ग्रस्त हो गया था। और फिर इलाज एक साधारण-से प्राइवेट डॉक्टर ने कर दिया था। उसके गले में नजला अन्दर गिरने की वजह से उभार हो गया था। डॉक्टर ने फनोल और उसके साथ किसी दूसरी दवाई से उस उभार को खत्म कर दिया था। आज वह कवि मित्र भला-चंगा है।

अगली बार जब वह नकचढ़ा अफसर हस्पताल आया तो शर्माजी फिर उसके पास पहुँच गए, "क्षमा कीजिए, मैं आपकी बीमारी का इलाज बता सकता हूँ।"

अफसर थोड़ा नरम पड़कर शर्माजी की तरफ देखने लगा।

"आपके गले में उभार हो गया है। आप खुद शीशे में उसे देख सकते हैं। इसका इलाज इस सरकारी हस्पताल में नहीं है।"

अफसर ने रोबीली आवाज में पूछा, "तो फिर कहाँ है?"

"इसका इलाज अम्वाला छावनी में डॉ. जायसवाल करते हैं। मैं आपको पता लिखकर देता हूँ, वहाँ चले जाएँ, सिर्फ एक हफ्ते में ठीक हो जाएँगे।"

शर्माजी ने पता लिखकर दिया तो अफसर ने अनमने भाव से उसे लिया जरूर पर तुरन्त ही अपने ड्राइवर को दे दिया, इस अन्दाज में कि जिस बीमारी का इलाज बड़े-बड़े डॉक्टर नहीं कर सके, वहाँ यह पता क्या करेगा।

खैर, शर्माजी इस घटना को भूलकर अपने रोजमर्रा के काम में व्यस्त हो गए। लगभग चार दिन बाद वह गाड़ी फिर आकर रुकी। इस बार अफसर के हाथ में चमड़े से मढ़ा डण्डा था। शर्माजी तैयार हो गए किसी भी तरह की अनहोनी के लिए। वे गर्व के बोझ से जमीन में गड़ गए जब पूरी उपेक्षा करनेवाले अफसर ने उनके साथ मिलाने के लिए अपना हाथ आगे बढ़ाया। अफसर ने बताया, "अब वह काफी हद तक ठीक है। दो-चार दिन और इलाज करना पड़ेगा उसके बाद बिलकुल ठीक हो जाएगा। अगर आप इस जायसवाल डॉक्टर का पता न बताते तो पता नहीं कितनी देर और तकलीफ भोगनी पड़ती। मैं आपका खासतौर पर एहसानमन्द हूँ।"

अफसर ने अपने हाथ में पकड़ा शर्माजी का हाथ तभी छोड़ा जब उन्होंने छुड़ाया। हाथ छूटते ही अफसर ने जेब से पर्स निकाला और उसमें से सौ-सौ के पाँच नोट निकालकर शर्माजी के आगे कर दिए।

शर्माजी ने कहा, "ये क्या कर रहे हैं आप? आपको मेरा अपमान करने का

कोई अधिकार नहीं है।''

अफसर ने जवाब दिया, ''मैं आपका अपमान नहीं, सम्मान कर रहा हूँ। मेरे पास सुई-धागा नहीं है, नहीं तो इस मामूली रकम का हार बनाकर मैं आपके गले में डाल देता।''

''इसकी जरूरत नहीं है महोदय, ये पैसे मेरे किसी काम के नहीं हैं।''

अफसर ने सुझाव दिया, ''बहुत से गरीब लोगों को दवाई खरीदनी भी मुश्किल पड़ती होगी। आप एक दान-पात्र भी जरूर रख लें। जो लोग अपनी खुशी से राशि दान करना चाहें उनके लिए। इस पैसे को आप गरीब जरूरतमन्द लोगों की जरूरतें पूरी करने पर खर्च करें।''

पास खड़े दूसरे लोगों ने भी इस सुझाव को पसन्द किया। एक ने तो साफ कह दिया, ''ले लीजिए शर्माजी, साहब ठीक कह रहे हैं।''

शर्माजी ने कहा, ''एक मिनट।'' उनकी नजर अचानक पैरों से अपाहिज औरत के बलवान पति पर जा पड़ी थी जो दो दिन पहले ही अपना दुःख रो चुका था कि ''अब उससे दवाइयों और इंजेक्शनों का खर्चा बर्दाश्त नहीं होता। एक तो कोई कामकाज नहीं है दूसरे यह भारी खर्च, बहुत मुसकिल मा हैं हजूर।'' शर्माजी ने उसे हाथ का इशारा करके पास बुलाया। वह भागता हुआ उनके पास चला आया, ''का हुक्म है देउता जी?''

''तुम्हें दवाइयों और इंजेक्शनों के लिए कितने पैसे चाहिए?''

बलवान पति घबरा गया, ''काहे को, काहे को ऐसा बोलत हैं आप?''

''अरे घबराओ नहीं, तुम्हारे लिए पैसों का बन्दोबस्त कर रहे हैं।'' शर्माजी ने उसकी पीठ पर हाथ रख दिया।

बलवान पति सिर झुकाकर बोला, ''ये ही कोई तीन-चार सै टका की।''

''टका मतलब रुपया?''

''जी-जी।''

''तो ये ले पाँच सौ रुपया।'' शर्माजी ने अफसर के हाथ से नोट लेकर उसकी हथेली पर रख दिए।

''ये कब वापस करना होगा हजूर? अर ब्याज कित्ता?''

''अरे कोई ब्याज नहीं भाई, इन साहब की मदद है आपको। इनके लिए भगवान से दुआ माँगना कि इनके मन की अच्छाई इसी तरह बनी रहे।''

''जी-जी।'' बोलकर बलवान पति ने रुपयों को आँखों से लगा लिया, मानो भगवान के मन्दिर के फूल हों।

अफसर का मन पुलकित हो उठा और पास खड़े सब लोग अश-अश कर उठे, ''वाह-वाह शर्माजी, आप जैसे लोगों की वजह से ही धरती कायम है।''

शर्माजी ने अफसर के सुझाव का सम्मान करते हुए दूसरे दिन से ही एक

दान-पात्र लगा दिया और उस पर लिखवा दिया, "जरूरतमन्दों के लिए राशि देनेवालों का स्वागत है।" आश्चर्य तो यह कि सबसे पहले उस पात्र में हस्पताल से सम्बन्धित लोगों ने ही पैसे डाले।

बाद में पता चला कि इसकी प्रेरणा देनेवाला अफसर आर्मी में कर्नल है और अपने फील्ड में उनकी बहुत ज्यादा इज्जत है।

कर्नल साहब की घटना क्या घटी दो-चार दिन बाद ही अखबारों के संवाददाता अपने फोटोग्राफरों को साथ लेकर पहुँच गए शर्माजी के पास उनका इंटरव्यू लेने। शर्माजी ने भीमसेन को आगे कर दिया, "इन साहब की ले लीजिए इंटरव्यू।" और साफ कह दिया, "मैं आत्मप्रचार की बजाय आत्मकर्म में विश्वास करता हूँ।"

संवाददाताओं ने इसे ही शीर्षक बनाकर जो कुछ भी दूसरों से पता चला उसके आधार पर ही शर्माजी की करनियों का बखान कर दिया, साथ छाप दी उनकी पीठ पीछे से ली गई रंगीन फोटो, जिसमें सफेद चोगे पर लिखी लाल इबारत साफ पढ़ी जा रही थी।

वास्तव में यह सब कर्नल साहब का ही किया-धरा था। वे शर्माजी के व्यक्तित्व से इतने प्रभावित हुए कि अखबारवालों को उन्होंने ही फोन करके शर्माजी के प्रति सचेत किया। परिणाम यह निकला कि चण्डीगढ़ शहर में अनेकों ऐसे बुजुर्ग पैदा हो गए जो शर्माजी के साथ मिलकर उनके तरीके से ही अपना बुढ़ापा बनाना चाहते थे। पता नहीं इन बुजुर्गों ने शर्माजी के बेटे चन्द्रमोहन का कैसे पता लगा लिया कि घनघनाने लगी उनके फोन की घण्टी बार-बार। और कई बुजुर्ग तो उनके घर तक पहुँचने में भी कामयाब हो गए।

शर्माजी को एक तरकीब सूझी। पहले तो उन्होंने सबके घर के पते और यदि कोई था तो फोन नम्बर ले लिए। इसके बाद नई सूझ के मुताबिक सब आनेवालों को आगामी रविवार को सुबह दस बजे रोज़ गार्डन में बुला लिया।

अब घरवालों के साथ वे इस पर विचार-विमर्श करने बैठे :

चन्द्रमोहन ने कहा, "यह बहुत ही शुभ लक्षण है। जो बात देश के युवाओं में दिखनी चाहिए थी वह बुजुर्ग लोगों में दिखाई दे रही है। हो सकता है इस देश का उद्धार इन सीनियर सिटीजनों के हाथों में ही लिखा हो।"

कृष्णा ने कहा, "युवकों में सिर्फ जोश होता है और वृद्धों में सिर्फ होश। किसी तरीके से अगर दोनों का योग हो जाए तो वहाँ समझिए कि बहुत बड़ी क्रान्ति आ सकती है। इस देश को अब क्रान्ति की जरूरत है, वही यहाँ की जड़ता को खत्म कर सकती है।"

रेणु ने कहा, "वाह ममी, आप भी इस देश में रिवोल्यूशन की इतनी इच्छुक हैं, इसका तो मुझे पहली बार पता चला।"

''शायद इसलिए कि बहुत सी औरतों को गहने पहनकर बाजार में जाने से डर लगता है। कोई भी स्कूटर या मोटरसाइकिल पर आता है और चेन या बुन्दे झपटकर चलता बनता है। ये नारियाँ शायद इसलिए क्रान्ति चाहती हैं।'' यह बसन्तजी का आक्रमण था।

कृष्णा ने कड़वी आँखों से बसन्त की तरफ देखा तो बसन्त ने शर्माजी के पीछे चेहरा छुपा लिया।

बबलू चीखा, ''अब छिपता क्यों है, छिपता क्यों है।'' और जाकर बसन्त की पीठ पर सवार हो गया।

''बबलू!'' कृष्णा ने उसे डाँटा। बबलू बसन्त की पीठ छोड़ दादी की गोद में आ गया और वहाँ लेटकर हाथ के बन्दर की पूंछ मरोड़ने लगा।

''दादाजी, आप क्यों चुप हैं?'' बसन्त ने शर्माजी से पूछा।

''मैं इसलिए चुप हूँ भाई कि मेरे लिए समस्या पैदा हो गई है। इस भीड़ का मैं क्या करूँगा? मुझे तो कहीं का नहीं रखा इन अखबारवालों ने।'' शर्माजी नकारात्मक सिर हिलाने लगे।

''लीजिए, लोग तो अखबारवालों को मनी देते हैं कि उनका प्रचार किया जाए और दादाजी का मुफ्त में प्रचार हो रहा है तो ये मीडिया को कोस रहे हैं।'' यह रेणु की आपत्ति थी।

''आप यूँ कीजिए पिताजी!'' चन्द्रमोहन ने कुर्सी खिसकाकर शर्माजी के पास कर ली। ''आप अपने मिशन को थोड़ा व्यापक बनाएँ, उसे हस्पताल तक सीमित न रखकर पूरे शहर तक फैलाएँ। ये सब लोग जो आपके साथ आना चाहते हैं इस व्यापकता में सब खप जाएँगे।''

''सुझाव तो ठीक है लेकिन जितनी ज्यादा भीड़ होगी समस्याएँ भी उतनी ही उठेंगी। काम करनेवाला तो कोई एकाध ही होता है बाकी सब तमाशबीन या मुफ्त के प्रचार के भूखे होते हैं। मेरे बारे में अखबार में छपा तो सबने सोच लिया कि उनकी भी तसवीरें छपेंगी। मैं ऐसा बिलकुल नहीं चाहता कि जिस सकून के साथ मैं अपना काम कर रहा हूँ उसमें कोई गड़बड़ी आए।''

''कुछ बुजुर्ग आप जैसे भी तो हो सकते हैं इन लोगों में।''

''जरूर हो सकते हैं।''

''तो फिर इनको क्यों न मौका दिया जाए।''

शर्माजी चुप रहे।

''आखिर आपका कोई उद्देश्य तो होगा ही, क्या उद्देश्य है आपके इस मिशन का?'' चन्द्रमोहन ने शायद पहली बार पिता की आँखों में नरमी से देखा।

चन्द्रमोहन की इतनी गहरी दिलचस्पी देखकर शर्माजी को आश्चर्य हुआ। उन्होंने उसे समझाया, ''सच पूछो तो मैं अपनी आत्मा को बचाना चाहता हूँ। आज

के इस प्रदूषित या अवांछित वातावरण में जिन लोगों के पास आत्मा है, मन में कहीं पवित्रता या अच्छाई है, उसे खोने या उसके हाथ से निकल जाने या सबके सो जाने का संकट पैदा हो गया है। ये सब न रहा तो आदमी पशु हो जाएगा। मैं पशु होकर नहीं जीना चाहता। बस इतनी-सी बात है, मैं अपने इस सेवा-कर्म से वास्तव में अपने-आपको बचाना चाहता हूँ।''

शर्माजी के इस संक्षिप्त वक्तव्य ने सबको चुप करा दिया। उनकी समझ में नहीं आया कि अब इस पर वे क्या कमेंट करें। उन्हें मामला नितान्त व्यक्तिगत लगा, लेकिन व्यक्तिगत होकर भी शुद्ध सामाजिक। हर आदमी अगर अपने अन्दर के इंसान की सुरक्षा के लिए कटिबद्ध हो जाए तो सामूहिक अच्छाई की सुरक्षा तो अपने आप हो जाएगी।

अचानक बबलू के खिंचाव से बन्दर की पूँछ टूट गई। वह चीखा, ''लो, सुरक्षा हो गई बन्दर की आत्मा की!''

उसकी बात पर पहले शर्माजी मुस्कुराए और बाद में सब लोग हँस पड़े। शर्माजी बोले, ''ये है, ये है सच्चा इंसान। सच्चे इंसान की सबसे बड़ी पहचान यह है कि उसके अन्दर बचपन जिन्दा होता है। आज बच्चों के हाथ से भी उनका बचपन छूट रहा है। सबसे बड़ी समस्या यह है।''

अन्ततः फैसला किया गया कि रविवार को होने जा रही बुजुर्गों की बैठक में बसन्त और रेणु भी जाएँगे ताकि घर आकर आँखों-देखी पर कमेंट कर सकें। शर्माजी ने बिना ज्यादा सोचे इसके लिए इजाजत दे दी।

विवेक मटियानी की नाभा से रिडायरेक्ट होकर चिट्ठी आई :

प्रिय दिवाकर,

तुम्हें खुशखबरी भेज रहा हूँ कि शकुन्तला आजकल विवेकाश्रम में ही रह रही है। तिरिया हठ के सामने मेरी एक नहीं चली। उसने एक बच्चा गोद लिया है, जिसका नाम रखा है भरत। मुझसे वचन लिया है कि मेरे बाद के संघर्ष के सम्पूर्ण उत्तराधिकार मैं भरत को ही सौंपूँगा। वैसे हमारे इस क्षेत्र में बहुपति और बहुपत्नी विवाह को सामाजिक मान्यता प्राप्त है लेकिन शकुन्तला इसको पाप मानती है। खैर।

आपकी कच्छेवाली बात को लेकर मात्र इतनी जानकारी मिली है कि कई गाँवों में सर्वगुण सम्पन्न मर्द को नगर वधू की तरह नगरपति बनाने की प्रथा थी। उद्देश्य था सर्वगुण सम्पन्न सन्तान की उत्पत्ति। लेकिन आज शायद ऐसी प्रथाएँ धूमिल हो गई हैं, क्योंकि विज्ञान ने साबित कर दिया है कि सन्तान को मिले जीन में माता की भी समान भागीदारी होती है। तुम पता लगाना कि कहीं मैं मिथ को तो इतिहास नहीं समझ बैठा, धरती के गर्भ से सीता की उत्पत्ति, सूर्य के औरस से कर्ण की उत्पत्ति और धृतराष्ट्र के सौ पुत्रों की तरह। हाँ, एक डर यह भी है कि यह सब

पढ़कर तुम मुझे अति यथार्थवादी न मान बैठो।

अब एक दूसरा प्रसंग : पानी की इजारेदारी के खिलाफ आन्दोलन पूरे पहाड़ी क्षेत्र में शुरू हो गया है। इसके साथ ही वनों की कटाई की भी खिलाफत शुरू हो गई है। मान्यवर श्री बहुगुणाजी की तर्ज पर। मुझे तो लग रहा है कि पहाड़ी भेड़ें और बकरियाँ भी अब जाग गई हैं। अपने अधिकारों और स्वाभिमान से भरी जिन्दगी के लिए। इस वक्त तुम्हारी सख्त जरूरत महसूस हो रही है। काश, तुम यहाँ होते तो देखते कि कुहरे के आर-पार अब हिजड़ों में पूरे मर्द भी दिखाई देने लगे हैं। ये मर्द अँगूठाछाप होने के बावजूद सबसे ज्यादा पढ़े-लिखे हैं।

तुम्हारा खत पाकर हमेशा नई ताजगी महसूस होती है। बिलकुल वैसी ही जैसे गर्म पानी में नहाने के बाद। इस ठण्डे प्रदेश के लिए धूप का एक टुकड़ा होते हैं तुम्हारे खत।

मेधावी तुम्हें बहुत याद करता है।

मेरे लिए अभी अनजान तुम्हारे सभी साथियों और घरवालों को यथायोग्य।

तुम्हारा अपना,
विवेक

शर्माजी ने इस पत्र का फौरन उत्तर दिया :

प्रिय विवेक,

शकुन्तला के यहाँ भरत का अवतरण होने पर शत-शत बधाइयाँ। तुमने इस देश के खुले यौन-सम्बन्धोंवाले जिन गाँवों की चर्चा की है मैं उनकी सचाई का पता लगा रहा हूँ, लगते ही प्रमाण के साथ तुम्हें लिखूँगा।

आपके पहाड़ी प्रदेश में जिस नवजागरण की सूचना तुमने मुझे दी है वह बहुत ही उत्साहवर्द्धक है। दुआ है कि तुम्हारे और तुम्हारे सहयोगियों के रास्ते इसी तरह से प्रशस्त होते रहें।

अब कुछ अपने बारे में :

मेरे छोटे बेटे बलबीर के जयचन्द साबित हो जाने के बाद मेरी आश्रम की कल्पना जलकर खाक हो गई थी। परिणामतः मुझे हस्पताल जाना पड़ा। इसका सबसे अच्छा फायदा यह हुआ कि मैंने हस्पताल से ही, थोड़ा बदले हुए रूप में, अपने धर्म का पालन करना शुरू किया। आशातीत सफलता मिली। इसका सबसे बड़ा प्रमाण यह है कि इस आधुनिक शहर के अनेक आधुनिक बुजुर्ग भी मेरे साथ आने की इच्छा जाहिर कर रहे हैं। उनको साथ लेकर चलने के जो परिणाम निकलेंगे उनसे आपको अवगत कराने में तो अभी वक्त लगेगा।

फिलहाल तो सबसे बड़ी उपलब्धि यह है कि मेरा चण्डीगढ़ का परिवार मेरे कर्म के प्रति सहानुभूति रखने लगा है। बड़े बेटे चन्द्रमोहन का सुझाव है कि मैं अपने

इस सेवा कर्म में दूसरों के लिए भी खुली जगह निकालूँ।

अपने पोते बसन्त और पोती रेणु में मैं बिलकुल वैसे ही, जैसे तुम मेधावी में देखते हो, भविष्य के दर्शन करता हूँ। जैसे तुम्हें कुहरे के आर-पार अब मर्द दिखाई देने लगे हैं वैसे ही मुझे भी इस देश के युवाओं में कुछ रोशनी दिखाई देने लगी है। युवा पीढ़ी हमसे कहीं ज्यादा संक्रान्त अवस्था से गुजर रही है। उनके प्रति सहानुभूति से देखने की सख्त जरूरत है।

'अति' के प्रति अति यथार्थवादी होने को मैं बुरा नहीं मानता। अपनी लैंगिक मर्दानगी खोकर, केवल आत्मिक मर्दानगी के बल पर दुनिया को बदल देने का बीड़ा उठानेवाला आदमी अगर अति यथार्थवादी नहीं होगा तो और कौन होगा? मैं तुम्हारी इस 'अति' के सामने नतमस्तक हूँ।

बाकी सब ठीक-ठाक है। शकुन्तलाजी को मेरा प्रणाम और पुनः बधाई। भरत और मेधावी को दुआओं के साथ ढेर सारा प्यार।

सम्पर्क बनाए रखोगे इस प्रार्थना के साथ—

तुम्हारा ही,
दिवाकर शर्मा

सिर चढ़कर बोलता सामूहिक प्रयासों का जादू

शर्माजी ने समय से पहले ही भीमसेन को रोज गार्डन भेज दिया और राय दी कि वह गार्डन में पहुँचते ही अपना चोगा पहन ले ताकि बैठक के लिए आनेवाले लोगों को एक जगह इकट्ठा होने में कोई असुविधा न हो।

शर्माजी बसन्त और रेणु के साथ जब दस बजे वहाँ पहुँचे तो उनके आश्चर्य का ठिकाना न रहा, क्योंकि उनके स्वागत के लिए वहाँ कम-से-कम बीस बुजुर्ग उपस्थित थे।

शर्माजी ने सबसे पहले भीमसेन की तरह अपना चोगा पहना, फिर सबको एकान्तवाली एक अच्छी जगह पर गोल दायरे में बैठने के लिए कहा। सभी बुजुर्ग स्कूल के बच्चों की तरह गोल दायरे में बैठ गए। इसके बाद शर्माजी ने अपना परिचय दिया, फिर भीमसेन, बसन्त और रेणु का। बसन्त और रेणु को केवल आज के लिए अतिथि बताया। इसके बाद सबसे निवेदन किया कि वे अपना नाम और इससे पहले क्या करते थे, केवल इतना परिचय दें। बसन्त को यह सब कार्यवाही लिखने के लिए कहा और उसकी ड्यूटी में यह भी जोड़ दिया कि सभा विसर्जन के बाद वह सब सदस्यों के स्थायी पते और अगर हो तो फोन नम्बर भी लिख ले।

जैसा कि आदेश हुआ था, एक ने अपना नाम बताकर कहा, ''मैं बैंक में मैनेजर था और पाँच साल पहले रिटायर हुआ हूँ।''

दूसरे ने नाम बताकर कहा, ''मैं कपड़े की दुकान करता था, अब मेरे बेटों ने काम सँभाल लिया है, मैं फ्री हूँ।''

तीसरे ने कहा, ''मैं रेलवे में आई.पी.एस.जी. के पद पर था। दो साल पहले रिटायर हुआ हूँ।''

चौथे ने कहा, ''मैं कुरुक्षेत्र विश्वविद्यालय के हिन्दी विभाग में रीडर था, चार साल पहले रिटायर हुआ हूँ।''

पाँचवें ने कहा, ''मैं वकालत के पेशे में हूँ और अभी भी प्रैक्टिस करता हूँ।''

छठे ने कहा, ''मेरी सत्रह सेक्टर में किताबों की दुकान है जिसे अब मेरे बच्चे देखते हैं।''

सातवें ने कहा, ''मैं आर्मी के मेजर के पद से रिटायर हुआ हूँ।''

आगन्तुकों में एक महिला भी आई थी, उसने अपना नाम बताकर कहा, ''मैं मनीमाजरा के सरकारी स्कूल में अध्यापिका हूँ और समाज सेवा में गहरी रुचि रखती हूँ।''

परिचय देने के सिलसिले के बीच ही दो महानुभाव और आ गए और उन्होंने भी शेष लोगों की तरह ही अपना परिचय दिया। इस प्रकार बसन्त और रेणु को मिलाकर कुल छब्बीस लोगों का परिचय हासिल हुआ। शर्माजी को एक बात सबसे अच्छी लगी कि सभी बुजुर्ग सफेद बालोंवाले होकर भी स्वस्थ थे। सभी में कुछ-न-कुछ कर गुजरने की केवल इच्छाशक्ति ही नहीं बल्कि देहशक्ति भी साफ नजर आ रही थी।

अब शर्माजी ने खड़े होकर अपनी बात कही :

''प्रिय मित्रो! मुझे बहुत खुशी है कि आप लोगों ने मेरी तरह ही अपनी इच्छा से समाज सेवा के रास्ते अपनी आत्मा, अपनी आन्तरिक शुद्धता और अपनी मानसिक गरिमा को बचाए रखने की जरूरत महसूस की है।

''इस समय देश की और दुनिया की जो हालत हो गई है उसमें यह काम बहुत कष्टसाध्य हो गया है। मैं आप लोगों को बधाई देता हूँ कि आपने इस कठिन रास्ते का राही बनकर अपने लिए वास्तविक सकून को ढूँढ़ने का फैसला किया है।

''मेरे काम करने के तरीके को तो आप लोगों ने अखबारों में पढ़ ही लिया होगा। मैं अब अकेला नहीं हूँ, आप लोग भी मेरे साथ हैं, इसलिए हमें अपने काम करने के क्षेत्र का विस्तार करना होगा। इस सम्बन्ध में आप लोग जो सुझाव देना चाहें उनका स्वागत है।''

एक ने कहा, ''हमें नहीं पता कि हमने क्या करना है। हमें आप बताएँगे। जो आप बताएँगे हम करेंगे। आप हमारे गुरु हैं।''

दूसरे ने कहा, ''समाज की हर भलाई में हमें अपना हाथ बँटाना चाहिए। हमें साबित कर देना चाहिए कि हम बूढ़े नहीं हैं बल्कि जवान हैं।''

तीसरे ने कहा, ''जो काम आप कर रहे हैं वह बहुत अच्छा है। हमें उसमें ही अपना हाथ बँटाना चाहिए।''

अब शर्माजी ने बीच में दखल दिया, ''आप लोगों के जज्बे को देखकर सचमुच में मुझे प्रसन्नता हो रही है। मैं समझता हूँ कि सबसे पहले हमें एक संस्था का गठन कर लेना चाहिए, ताकि हम अपनी सामूहिकता को कोई नाम दे सकें। कृपया कोई नाम सुझाइए।''

बहुत अच्छे-अच्छे नाम सामने आए। अन्त में सबकी सहमति से 'वरिष्ठ नागरिक सभा' और अंग्रेजी में 'सीनियर सिटीजन सोसाइटी' को मान्यता दे दी गई।

इसके बाद यह भी फैसला किया गया कि सभी सदस्य अपने-अपने खर्च पर पहले जैसा चोगा सिलवाकर, उस पर लाल रंग से यही इबारत लिखवायेंगे लेकिन इस नये चोगे में नीचे दिवाकर शर्मा की बजाय संस्था का नाम होगा।

इसी समय रेणु खड़ी हो गई और बोली, ''मान्य सीनियर सिटीजनों से मेरी गुजारिश है कि चोगे और दानबैग के रंगों पर पुनः विचार कर लिया जाए तो बहुत अच्छा होगा। मेरे विचार में चोगे का रंग पीला और उस पर इबारत लाल रंग से लिखी जाए। इसी प्रकार दानबैग का रंग नीला और उस पर सफेद रंग से लिखा जाए। इससे इस सोसाइटी के मेम्बर दूर से ही पहचाने जा सकेंगे और इनकी अलग पहचान भी बनेगी।''

इस प्रस्ताव का सभी ने समर्थन किया लेकिन प्रधान और उपप्रधान के चोगे सफेद ही रहने दिए गए। इस तर्क के आधार पर कि जब पहचान का सवाल है तो प्रधान और उपप्रधान की भी अलग पहचान होनी ही चाहिए।

शर्माजी ने कहा, ''ये बातें इतनी अहमियत नहीं रखतीं, इसलिए जैसा ठीक लगे कर लो, लेकिन इस बात का जरूर ध्यान रखो कि असल बात तो सेवाकर्म की है, अहमियत इस बात को मिलनी चाहिए कि उस कर्म को हम किस लगन और मुस्तैदी के साथ करते हैं।''

इसके बाद सर्वसम्मति से संस्था का तात्कालिक संविधान रचा गया, जिसमें बहुत ही संक्षेप में दस सूत्र इस प्रकार रखे गए :

1. संस्था का नाम 'वरिष्ठ नागरिक सभा', संक्षिप्त नाम 'वनास' और अंग्रेजी में 'सीनियर सिटीजन सोसाइटी', संक्षिप्त नाम 'एस.सी.एस.' होगा। इस संस्था में सभी सदस्य पचास से ऊपर की उम्र के होंगे।
2. संस्था का मुख्य लक्ष्य मानव सेवा होगा और इसका किसी भी तरह और वर्ग की राजनीति से कोई रिश्ता नहीं होगा।
3. संस्था का मात्र एक प्रधान होगा, उसके सहयोग के लिए एक उपप्रधान होगा, बाकी के सभी सम्मानित सदस्य होंगे।
4. संस्था में जाति, धर्म और लिंग के आधार पर कोई भेदभाव नहीं बरता जाएगा।
5. संस्था का सारा काम देवनागरी हिन्दी में होगा, जरूरत पड़ने पर दूसरी भाषाओं में भी काम हो सकेगा।
6. संस्था खुशी से दान देनेवालों से राशि के रूप में दान लेगी, जिसे वह दीन-दुःखियों की भलाई पर खर्च करेगी।
7. संस्था के हर सदस्य के पास दानबैग होगा, जिसके ताले की चाभी मात्र

प्रधान के पास होगी।

8. संस्था का जो नाम निश्चित हुआ है उस नाम से बैंक में अकाउण्ट होगा, जिसमें से राशि निकालने का अधिकार अपने हस्ताक्षरों के साथ केवल प्रधान को होगा।
9. संस्था के प्रत्येक सदस्य के लिए सेवाकर्म करते वक्त निश्चित रंग का चोगा पहनना और अपने पास निश्चित रंग का दानबैग रखना अनिवार्य होगा।
10. संस्था फिलहाल चण्डीगढ़ में सेवाकर्म करेगी और उसके बाद अन्य शहरों में भी अपना विस्तार करेगी।

इसके साथ ही यह भी फैसला किया गया कि कुछ समय बाद अनुभव अर्जित होने पर संविधान पर पुनर्विचार किया जाएगा और आवश्यकता के अनुसार इसका संशोधन और विस्तार किया जाएगा।

पन्द्रह दिन बाद आनेवाले रविवार को अगली मीटिंग रखने का फैसला करके यह आशा व्यक्त की गई कि उस मीटिंग में सभी सदस्य निश्चित किए गए चोगों और दानबैग के साथ होंगे।

उठने से पहले यह भी फैसला कर लिया गया कि अगली मीटिंग के लिए सब लोग पहले सत्रह सैक्टर के फर्शी मैदान में इकट्ठे होंगे और वहीं से चोगे पहनकर रोज़ गार्डन आएँगे। इस कर्म से यह पता चल जाएगा कि इस रूप में समाज के सामने आने में कैसा अनुभव होता है और लोग किस तरह से लेते हैं।

इसके साथ ही आज की मीटिंग विसर्जित कर दी गई और बसन्त ने सब सदस्यों के पते और फोन नम्बर लिखने का काम निपटाया।

रोज़ गार्डन की मीटिंग से निपटने के बाद शर्माजी, बसन्त और रेणु घर लौटे तो देखा बलबीर आया बैठा है। वह शर्माजी को देखते ही उनके पैरों को पकड़कर रोने लगा।

शर्माजी हैरान-परेशान, "अब क्या हुआ?"

"मुझे मुआफ कर दो पिताजी!"

"किस बात के लिए मुआफ कर दूँ?"

"मैंने बड़े गलत काम किए हैं।"

"कोई बात नहीं, बच्चे गलत काम करते ही रहते हैं।"

"इसका मतलब आपने मुझे मुआफ कर दिया?"

"हाँ, कर दिया।"

"तो फिर यह चैक स्वीकारिए।" बलवीर ने चैक शर्माजी के पैरों में रख दिया।

शर्माजी ने चैक की तरफ देखे बिना ही बबलू की प्लेट से बिस्किट लेकर खाते हुए पूछा, "किस बात का चैक है यह?"

"आश्रम की जो जमीन मैंने बेची थी उसका तीन लाख रुपए का लाभ का चैक है पिताजी।"

शर्माजी हँसने लगे, "किस कंगाल बैंक का चैक है यह?"

"हँसिए पिताजी, हँसिए! मैं हूँ ही इस लायक। बचपन से ही महामूर्ख हूँ। पर अब मुझे समझ आ गई है। सोचता हूँ कि मैं पैसा किसके लिए इकट्ठा कर रहा हूँ? ना मेरे कोई आगे, ना पीछे। लोग अपने परिवार के लिए पैसा इकट्ठा करते हैं। मेरा परिवार तो आप हैं, आपकी अखबारों में तसवीरें छपती हैं और मेरे जैसा आपका नालायक बेटा। आप कृपया इस पैसे को स्वीकार करें। मैंने पूरा पता लगा लिया है। एस्कॉर्ट में आपके ऑपरेशन पर तीन लाख से ज्यादा खर्च नहीं आएगा। आप इस पैसे से अपना ऑपरेशन कराएँ। आप क्या हम करवाएँगे आपका ऑपरेशन।" बलबीर फिर रोने लगा।

बसन्त जो चुपचाप यह सब देख रहा था, उसने आगे बढ़कर चाचा का हाथ थाम लिया। रेणु ने भी चाचा के कन्धे पर हाथ रख दिया। पर चन्द्रमोहन को अब भी लग रहा था कि यह भी बलबीर की कोई नौटंकी है। उसने जमीन पर पड़ा चैक उठाकर देखा। सचमुच में चैक असली था और दिवाकर शर्मा के नाम था। चन्द्रमोहन ने वह चैक शर्माजी को पकड़ाना चाहा पर उन्होंने लेने से मना कर दिया, "जब मैंने ऑपरेशन करवाना ही नहीं है तो मेरे लिए यह चैक किस काम का?"

बलबीर उनके सामने हाथ जोड़कर खड़ा हो गया, "इसका मतलब आपने मुझे मुआफ नहीं किया। आप मुझे मुआफ नहीं करेंगे तो मुझे नरक में भी जगह नहीं मिलेगी।" सचमुच में बलबीर अबोध बच्चे की तरह बिलखने लगा।

उसकी दशा देखकर शर्माजी ने चैक ले लिया और उसे अपनी तरफ खींचकर छाती से लगा लिया। अब शर्माजी भरे हुए गले से बोले, "इसके लिए तो मुझे यहाँ अकाउण्ट खुलवाना पड़ेगा।"

"हम अभी आपका अकाउण्ट खुलवा देते हैं। चलिए आप मेरे साथ चलिए।" बलबीर उनका हाथ पकड़कर ऐसे खींचने लगा जैसे कोई अबोध बच्चा आइसक्रीम लेने के लिए पिता का हाथ खींचता है।

"ठीक है, चलो।" शर्माजी अपने बिगड़ैल बेटे को आइसक्रीम दिलवाने चल पड़े।

"पिताजी, मैं भी आपके साथ चलता हूँ। नया अकाउण्ट खोलने के लिए एक गवाही की जरूरत पड़ती है, मेरी वहाँ जरूरत पड़ेगी।" ये चन्द्रमोहन के शब्द थे।

"हम भी चलेंगे।" बबलू चीखा।

कृष्णा ने उसे डाँटा, "चुप कर, हर बात में हम भी चलेंगे।"

पर शर्माजी ने बसन्त और रेणु को साथ ले लिया।

पाँच जने कार में बैठकर शर्माजी का बैंक अकाउण्ट खुलवाने चले। शेष रहा परिवार बाहर खड़ा होकर उनको ऐसे देख रहा था जैसे वे निकल आई लाटरी का पैसा लेने जा रहे हों।

अकाउण्ट खुलवाकर लौटे तो सारे परिवार ने एक जगह पर बैठकर खाना खाया। सिन्धियों की दुकान के मशहूर छोले-भटूरे और साथ में गरम-गरम लम्बे गुलाब जामुन। बलबीर के चेहरे की रंगत देखते ही बन रही थी। एक बहुत बड़े अपराध बोध से उसने मुक्ति पाई थी। इस मुक्ति के साथ ही वह अपनों के बीच था। ऐसे अपनों के बीच जिन पर आँख मीचकर विश्वास कर सकता था। विश्वास ही तो है जो आदमी को सुरक्षा देता है। यह सुरक्षा पैसे से नहीं खरीदी जा सकती और न ही बड़प्पन से हासिल की जा सकती है। इसे उगाना होता है। एक समझदार किसान की तरह। जो धूप में तपता है, सर्दी में ठिठुरता है, अंकुरों को फूटता, पतियाता और फलता देखने के लिए। जिस पर उसके जानवर भी घना विश्वास करते हैं। बाहर चरकर सीधे उसी जगह पर पहुँचते हैं जहाँ उन्हें विश्वास की सुरक्षा मिलती है।

भोजन करते-करते लक्ष्मी ने रेणु से पूछ लिया, "आज मीटिंग विच्च की होया?"

"नाईस रही मीटिंग।" रेणु ने जवाब दिया। "दादी माँ, ऐसे लग रहा था जैसे लोग दादाजी को गॉड समझकर पूज रहे हैं। इनका हर सेटेंस उनके लिए ब्रह्म वाक्य था।"

"कितने लोग थे?" चन्द्रमोहन ने पूछा।

"हमारे समेत ट्वैन्टी सिक्स।" बसन्त ने जवाब दिया।

"औरतें भी थीं?" कृष्णा का सवाल था।

"रेणु समेत दो।" बसन्त ने जवाब दिया।

"बत्तमीज मुझे औरत कहते हो तुम!" रेणु ने बसन्त के सिर पर थप्पड़ ताना।

शर्माजी की आवाज गूँजी तो इनका झगड़ा टल गया।

शर्माजी बोल रहे थे, "शुरू-शुरू में सबको चाव होता है। जब दिक्कतें पैदा होती हैं तो लोग अपने आप ही छँटने शुरू हो जाते हैं। तकलीफों में भी जो रह जाते हैं वही वास्तव में काम के लोग होते हैं।"

"ये सब काम के लोग हैं दादाजी, क्योंकि इन्होंने दुनिया देखी हुई है। बहुत समझ-सोचकर ही आपके पास आए होंगे। आपने देखा नहीं, बड़ी-बड़ी धार्मिक संस्थाएँ भी ऐसे ही बुजुर्गों के सहारे चलती हैं।" ये बसन्त के विचार थे।

"धार्मिक संस्थाओं में ज्यादातर मूर्ख लोग होते हैं!" यह चन्द्रमोहन की

नास्तिकता बोल रही थी।

"ये ओल्ड मैन तो बहुत समझदार लोग थे डैडी। संस्था का नाम रखने से लेकर कान्स्टीट्यूशन बनाने तक उन लोगों ने इस तरह के लॉजिक दिए कि देखते ही बनते थे।" यह रेणु की आवाज थी।

"अच्छा, तो पहले ही दिन कान्स्टीट्यूशन भी तैयार हो गया!" कृष्णा ने हैरानगी प्रकट की।

"सब कुछ तय हो गया ममी। अगली मीटिंग में पीला चोगा और नीला दान-बैग पहनकर बुजुर्गों की सेना सत्रह सेक्टर की भीड़ के बीच अपना रंग जमा रही होगी।" यह बसन्त था।

"अच्छा!" चन्द्रमोहन ने खुशी जाहिर की।

"ये सब बाहर की बातें हैं।" शर्माजी ने बीच में दखल दिया। "असल बात तब बनेगी जब कोई बड़ा काम होगा। मसलन, जहाँ भी यह बुजुर्गों का टोला जाएगा बुराई काँपने लगेगी, अच्छाई उत्साहित हो उठेगी। यह तभी सम्भव होगा जब हमारा अपना आचरण शुद्ध होगा। अशुद्ध आचरणवालों की कौन सुनता है। लोग मजाक उड़ाते हैं।"

"जैसे आज के नेताओं का उड़ाते हैं।" बसन्त ने जोड़ा।

"आज की इस मीटिंग के बाद मुझे लगा है कि आज के युवाओं की बजाय बुजुर्ग कहीं ज्यादा सिंसीयर हैं।" शर्माजी की आवाज फिर गूँजी, "इसका सबसे बड़ा कारण यह है कि आज की तिजारती और अय्याश संस्कृति का इन पर कम-से-कम असर हुआ है। दूसरे ये लोग आज के छिछलेपन और छिछोरेपन से तंग आए हुए हैं। जीवन के किसी ठोस पहलू की तलाश में हैं। सकून भरी रोशनी पाने के लिए ये लोग किसी भी अँधेरे में से गुजरने के लिए तैयार हैं। जब कि आज का युवक बनावटी जिन्दगी का कायल है।"

"सब युवक ऐसे नहीं हैं दादाजी।" बसन्त ने असहमति जताई।

"हाँ..., जैसे कि श्रीमान बसन्तजी।" रेणु ने बदला लिया।

इसी समय घण्टी बजी। बसन्त ने कहा, "मैं देखता हूँ।"

थोड़ी देर बाद वह एक वृद्ध दम्पत्ति को लेकर आ गया। ये दोनों भी शर्माजी की संस्था के सदस्य बनना चाहते थे। उनको देखकर सबको बड़ी प्रसन्नता हुई। बलबीर ने उठकर उन्हें पानी पिलाया, क्योंकि अब वह भी इस घर का विश्वस्त सदस्य था। अतिथियों का सत्कार करने का अब उसका भी पूरा अधिकार था।

संस्था की दूसरी मीटिंग में जाने के लिए शर्माजी बाथरूम में थे कि अन्दर बाल्टी उलटकर किसी के धड़ाम से गिरने की आवाज आई। कृष्णा ने दरवाजा थपथपाया, "पिताजी!" फिर आवाज लगाई, "पिताजी! पिताजी!!" फिर भी शर्माजी नहीं बोले

तो उसने चीख-चिल्लाकर सबको इकट्ठा कर लिया।

अन्दर से बन्द दरवाजे पर कुछ सख्त लातें जमाई गईं तो चिटखनी उखड़कर दरवाजा खुल गया। देखा तो शर्माजी जी औंधे मुँह पड़े थे, बैठने का स्टूल और बाल्टी उनकी टाँगों में फँसे थे।

उठाकर उन्हें बाहर लाया गया। देखा तो साँस चल रही थी। लक्ष्मी छाती पीटकर विलाप करने लगी तो रेणु ने उसे सँभाला। ले जाकर मन्दिर की मूर्तियों के सामने बिठा दिया, "जो कुछ करना है यहाँ करो। भगवान से प्रार्थना करो कि वह इस संकट की घड़ी में हमारी मदद करे।"

कोई समझदार परिवार जो प्रारम्भिक उपचार करता है, सब किए और अन्ततः कार की पिछली सीट पर लेटाकर उन्हें उनकी कर्मस्थली सरकारी हस्पताल ले जाया गया। केस अमरजेंसी का था, और वह भी पूरे हस्पताल के परिचित समाज सेवक शर्माजी का। फौरन से पेश्तर कार्यवाही की गई तो शर्माजी सँभल गए।

इस बार शर्माजी को थोड़ा बड़ा अटैक हुआ था, लेकिन पहले की तरह ही उलटी आकर वे होश में आ गए थे। हैरानी की बात तो यह थी कि इस बार भी दिल पूरी तरह से सुरक्षित था। डॉक्टरों ने हालत को तो खतरे से बाहर बताया पर जितना जल्दी हो सके बाईपास सर्जरी की सलाह दी।

शर्माजी ने फुसफुसाती आवाज में पूछा, "मीटिंग का क्या हुआ?"

"क्या होना था मीटिंग का।" बसन्त ने जवाब दिया। "हस्पताल के बाहर खड़ी है आपकी सारी मीटिंग।"

सचमुच में शर्माजी की हालत का पता लगाने के लिए बीसियों बुजुर्ग पीले चोगे और नीले दानबैगों में सजे हस्पताल के बाहर खड़े थे। वे डॉक्टरों से निवेदन कर रहे थे कि अगर हमारे गुरुजी को कुछ हो गया तो हम कहीं के नहीं रहेंगे।

हस्पताल से परे भी शर्माजी ने यह सब कर रखा है, इसे देखकर सारा हस्पताल हैरान था। बड़े डॉक्टर के कहने पर संस्था के इन सब सदस्यों को अन्दर बैठने की जगह दी गई। चाय-पानी के लिए पूछा, फिर एक-दो प्रतिनिधियों को शर्माजी से मिलने की इजाजत दी गई। रक्तदान करने का सवाल आया तो सभी तैयार हो गए, सिवा उनके जिनको शूगर या ऐसी ही कोई बीमारी थी।

एक बुजुर्ग तो भावुकता में आकर रो ही पड़ा। डॉक्टर ने उसे समझाया, "कुछ नहीं हुआ है शर्माजी को। आप धीरज रखें। थोड़ी कमजोरी हो गई है, एक-दो दिन में ठीक हो जाएँगे।"

चन्द्रमोहन ने फैसला किया कि पिताजी को एम्बुलेंस में डालकर फौरन एस्कार्ट में लिए के चलना चाहिए।

बलबीर भी इसी से सहमत हुआ और बोला, "मैं फौरन नाभा जाकर पैसे निकलवा लाता हूँ।"

बसन्त ने कहा, "डैडी यहाँ हैं, मैं कार लेकर चाचाजी के साथ चलता हूँ।"

सबकी सहमति पाकर बसन्त और बलबीर कार लेकर नाभा की तरफ निकल गए। साढ़े बाहर तक पहुँचेंगे तो तीन बजे तक पैसे लेकर लौट आएँगे।

कर्नल साहब ने पता नहीं इस हादसे का कैसे पता लगा लिया, वे कुछ अखबारवालों को साथ लेकर हस्पताल पहुँच गए। डॉक्टरों ने उनको विश्वास दिलाया कि खतरे की कोई बात नहीं। शर्माजी बिलकुल ठीक हैं। बल्कि हम जल्द-से-जल्द उनकी बाईपास सर्जरी करने का इन्तजाम कर रहे हैं। फिर भी कुछ फोटोग्राफरों ने अन्दर जाकर उनकी तसवीर खींच ही ली।

कर्नल साहब शर्माजी के सामने पहुँचे तो उन्होंने गले को हाथ लगाकर मानो मौन भाषा में पूछा, "इसका क्या हाल है?" कर्नल साहब ने जवाब दिया, "पूरी तरह से ठीक है।" और आगे कहा, "आप किसी भी तरह की वरी न करें, हम हैं।" सुनकर शर्माजी मुस्कुरा दिए, मानो कह रहे हों, "धन्यवाद।"

चन्द्रमोहन को पता चला तो उन्होंने इस बात का विरोध किया। उन्होंने साफ कह दिया कि ऑपरेशन तो वे एस्कार्ट में ही करवाएँगे।

प्रायः सभी डॉक्टर और सर्जन यह नहीं चाहते थे कि शर्माजी का ऑपरेशन कहीं और हो। यह उनके लिए बदनामी का तो वायस था ही साथ ही उनकी इंसानी हमदर्दी के भी विरोध में जा रहा था। वे शर्माजी को एक तरह से हस्पताल का ही सदस्य मानने लगे थे। बड़ा डॉक्टर तो उनको लेकर कुछ ज्यादा ही चिन्तित दिखाई दे रहा था। अन्ततः सबने मिलकर यही फैसला किया कि जो भी जरूरी खर्च होगा सभी डॉक्टर मिलकर अपनी जेब से करेंगे लेकिन शर्माजी की सर्जरी किसी दूसरी जगह नहीं होने देंगे। बाहर के दो कैमिस्टों को जब इसकी भनक लगी तो उन्होंने भी भरपूर सहयोग देने का आश्वासन दे दिया।

बलबीर और बसन्त पैसे लेकर ठीक वक्त पर आ गए। चन्द्रमोहन और कृष्णा ने छुट्टियों की अर्जियाँ भेज दीं। संस्था के सदस्य बने कुछ धनी बुजुर्ग अपनी गाड़ियाँ लेकर साथ चलने के लिए तैयार हो गए। लेकिन जब एम्बूलेंस मँगवाकर डिस्चार्ज करने के लिए कहा गया तो डॉक्टरों ने अड़चन खड़ी कर दी कि इस हालत में शर्माजी कहीं भी जाने के काबिल नहीं हैं, लिहाजा उन्हें डिस्चार्ज नहीं किया जा सकता।

रात को ही पूरे इन्तजाम करने और जरूरी टेस्ट मुकम्मल करने के बाद हार्ट सर्जरी विभाग ने उस लिस्ट में शर्माजी का नाम पहले नम्बर पर घोषित कर दिया जिनका दूसरी सुबह ऑपरेशन होने जा रहा था।

चन्द्रमोहन को बड़ा बेटा होने के नाते फार्म पर साइन करने के लिए बुलाया गया तो वे बिफर पड़े, "जब हमने एक भी पैसा जमा नहीं करवाया है तो आप

ऑपरेशन कैसे करेंगे?''

''उसकी फिक्र मत कीजिए आप।'' डॉक्टर ने चन्द्रमोहन को समझाया। ''जो लोग सच्चे दिल से समाज की सेवा करते हैं भगवान उनकी सेवा खुद आकर करता है।''

''तो आपको विश्वास है कि यहाँ इनका ऑपरेशन ठीक हो जाएगा।''

''हण्डरेड वन परसेंट।''

समझदार चन्द्रमोहन की अक्ल ने बताया, एक तो पैसों के लिए कुछ नहीं कह रहे। दूसरे एंश्योरेंस दे रहे हैं। इतना अच्छा तो कहीं नहीं हो सकता। यहाँ भी तो हर रोज ऑपरेशन होते ही हैं। लोग ठीक भी होते हैं। इनके नाम के साथ और भी बहुत से लोगों के नाम हैं, जिनका ऑपरेशन होना है। ये सभी लोग बेवकूफ तो नहीं हैं। बाकी तो सब किस्मत का खेल है। फिल्म स्टार संजीव कुमार अमरीका में ऑपरेशन करवाकर भी चलता बना। एक पल में ही यह सब सोच-विचार कर चन्द्रमोहन ने नरम पड़कर डॉक्टर से कहा, ''ठीक है। अगर आप इतना भरोसा दिलाते हैं तो मैं तैयार हूँ।'' इसके साथ ही चन्द्रमोहन ने दस्तखत कर दिए।

डॉक्टर ने हस्ताक्षरयुक्त फार्म को एक बार गौर से देखा फिर अन्दर की तरफ चला लेकिन फौरन लौट भी आया, ''सुनिए!''

चन्द्रमोहन ने मुड़कर कहा, ''कहिए!''

''वैसे तो इनका पूरा रिकॉर्ड हमारे पास है क्योंकि एंजोग्राफी हमने ही की थी। फिर भी अगर आप हमारी दी हुई रिपोर्ट और सीडी हमें दे सकें तो अच्छा होगा।'' डॉक्टर ने रिक्वेस्ट के लहजे में कहा।

''ठीक है, ये चीजें मैं अभी लाकर आपको देता हूँ।'' और चन्द्रमोहन ने जितनी जल्दी हो सका दोनों चीजें लाकर डाक्टर को दे दीं।

केवल चन्द्रमोहन ही जानता था कि कल के दिन किसी भी समय पिताजी का ऑपरेशन होना है। बाकी सब यही समझ रहे थे कि यहाँ से डिस्चार्ज मिलने के बाद ऑपरेशन दिल्ली ले जाकर एस्कार्ट या बतरा में करवाया जाएगा। कम्प्यूटर पर आए नामों की तरफ किसी ने ध्यान ही नहीं दिया था।

इधर शर्माजी को पता चला कि चन्द्रमोहन ने हस्ताक्षर कर दिए हैं तो उन्होंने भी कर दिए। वे इस सिद्धान्त के तो मालिक थे ही कि अगर ऑपरेशन टेबल पर आदमी की मौत बेहोशी की हालत में होती है तो इससे ज्यादा अच्छी मौत कोई दूसरी नहीं हो सकती। अब कुछ दिन से वे ऐसा भी सोचने लगे थे कि दुनिया किसी के बिना कब रुकी है। घिसट-घिसटकर जिन्दगी जीना भी कोई जीना है। अन्तिम दिनों में आदमी को दुनियावी भावुकता से मुक्त होने की पूरी कोशिश करनी चाहिए। इसके अलावा, वे खुद उठकर तो कहीं जा नहीं सकते थे। सबकुछ दूसरों के ही हाथ में था। पूरा विचार करने के बाद उन्होंने अपने-आपको कुदरत के हाथों में सौंप

दिया था। इस विचार को पक्का करते हुए कि कुदरत अपने द्वारा पैदा किए प्राणी से जैसा चाहती है उसका दिमाग भी बिलकुल वैसा ही बना देती है।

नाई शर्माजी के बाल साफ करने आया तो खुशी से करवा लिए। उन्हें विशेष साबुन से नहाने के लिए कहा गया तो वे मल-मल के नहा लिये। उन्हें कोई डॉक्टर इंजेक्शन लगाने के लिए आया तो उन्होंने लगवा लिया। उनको ई.सी.जी. करवाने के लिए कहा गया तो करवा ली। अन्ततः दूसरे दिन उन्हें पहियोंवाली स्ट्रेचर पर लेटकर साथ चलने के लिए कहा गया तो वे चुपचाप चल दिए।

ऑपरेशन टेबल पर लेटने के बाद उन्होंने टाइम पूछा। एनस्थीजिया देनेवाले डॉक्टर ने बड़े ही स्नेह भरे शब्दों में बता दिया। उन्हें खयाल आया कि पता नहीं इस समय विधवा शान्ति क्या कर रही होगी। इसके बाद वे अपनी चेतना से पूरी मुलायमितता के साथ कट गए।

अठारह घण्टे बाद शर्माजी को होश आया तो उन्हें लगा कुछ गज की दूरी पर उनकी माँ खड़ी है। उन्होंने हाथ फैलाकर कहा, "माँ!" पर गले में लगी नली के कारण उनकी आवाज नहीं निकली।

इसके बाद उन्होंने बाईं बाजू और बाईं टाँग को अपने शरीर के स्पर्श से टटोला, स्पष्ट पता लग गया कि दोनों जगहों से नसें ली गई हैं। पर उन्हें कहीं भी दर्द महसूस नहीं हो रहा था। साँस ठीक ढंग से आ रही थी। उन्होंने आँखें बन्द कर लीं पर फौरन ही एक डॉक्टर ने आकर उनके सिर पर हाथ रख दिया, "कोई परेशानी है क्या?"

शर्माजी ने सिर हिलाकर बता दिया, "कोई परेशानी नहीं है।"

"आपका ऑपरेशन हो गया है। पूरी तरह से सफल है। चार-पाँच घण्टे बाद आपके मुँह की नली हटा दी जाएगी। आप सोने की कोशिश करें।"

शर्माजी ने मन-ही-मन धन्यवाद कहकर आँखें बन्द कर लीं। उनको नींद का इंजेक्शन भी दिया गया था इसलिए फौरन नींद आ गई।

शर्माजी की दूसरी बार आँख खुली तो उन्होंने पास के बेड पर पड़े एक मरीज को बच्चों की तरह रोते पाया। मरीज की शिकायत है कि उसकी आवाज चली गई, वह गूँगा हो गया। एक नर्स उसे माँ की तरह चुप करा रही है।

उनके अपने मुँह की नली भी हटा दी गई थी। वे बोल सकते थे लेकिन आवाज में थोड़ी तुतलाहट थी। डॉक्टर ने उन्हें समझाया, "ऐसा होता है बट विल रिकवर सून।"

पहली मुलाकात उनकी चन्द्रमोहन से हुई। ताकि प्रदूषण न फैल सके इसलिए मुँह पर पट्टी बँधी थी। फिर भी उसकी मुस्कुराहट साफ दिखाई दे रही थी। उसकी

प्रसन्न आवाज शर्माजी के कानों में पड़ी, "आप बिलकुल ठीक हो गए हैं पिताजी, बधाई!"

फुसफुसाहट में शर्माजी ने कहना चाहा, सब तुम्हारी समझदारी का फल है, पर कह नहीं सकें। उन्होंने अपना काँपता हाथ उसकी तरफ उठा दिया।

चन्द्रमोहन ने उस हाथ को अपने मजबूत हाथों में भर लिया।

इसके साथ ही नर्स ने उन्हें ज्यादा बोलने से मना कर दिया। चन्द्रमोहन थोड़ी देर पिता के चेहरे पर आँखें गड़ाए देखता रहा और फिर माताजी को अन्दर भेजने के लिए बाहर चला गया।

लक्ष्मी भी मुँह पर पट्टी बाँधे आई तो वह चुन्नी के लड़ से अपनी आँखें पोंछने लगी। उलटे बाँस बरेली को, की तरह शर्माजी को ही उसे हाथ उठाकर धीरज देना पड़ा।

शीशों के अन्दर का पर्दा हटाया गया तो शर्माजी को अपना हालचाल जानने के इच्छुक लोगों की बहुत बड़ी भीड़ दिखाई दी। जीत सिंह, जीत की पत्नी जसबीर कौर, नन्दिता राय, राय की नौकरानी वन्दना, चण्डीगढ़ परिवार के सदस्यों के साथ बलबीर और नवगठित संस्था के अनेक बुजुर्ग सदस्य। इन सबके पीछे उन्हें विवेक और मेधावी के चेहरों की भनक भी मिली। उन्होंने तारों से रहित बायाँ हाथ काफी ऊँचा उठाकर सबको अभिवादन दिया। जवाब में उन्हें सबके हाथ उठे हुए दिखाई दिए।

इसके साथ ही किसी ने अन्दर का मोटा पर्दा तान दिया। ऐसा होते ही शर्माजी को लगा, वे बूढ़े नहीं नवजात शिशु हैं जिन्हें कुदरत ने अपने किसी खास मकसद के लिए दोबारा धरती पर भेजा है।

●●●